그 아이만의 단 한 사람

그 아이만의 단 한 사람

초판 1쇄 발행 2016년 9월 2일
초판 13쇄 발행 2019년 4월 23일

지은이 권영애

펴낸이 이상순
주간 서인찬
편집장 박윤주
제작이사 이상광
기획편집 김한솔, 박월, 이주미, 이세원
디자인 유영준, 이민정
마케팅 홍보 이병구, 신희용, 김경민
경영지원 고은정

펴낸곳 (주)도서출판 아름다운사람들
주소 (10881) 경기도 파주시 회동길 103
대표전화 (031) 8074-0082 **팩스** (031) 955-1083
이메일 books777@naver.com
홈페이지 www.books114.net

ⓒ권영애 2016
ISBN 978-89-6513-384-1 (13590)

파본은 구입하신 서점에서 교환해 드립니다.
이 책은 저작권법에 의하여 보호를 받는 저작물이므로 무단 전재와 복제를 금합니다.

그 아이만의 단한사람

권영애 지음

아름다운사람들

|차례|

첫 번째 이야기
그 아이만의 단 한 사람!

그 아이만의 단 한 사람 8
제일 힘든 아이를 보내 주세요 17
우주 최고 선생님 상 24
선생님의 두 갈래 길 36
마음에서 종이 울리는 순간 40
마음의 힘 46
나는 세상의 주인공입니다 59
네 안의 보석 66
아이스크림과 양심 사이 76

두 번째 이야기
지금 가장 소중한 것

지금 가장 소중한 것 84
첫 만남, 그리고 1년의 믿음 90
존중의 맛 97
눈물 속에 피는 꽃 108
어머니, 울지 마세요 120
선생님, 어떻게 참고 계셨어요? 133
아빠, 벼랑 끝에 제가 있어요 139

세 번째 이야기
내 아이를 위해 기도하지 마세요

선생님, 왜 차별하세요? **150**
내 아들 위해 기도하지 마세요 **160**
화장실 5분! 메시지 5개! **171**
얼음 선생이 아이 손을 잡습니다 **180**

네 번째 이야기
생애 가장 따뜻한 만남

내 인생의 세 가지 만남 **192**
내가 나를 만난다는 것 **202**
그것이 나에게 어떤 의미일까? **217**
마음이 뭐라 말하는지 들어 봐 **225**
내 안에 품은 것을 너에게 준다 **233**
노력이 아니라 정성 **239**

다섯 번째 이야기
이 꽃을 받아라, 아이야

의미의 꽃 나를 바꿔 준 너 **246**
만남의 꽃 마음과 만난다는 것 **256**
강점의 꽃 내가 가진 평범한 것 **262**
소통의 꽃 내 맘 온도, 아이 맘 온도 **270**
칭찬의 꽃 아이 영혼의 밥 **279**
감동의 꽃 선생님, 10년 만에 꽃이 예쁘네요 **290**

에필로그
머리 쓰는 선생님, 가슴 쓰는 선생님 **298**

• 이 책에 등장하는 모든 아이들의 이름은 가명입니다.

첫 번째 이야기

그 아이만의
단 한 사람!

그 아이만의
단 한 사람

"선생님! 제발 저한테 관심 좀 꺼 주세요!"
"선생님은 너에게 관심이 많은데 현수는 그게 부담스러웠구나. 그래도 선생님은 현수에게 계속 관심을 가지고 싶어."
"오늘 현수가 친구들과 놀 때 많이 속상했구나."
"선생님은 현수 편이야, 힘내."

 일기장으로 오간 코멘트 속에서 아이의 두려움이 느껴진다. 일기를 내고는 있지만, 늘 상처를 받아 온 아이는 관심이 두렵다. 또 상처받을까 두려워 다가오지 말라고 절규한다. 그래도 한 달이 다 되도록 일기를 이틀에 한 번 꼴로 검사하며 코멘트를 써 보냈다. 일반적인 아이들과 달리 답에 대한 반응조차 안 하는 현수와 이야기를 나누고 싶었다. 아이들을 모두 보낸 어느 날 현수를 남게 하여 속마음을 물어보았다.

"선생님이 관심 두는 게 부담스럽구나?"

아이는 당연하다는 듯이 말했다.

"네!"

"이유를 물어봐도 되니?"

"선생님도 어차피 저 싫어할 거잖아요. 다른 선생님들처럼."

"현수야, 왜 그렇게 생각하니?"

"다른 선생님들도 학기 초에는 저에게 관심을 가져요. 하지만 조금 지나면 다 저를 싫어해요. 선생님도 저 싫어할 거 다 아니까, 괜히 친절한 척하지 마세요."

현수의 말에 난 큰 충격을 받았다. 현수는 그동안 있었던 주변의 부정적 반응에 절망하고 있었다. 초등학교 5학년 아이가 세상에 대해 시위를 하고 있었다. 세상이 얼마나 아름다운지, 믿을 만한지 느끼게 해 줄 사람이 있어야 하는데……. 그래도 나를 누군가 사랑하고 이해해 준다고 믿어야 하는데……. 원인이 무엇일까? 부모님, 선생님, 친구들의 부정적 평가에 자존감은 땅에 떨어지고, 방어만 남았다. 상처에 대한 두려움으로 이제는 누구에게도 마음을 열지 않으리라는 현수의 절규가 내게는 이렇게 들렸다.

'선생님, 제발 저를 끝까지 사랑해 주세요.'
'선생님, 저는 진심으로 사랑받고 싶어요.'
'선생님, 저도 인정받고 싶어요.'

현수는 체육시간에도 몸이 아프다고 교실에서 혼자 엎드려 있거나, 운동장에 나가도 주로 스탠드에 앉아만 있었다.
어느 날 아이들이 하는 피구를 물끄러미 바라보는 현수에게 슬며시 팔짱을 끼고 다가가 물었다.
"현수야, 너도 피구 좋아하잖아? 몸이 아파서 운동을 못 하니 속상하겠다."
"……."
"선생님도 어려서 운동을 잘 못해서 깍두기를 많이 했었어."
"……."
"선생님이 다리 아픈 곳 주물러 줄게."
"됐어요. 괜찮아요."

어느 날, 현수가 안쓰러워 들어오라고, 조금씩 운동하자고 계속 권했다.
"오늘 아프지 않으면 아이들하고 살살 피구하는 게 어때?"
"……."
"응, 해 봐, 일어나!"

앉아 있는 현수의 손을 잡아끌려는 순간 아이가 나직이, 그러나 소리치듯 외친다.

"선생님, 저는 운동이 싫은 게 아니라 제가 공 받거나 보낼 때 실수하면 아이들이 저한테 뭐라 욕하는 게 싫어서 안 하는 거예요. 그래서 운동 안 하는 거예요."

갑자기 내 가슴이 꽉 막혀 왔다. 아이들의 눈초리가 싫어서 운동을 안 한다고 외치는 현수가 안쓰러웠다. 자기편이 없다고 생각하는 부정적인 마음에 현수는 점점 자신감을 잃고 있었다. 아이 속마음엔 내 예상과 전혀 다른 절실한 이유가 있었다. 현수는 내가 보려고 해도 보이지 않던 속마음을 말해 주었다.

교사가 아무리 민감해도 아이의 모든 특성을 다 알아챌 수는 없다. 아이와 교사가 진심으로 소통이 되어야 하는 이유이다. 믿음이 쌓이면 소통이 되고, 소통이 되면 아이의 단서를 쉽게 알아차리게 된다. 그나마 현수가 최소한의 마음을 솔직히 말해 준 것이다.

다음 날 나는 현수에게 선생님 도우미 역할을 맡겼다. 아이들은 선생님의 도우미가 되는 것을 굉장히 좋아하지만 현수는 별 반응이 없었다. 나는 체육시간에 내 가방을 교무실 캐비넷에 가져다 두는 일, 내 서랍 속을 정리하는 일 등 일부러 일을 만들어 현수에게 시켰다. 그리고 도우미 역할을 해낼 때마다 머리를 쓰다듬어 주었다. 칠판 도우미, 교실 꾸미기 도우미, 봉사 도우미……. 현수에게 교실에서의 역할을 계속 부여해 관심을 가져 주니 조금씩 아이의 마음이 열렸다. 일기장엔 다른 아이보다 더 많은 응원, 격려, 지지의 말을 계속 써 주었다. 1학기가 끝날 즈음 현수는 꽤 다른 아이가 되어 있었다. 내 일기장의 코멘트에 반응을 했고, 나에게 웃어 주기도 했다.

잊을 수 없는 건 5학년이 거의 끝나가는 봄방학 무렵, 현수가 나에게 보낸 한 통의 문자였다.

"선생님! 저를 끝까지 사랑해 주셔서 고맙습니다. 제가 어른이 되면 꼭 선생님을 찾아 은혜를 갚을 거예요. 선생님은 저를 바꾸어 주셨어요."

나는 그만 눈물이 핑 돌며 뭐라 말할 수 없는 찡한 감동과 감사를 느꼈다. 현수가 내 마음을 알아주어서가 아니다. 자신을 바꾸어 주었다고, 자기를 진심으로 대해 준 현수만의 변하지 않는 한 사람 one caring adult 이 있음을 현수가 믿어 주었다는 기쁨 때문이었다.

누구나 이 세상에 태어나 최소한 10여 년은 진심 어린 한 사람이 필요하다. 한순간이라도 그런 사람이, 사랑이 이 세상에 있음을 느끼고 믿어야 한다. 그 힘으로 내 안의 소중한 나를 확인하고 느낄 수 있다. 그 힘으로 수십 번, 수백 번 쓰러지려는 순간에 다시 일어설 것을 나는 믿는다. 이제 현수는 누군가와 만날 때 처음부터 버림받을까 봐 두려움에 떨지 않을 것이다.

올해 고등학교 1학년이 된 현수가 스승의 날, 어김없이 문자를 보내왔다.

"선생님, 저 잘하고 있어요. 스승의 날 선생님이 더 보고 싶어요."

"응, 고맙다 현수야, 선생님은 너의 영원한 팬이야. 선생님은 널 좋아하고 항상 마음속으로 널 응원하고 있어. 즐거운 일은 알려 주고, 힘든 일 있으면 언제든 선생님에게 SOS 치렴! 사랑해 현수야."

도와 달라는 신호는 참 다양하다. 눈빛으로도, 문자로도, 걸음걸이로도, 짜증을 내는 것으로도 나타난다. 도와 달라는 그 다양한 신호를 읽어 내는 것, 그것이 사랑이며 사랑하는 사람의 의무다.

─김미라 《삶이 내게 무엇을 묻더라도》

아이들은 모른다. 자신이 마음이 아픈 건지, 어떤 상처를 받은 건지, 몸이 아픈 건지 분간하거나 표현할 줄 모른다. 아픔의 이유를 모르는데 어떻게 도와 달라고 할 수 있을까? 그저 화내고, 때리고, 욕을 한다. 그 힘도 없으면 울지도 못하고 조용히 침묵한다. 가장 힘든 아이, 가장 아픈 아이가 가장 많은 문제를 일으키고, 가장 많이 반항한다. 그 신호를 잘 읽는 것이 중요하다. 그건 살려 달라고 절규하는 SOS이기 때문이다.

아침에 학교에 오자마자 배가 아프다는 아진이. 표정과 눈빛을 보니 어딘가 기분이 우울해 보인다. 아침 일찍 일하러 나가는 엄마랑 떨어지면서 마음의 밥을 덜 먹고 학교에 온 탓이다.

"아진아, 엄마가 직장에 일찍 가셔서 서운했니?" 했더니 모기만 한 소리로 "네……." 한다.

배 아픈 건 맞는데 밥 배가 아니라 마음 배가 아픈 것이었다.

"그랬어? 아진이가 마음 배가 더 많이 고팠구나!" 아진이가 가만히 내 눈을 바라본다.

"선생님이 아진이한테 마음 배 채울 사랑의 밥을 줄게!" 하고 꼬옥 안아 주니 바로 웃음이 도는 얼굴이 된다. 그리고 아이들에게 달려가 재잘대며 평상시 모습으로 돌아간다.

아이들은 배가 아픈 건지 배가 고픈 건지, 마음이 아픈 건지 마음이 고픈 건지, 잘 구분을 못 한다. 그저 아프다고만 한다.

그 아이만의 한 사람

하버드대학교 교육학 대학원 조세핀 킴 교수는 아이를 진심으로 돌봐주는 '단 한 명의 어른 one caring adult'만 있으면 그 아이는 변한다고 말한다. 아이들에게 부모 못지않게 영향을 미치는 사람이 바로 교사다. 그녀는 초등학교 1학년 때 미국 시카고로 이민을 갔다. 영어를 못한 탓인지 첫 학기 미술을 빼고 전 과목 F를 받았다. 그녀는 충격에 빠져, 스스로 아무 희망이 없는 아이라며 절망했다. 그렇게 기죽고, 숨죽이며 살던 이 소녀는 4학년 때 '제닛 캡스'라는 선생님을 만나 인생의 전환점을 맞는다.

제닛 캡스 선생님의 관심과 사랑을 받은 후 소녀의 삶은 완전히 달라진다. 6개월 만에 영어를 마스터하고, 눈에 띄지 않던 동양인 아이에서 손을 번쩍 들고 적극적으로 대답하는 아이로 바뀌었다. 이럴 때 교사는 지식전달자를 넘어서 한 아이의 인생을 바꾸어 놓은 사람이 된다.

선생님 한 사람이 한 아이를 진심으로 사랑하고 관심을 기울이고 그 아이를 위하여 자신의 시간, 노력, 재능과 에너지를 기꺼이 내어주었다. 그러자 절망감에 빠져 있던 한 아이는 오늘날 하버드대학교에서 교육학을 가르치는 교수가 되었다. 그냥 명문대 교수가 아니라 자신이 그러했던 것처럼 방치되고 소외된 아이를 사랑하는 법을 가르치는 사람이 되었으니 한 선생님의 힘은 참으로 위대하다.

한국의 교육 시스템, 교권 추락 등 외부적인 문제들은 언제나 우리 곁을 지키고 있다. 내가 바꿀 수 있는 것은 내 안에 있는 위대한 선생님의 힘을 발동시키는 일이다. 그 당시 제닛 캡스 선생님도 언어도 통하지 않는 동양인 아이를 돌볼 여유가 없는 교육 시스템 안에 있었지만 한 아이에게 관심을 기울이고, 눈을 맞추어 준 것이다.

> 상황과 상관없이 교사 영향력의 원 안에서 교사로서 할 수 있는 위대한 행동, 위대한 관심, 위대한 사랑, 스토리는 분명히 있다. 교육 시스템의 문제, 학부모의 부정적 시선에도 불구하고 마음이 힘든 아이를 돌봐 주는 단 한 명의 어른만 있으면 그 아이는 변한다. 사실 그 역할을 할 수 있는 0순위에 있는 사람이 바로 교사인 것이다.
>
> —조세핀 킴 《교실 속 자존감》

나도 아이들을 변화시키려 별의별 방법을 다 써 보았지만 이제는 안다. 아이들의 밥은 무조건 사랑임을 말이다. 교사는 누구보다 빨리 아이 마음이 아픈지, 고픈지 알아차릴 수 있다. '살려 달라'는 SOS를 누구보다 빨리 느낄 수 있다. 그래서 아이와 눈을 맞추고 마음을 위로해 줄 수 있다. 내 반에 유난히 화를 잘 내고, 반항하는 아이가 있는지 살펴볼 일이다. 교사는 '단 한 명의 어른 one caring adult', 그 아이만의 소중한 한 사람이 되어 줄 수 있다.

나는 매일 아이들의 영혼과 만나는 '단 한 명의 어른'이 되기를 꿈꾼다.

제일 힘든 아이를
보내 주세요

10여 년 전 어느 날, 6학년 담임을 맡은 첫날이었다.
"선생님! 어쩜 좋아요, 우리 반에 주현이가 있어요!"
"어, 어떻게 해요?"

열 개의 편지봉투에서 제발 뽑지 않기를 고대하던 그 이름이 바로 내가 뽑은 봉투에 있다니……, 모든 선생님이 기피하던 박주현을 내가 뽑았다. 나는 잔뜩 겁을 먹은 채 3월 첫날을 맞이했다.
주현이는 반에서 상대해 주는 아이가 없다 보니 심심한지 수시로 이 아이, 저 아이와 시비가 붙는다. 귀찮아진 아이들이 싫은 소리라도 하거나, 화나게 하면 주현이는 꼭 보복을 했다.

 이날도 4교시를 마치는 종이 울리자 아이들이 복도에 대기하고 있던 급식차를 교실로 끌고 들어왔다. 미리 정해진 급식당번 다섯 명이 얼른 나가서 면 모자와 앞치마를 두르며 배식 준비를 하고 있었다. 그런데 갑자기 맨 뒤에서 앉아 있던 주현이가 획 앞으로 달려 나간다. 나가자마자 제일 큰 스테인레스 반찬통 뚜껑을 연다. 머리를 숙이고 한 손으로 머리를 긁적여 나온 비듬을 서른 명이 먹을 반찬통에 떨어뜨린다. 가래침도 마구 뱉는다. 아이들이 그 광경을 보면서 소리를 질렀고 나도 충격을 받았다. 아이들을 굶길 수 없어 급식소로 달려가 전후 사정을 설명한 후 다시 밥과 국, 반찬을 타와 먹였다. 그런 일이 몇 번 있고 나서 아이들은 주현이를 점점 더 기피했다.

 한번은 점심 시간이 끝나갈 때의 일이었다. 식사를 마친 후, 연구실에서 잠시 쉬려고 하는데, 갑자기 아이들의 다급한 목소리가 들렸다. 주현이가 창문에 매달려 있다며 큰일 났다는 것이었다. 드문 일이 아니었다. 교실 창문에 올라가 다리 한쪽을 밖으로 내놓고 뛰어내리려 하거나, 공부시간에도 뭔가 호기심이 일면 학교 구석으로 없어져 찾아다닌 적이 많았다. 수업시간에 "아악!" 하며 갑자기 고함을 지르거나, 친구에게 억울한 일을 당하거나 화라도 나면 떼굴떼굴 구르면서 울고불고 소리쳤다. 주현이가 발동하면 온 교실이 벌집을 쑤셔 놓은 것 같았다. 주현이는 어디로 튈지 모르는 극심한 충동장애를 겪고 있었다.

그런 일을 겪으며 겁먹고 풀 죽은 나를 위로해 주던 남편이 어느 날 나에게 내민 것은 신문 한구석의 작은 칼럼이었다. 세상의 어머니들 중 장애아를 낳아 기르는 어머니에 대한 것이었다. 하나님이 보시기에 특별히 더 선하고 아름다운 영혼을 가진 어머니, 감당할 만한 능력을 가진 어머니에게 장애아를 보내신다는 것이었다. 그리고 그건 선물이라는 거였다. 처음에는 그 말이 와 닿지 않았다. 하지만 어차피 나와 주현이는 만났고 이건 분명 우연은 아니었다. 만나야 할 이유가 있어 만난 것이고 아이랑 헤어지는 날 그 답을 알게 될 것이었다. 마음을 달리 먹었다. '그래, 한번 해 보자. 이왕 만난 거 제대로 해 보자.'

그 칼럼은 그동안 불평했던 내 모습을 부끄럽게 만들었고 마음 깊은 곳에서 강력한 암시, 소명 같은 것을 느끼게 했다. 그 순간이 아마 내 영혼 깊은 곳으로부터 아이에 대한 패러다임이 전환된 첫 출발점인 것 같다. 그 다음 날부터 나는 그 전과는 좀 다른 선생님이 되었다.

아이는 누구도 함께 밥을 먹기 싫어해 늘 혼자였다. ADHD 성향 중 과잉행동과 폭력성이 심했다. 나중에 주현이 아버지께 들어 보니 주현이를 임신했을 때부터 주현이의 어머니가 우울증이었다고 한다. 태어나서도 아이는 주로 TV를 보며 자랐고 엄마가 말을 걸며 살갑게 놀아 준 적이 없다고 한다. 고된 회사 생활로 힘든 아빠는 심한 우울증을 겪는 아내를 돌보는 데에도 지쳐 있었고, 퇴근 후 아이들까지 돌보기가 너무 힘들다고 하소연했다. 엄마가 정신병원에 수차례 입원했을 정도로 우울증이 심하니 아이는 아이대로 집에 가서도 맘이 편치 않았을 것이다.

우선 아이들이 주현이랑 밥 먹는 것을 기피하니 1년 내내 내 책상에 의자를 가져다 놓고 나와 마주 보며 밥을 먹게 했다. 맛있는 급식, 즉 닭강정, 스파게티, 불고기 등 아이들이 좋아하는 메뉴가 나온 날은 주현이가 자기 것을 다 먹고 내 얼굴을 말똥말똥 쳐다본다.

그래서 음식 받을 때 미리 주현이가 좋아하는 음식은 내 식판에 두 배로 받아 주현이에게 주었다. 어느 때는 수저 위에 얹어 주기도 했다. 주현이는 나와 함께 먹는 점심 식사 시간을 기다렸다.

주현이가 공부시간에 집중을 못하다 보니 자꾸 딴청을 피우고, 심심해 하다 보면 다른 아이에게 말을 시키고 결국 시비가 붙는다. 그러다 보니 아이들은 주현이랑 모둠활동도 짝도 안 하려 했다. 뽑기로 어쩔 수 없이 짝이 되면 속상해서 우는 여자아이들도 있었다. 주현이는 이럴 때 받은 상처를 한꺼번에 분노로 표현했다. 그래서 아예 주현이 자리를 내 책상 옆으로 옮겼다. 쉬는 시간에 아이를 챙기기도 편했고, 아이도 공부시간에 말썽을 덜 일으켰다. 하교 시간이 지나고도 남아서 그날 배운 것을 다시 가르치기도 하고, 동화를 읽히기도 했다. 그나마 주현이가 나를 조금씩 따르기에 가능한 일이었다.

바쁜 주현이 아버지에게 사정해 학교에 오시게 했다. 내가 한 ADHD 간이검사를 보여 줬고, 전문상담기관을 찾아 도움을 받기를 간곡히 권유했다. 아빠가 개입하니 아이에게 점점 햇빛이 비치기 시작했다. 아이를 위한 심리치료가 시작되었고 무심했던 아빠도 아이를 향한 마음이 조금씩 열려 갔다. 가끔 아빠가 시간이 안 될 때는 내가 퇴근하며 심리치료 장소까지 주현이를 데리고 갔다.

정말 힘든 순간도 많았다. 그때마다 '이 아이가 내 아들이라면 내가 어떻게 했을까?' 상상하면서 아이를 대했다. 하루하루 힘겹고 눈물겨운 1년이 지나갔다.

학년 말이 되니 아이의 갑작스러운 분노와 폭력성이 눈에 띄게 줄었다. 고함을 지르는 것도 악쓰는 것도 줄었다. 그리고 나와 눈을 마주치고 내 말을 들으려 했다.

6학년 졸업식 날 북적거리던 아이들이 모두 돌아가고 나서 교실을 정리하는데 갑자기 뒷문으로 주현이 아버지가 들어오셨다. 손에는 종이로 만든 분홍색 장미 꽃바구니를 들고 있었다. "선생님, 고맙습니다. 이거 주현 엄마가 선생님 드린다고 몇 달 동안 하나하나 접어서 만든 거예요."라고 말하며 그 바구니를 내미셨다. 그리고 이내 눈시울이 빨개지셨다. 1년 동안 한 번도 보지 못한 상상 속의 주현 엄마가 만들었다는 꽃바구니를 받아든 순간 하염없이 눈물이 났다. 3월 아이를 처음 만나고 두려움에 울던 내가 포기하지 않았다는 것이 다행스러웠다.

나는 주현이 어머니께서 주신 그 분홍 종이 장미 꽃바구니를 빛이 다 바래도록 해가 바뀔 때마다 이 교실, 저 교실로 들고 다녔다. 아이들과 지쳐 있을 때, 어떻게 해야 좋을지 고민할 때, 그 장미를 보면 없던 힘도 솟는 느낌이었다. 지금도 종이로 만든 장미를 보면 주현이 생각이 난다. 그때 내게는 그 종이 장미가 어떤 꽃보다 훨씬 더 가치 있게 느껴졌다. 나에게 주는 특별한 의미가 담겨 있었기 때문이다. 어린 영혼 한 명의 손을 잡아 주는 게 얼마나 소중한지를 일깨워 주는 나만의 장미였다.

> 자신의 삶 속에서 가치를 행하고자 노력하는 사람을 스토리 두어 story doer라 한다. 그리고 그러한 행위를 스토리 두잉 story doing 이라 한다.
>
> ─김일철, 유지희 《스토리 두잉》

나는 매 학기마다 제대로 가르칠 수 있을까, 다양한 아이들의 인성과 생활을 바꿀 수 있을까 두려워했다. 이런 나에게 《스토리 두잉》이란 책은 교사로서의 삶에 대해 새로운 영감을 주었다. 이 책은 스토리텔링이라는 오래된 인문학적 개념에서 한발 더 나아가, 현대 사회에서 요구하는 새로운 개념을 소개한다. 바로 '스토리 두잉 story doing'이다. 말 그대로, 단순히 메시지를 전달하는 것뿐만 아니라 그 메시지를 실현하면서 살아가는 것이다. 삶의 가치를 실현하면서 살고, 그 가치를 더 널리 퍼뜨리는 이런 사람들을 '스토리 두어 story doer'라고 한다. 나는 가르치는 일이 나의 스토리 두잉이고, 내가 바로 스토리 두어가 될 수 있다는 것을 알았다. 두려움 대신에 그 아이만의 한 사람으로 아이 한 명 한 명을 만나는 스토리 두잉을 선택하기로 했다. 두려움 아닌 두잉doing, 같은 '두'로 시작하지만 선택에 따라 많은 것이 달라진다. 교사의 가르침은 스토리 두잉story doing 이라는 '만남'으로 매년 성장한다. 매일 한 아이의 마음과 만나는 삶을 살아가길 소망한다. 그래서 교사는 이 세상 가장 따뜻한 실천가가 될 수 있다.

교사의 실천행동은 아이들의 영혼에 들이는 정성으로 나타난다. 정성은 한 아이와 '그 아이만의 한 사람'으로 영혼과 영혼이 만나게 한다. 그 정성스런 만남이 기적을 선물한다. 나는 자신 있게 말할 수 있다.

'한 아이는 '우주'다.'

'나는 매일 '우주'와 만난다.'

'그 아이와 만나는 것이 나와 만나는 것이다.'

그리고 기도한다.

'가장 힘든 아이를 제게 보내 주세요.'

우주 최고
선생님 상

 어느 해 심각한 학습부진 상태에 친구도 없던 서훈이를 만났다. 두려움으로 시작했지만 함께 한 해를 마칠 때에는 처음에 비해 아이의 정서, 친구 관계, 성적 등 많은 것이 뚜렷하게 변했다. 그때 마음속에 일어나는 생각이 있었다.

 '이것이 기적일까? 우연일까? 한 번만 더 이런 힘든 아이를 맡아서 확인해 보고 싶다. 하나님! 힘든 5학년이지만 한번 더 해 볼게요! 올해 만난 아이와 비슷한 어려움 있는 아이를 한번 더 맡게 해 주세요.' 나는 그렇게 기도하고 있었다.

 '마음이 최고로 힘든 아이를 제게 보내 주세요.'

그 간절한 기도의 응답으로 나와 만난 아이가 경진이다. 전교 꼴찌, 전교생이 다 아는 어려움을 겪는 아이, 선생님들을 1년 내내 걱정에 싸이게 하는 아이다. 학습진단평가 결과는 평균 10점대였다. 가르칠 아이를 뽑는 편지봉투를 집어 들었을 때 내 기도가 응답을 받은 것을 선생님들의 걱정 어린 표정과 위로로 알 수 있었다. 하지만 난 다시 기회를 얻은 것이 내심 기뻤고 경진이와 만난 게 신기하기까지 했다.

첫날, 첫 만남에서 나는 이미 경진이의 고통과 외로움을 보았다. 남자아이와 여자아이를 키 순서대로 세운 후 같은 순서인 두 아이들을 차례로 자리를 정해 주려고 줄을 세웠을 때다. 키가 유난히 작았던 경진이가 오른쪽 맨 앞에 섰다. 그러자 왼쪽 맨 앞에 섰던 우리 반 여자아이 수빈이가 갑자기 훌쩍거리며 울기 시작했다.

나는 놀라서 물었다. "수빈아, 왜 우니? 무슨 일 있어?"

"쟤랑 짝 하기 싫어요. 쟤랑 짝 안 할래요. 흑흑흑······." 어깨까지 들썩이며 우는 수빈이의 말이 끝나기도 전에 뒤에서 몇 명이 거들었다.

"선생님, 쟤는 원래 아이들이 싫어해요."

"쟤랑 짝 다 안 해서 4학년 때도 쟤 혼자 앉았어요."

"쟤는 이상한 행동만 해요."

"쟤는······."

"쟤는······."

아이들이 끝도 없이 경진이의 안 좋았던 모습을 서로 경쟁이라도 하듯 나에게 말해 주고 있었다. 나는 갑작스런 아이들의 행동에 당황했고, 순간적으로 경진이가 걱정되어 아이 얼굴을 바라보았다.

그때 경진이의 표정은 내 예상과 달리 무표정했다. 무미건조함 그 자체였다. 마치 자신과는 상관없는 일이라는 듯, 아니면 이미 달관했다는 듯 아무런 반응 없이 앞을 보고 있었다. 나는 그 표정에 더 놀라고, 더 당황했다. 그리고 마음 깊이 충격을 받았다.

그동안 경진이가 겪었을 셀 수 없는 비난과 공격의 시간이 아이에게서 느껴졌다. 수치심과 싸우고 아픔과 싸우다 방어도 했을 것이고, 저항도 했을 것이다. 그리고 그 단계를 지나 이제는 다 포기한 상태 같았다. 그 소중한 감정이 얼음이 되어 이제 아무것도 느낄 수 없는 것 같았다. 감정이 살아 움직이면 그 모든 상처를 다 감당할 수 없으니, 아이가 느끼기를 멈춰 버린 것처럼.

나는 반 아이들에게 부드럽지만 단호한 목소리로 말했.

"아무리 친구에게 불만이 있어도 여러 사람 앞에서 친구를 비난하는 것은 옳지 않아. 그건 인격을 침해하는 행동이 될 수 있어. 인격을 존중받는 것은 사람의 기본적인 권리지."

"서로의 인격을 지켜 주는 것은 말에서부터 시작되지. 말을 조심했으면 좋겠어."

차근차근 이야기하자 아이들은 더 이상 경진이를 대놓고 비난하지 않았다.

나는 다음 날부터 경진이를 자세히 관찰했다. 경진이는 수업시간에 아무것도 하지 않았다. 아무 의욕이 없었다. 수업시간에 책을 꺼내 놓는 것도 관심이 없었다. 그냥 종합장 같은 곳에 그림만 그리고 있었다. 책을 펴라고 해도, 글씨를 쓰라고 해도 그때뿐이었다. 내가 멀어지면 다시 그림을 그렸다. 그 그림도 마치 한참 어린아이가 그린 것처럼 서툴렀고, 무슨 내용인지 알 수 없는 추상화 같았다. 쉬는 시간이 되면 오가며 아이들을 툭툭 쳤다. 아이들이 뭐라고 하면 욕을 해 댔다. 그리고 여자아이들을 놀렸다.

가끔 힘센 남자아이들이 경진이를 때리고 욕을 해 불려왔다. 그때도 원인은 경진이의 말, 행동이었다. 마치 문제를 먼저 일으키고 아이들에게 욕을 먹는 것을 즐기는 듯 보였다. 아이들이 때리고 욕을 해도 우는 일이 없었다. 도통 표정 변화라는 것이 없었다. 2주일을 지켜보았으나 아이들과 경진이 사이에 진심 어린 교류나 소통은 보이지 않았다. 아이들은 경진이에게 관심이 없었고, 경진이도 아이들 마음에 다가가지 못했다. 답답해서 작년 담임 선생님을 찾아갔다.

경진이는 1학년 때부터 교실에서 왕따를 당하다 보니 4학년 때는 4학년 전체 아이들이 피하는 '전따'가 되었단다. '전따', 참 무서운 말이고, 무서운 일이었다. 모든 아이들에게 따돌림을 받고 살아온 것이다. 그동안 아이가 얼마나 힘들었을까?

어떻게 이 아이를 도와줄까? 어떤 방법을 찾아야 할까? 내가 할 수 있을까? 고민하고 또 고민했다. 먼저 아이들의 친구 관계를 설문으로 조사했다. 반 아이 서른두 명 중 스물아홉 명이 경진이를 힘들어 했다. 또 경진이에게 그동안 당한 억울한 일, 짜증났던 일, 화난 일이 수도 없이 쓰여 있었다. 아이들과 경진이 사이는 서로 끊어진 섬과 섬 같았다.

또 40분 수업에 집중하지 못하는 것을 보고 2주간 간이 ADHD 체크리스트로 아이 행동을 체크해 보았다. 결과는 부모님과 협의해 전문적인 검사와 심리치료 등을 병행해야 할 정도로 보였다.

나는 경진이의 부모님과 함께 힘을 합치는 것이 이 아이를 살려내는 데 꼭 필요한 일이라 느꼈다. 그래서 4월 초 이루어지는 1차 학급 정기상담일 이전인 3월 중순 부모님을 학교에 오시라 연락했다. 경진이 아버지가 시간이 없다고 하셔서 계속 만남이 미뤄지다가 3월 말이 되어서야 경진이 부모님과 만나게 됐다.

경진이 부모님은 외동인 경진이가 행동이 좀 늦을 뿐 문제가 있다고 보지 않았다. 공부나 행동이 늦어도 괜찮다는 입장이었다. 오히려 나를 유난스럽게 보는 듯했다. 그리고 종합심리 검사를 받자는 내게 화를 내셨다. 교실에서 경진이가 매일매일 받는 마음의 상처를 전혀 상상하지 못하고 있는 부모님을 보았다. 나는 답답했고 마음이 아팠다.

"아버님은 경진이가 어떻게 보이세요? 전 경진이가 죽어 있는 거 같아요. 아이가 살아 있다는 건 웃기면 웃고, 슬프면 울고, 화나면 화내는 거잖아요. 자기 마음조차 표현 못 하는 아이가 살아 있는 거

맞나요? 마음을 가두고 가둬서 이젠 마음이 없어졌어요. 아이들이 욕해도 화도 못 내고, 좋은 일에도 웃지도 못해요. 왜 가뒀는지 아세요? 살기 위해서 가뒀어요. 아이들한테 욕 듣고, 비난받는 게 너무 힘드니까 살려고요. 마음이 없어야 상처를 안 받잖아요. 살려고 마음을 없앴으니, 이게 아이가 죽은 거지 산 거예요? 경진이가 제 아들도 아닌데 왜 이렇게 맘이 아프죠?"

 말을 잇지 못하고 눈물이 볼을 타고 내려와 내 얼굴이 눈물범벅이 됐다. 내가 우니 경진이 어머니도 울고 교실은 갑자기 울음바다가 됐다.

 "아버님, 제발 올해 경진이 좀 같이 살려 봐요. 네?"

 경진이 아버지도 나와 경진이 어머니 사이에서 눈시울이 붉어졌다.

 "선생님, 그럼 뭘 어떻게 해야 하는지 알려 주세요."

 조금 마음이 열린 듯해 나는 아이들의 무기명 친구 관계 기록지와 경진이에 대해 쓴 포스트잇의 내용을 보여 주었다. 경진이 아빠도 경진이가 이 지경인지 몰랐다며 놀라워했고, 어떻게든 아이를 살려 내자는 내 이야기에 공감하게 되었다. 경진이의 심리상태를 정확히 알고, 돕기 위해 종합심리 검사를 서둘러 받게 했다. 그 결과 집중력에 어려움을 겪는 ADHD 진단을 받았고, 당분간 약물치료와 놀이치료를 병행하는 것을 권유받았다. ADHD 약은 서너 가지가 있는데 아이에게 맞는 약을 찾아야 한다. 이때 교사의 협조가 있다면 더 빨리 찾을 수 있다. 나는 경진이에게 맞는 약물을 찾아 주기 위해 학교에서 보이는 약의 반응을 일주일마다 경진이 엄마에게 알려 주었다.

"이 약은 아이가 너무 기운이 빠지고 밥을 못 먹어요."

"이 약은 밥은 먹는데 집중을 못 하네요."

"이 약은 아이가 밥을 먹긴 하는데……."

4주가 지나 경진이에게 맞는 약이 찾아졌다. 다음 단계는 경진이에게 맞는 공부 방법을 찾는 것이었다. 5학년이 되도록 공부를 거의 안 해 기초학습부터 시작해야 했다. 공부보다 우선 떨어진 자존감을 끌어올리는 것이 필요했다. 마음이 회복되는 게 먼저였다. 그럼 공부는 저절로 회복되니까. 관계의 회복 또한 큰 과제였다. 선생님인 나와의 관계뿐 아니라 반 아이들과의 또래 관계를 1년 안에 회복해야 했다. 시간이 많지 않았다.

나는 아이들에게 SOS를 쳤다. 장기적인 노력으로만 바꿀 수 있는 것이 생활 습관이기에 작년에 했던 멘토멘티 프로그램을 다시 손보고 보완했다. 아이들의 공감과 도움이 절대적으로 필요한 멘토멘티 프로그램을 수업시간과 노는 시간 등 학교생활의 모든 면에 적용했다. 생활 멘토, 상담 멘토, 학습 멘토, 친구 멘토…….

2주마다 있는 창의적 체험활동 자율시간에 멘토 신청서를 받았다. 친구가 없는 아이가 친구 멘토를 신청하면 그 아이의 친구 멘토를 하려는 아이들이 손을 든다. 각자 일어나 어떻게 친구 멘토를 해 줄 건지 PR을 한다. 그럼 친구 멘토를 원하는 아이가 그중 두 명까지 자기 맘에 드는 멘토를 지정할 수 있다. 아이들은 여러 친구들 중에서 자기를 뽑아 준 멘티에게 더 감사해 한다. 수학 과목이 자신 없는 아이는 수학 멘토를 신청하고 그 멘토와 수학시간에 같이 앉는다. 아이들의 평소 생활태도와 이미지가 멘토 선정을 결정한다. 그래서 아이들은 늘 서로서로 예의를 다한다. 평상시 친절하고 예의 바른 친구가 멘토로 선정될 가능성이 많기 때문이다.

이 프로그램은 그해 기적을 낳았다. 계속된 비난과 소외 속에서 감정이 굳어져 버렸던 경진이는 1학기 말이 되자 웃음도 눈물도 되찾았다. 수업시간에 아무것도 안하던 경진이가 공부를 시작했다.

처음에는 선생님이 설득하니 어쩔 수 없이 나선 아이들이었다. 하지만 아이들은 경진이의 변화를 직접 목격하면서 같이 변해 갔다. 무표정하던 경진이가 웃고 우는 모습을 보았고, 더 이상 막무가내로 욕하거나 화내지 않는 모습도 보았다. 그러자 서로 앞다퉈 2주씩 경진이의 친구 멘토, 학습 멘토, 상담 멘토가 되어 주겠다고 나섰다. 경진이 멘토를 뽑을 때마다 희망자가 늘어났다.

경진이의 멘토는 언제나 열 명이 넘었다. 학교에 오면 경진이와 함께하는 멘토들이 경진이에게 격려와 관심을 보내 주었다. 공부시간에는 옆에 앉아서 경진이가 이해할 수 있게 눈높이를 맞춰 설명했다. 과목마다 다른 멘토가 곁에 있어 주었다. 준비물, 정리 정돈은 생활 멘토가, 고민거리는 상담 멘토가, 쉬는 시간, 놀이는 친구 멘토가 경진이와 함께했다.

마음이 행복해진 경진이는 완전히 포기했던 공부를 결국 해냈다. 그해 가을 중간고사에서 평균 10점을 맞던 경진이가 평균 70점을 맞았다. 아이들도 놀랐고, 선생님들도 놀랐다. 기적이었다. 누군가를 돕는 기쁨, 누군가에게 도움을 주었을 때의 변하는 모습에 나는 물론 아이들이 직접 감동의 맛을 보았다. 그건 나 혼자의 노력으로 가르칠 수 없는 아이들과 나의 가슴 찡한 공통 경험이었다.

나는 아이들이 그 경험, 기쁨, 뿌듯함을 평생 잊지 않았으면 하는 마음이었다. 그래서 그해 생활기록부에 아이들 한 명, 한 명의 멘토 멘티 활동의 기록을 자세히 적어 주었다. 아이들이 누군가에게 손을 내밀 용기가 필요할 때, 누군가의 손을 잡을 용기가 필요할 때 그날의 가슴 뜨거웠던 순간을 잊지 말고 기억하기를 간절히 소망했다.

학교 동산에서 피자 파티를 하면서 하루를 우리 반 축제로 보냈다. 그날 경진이는 아이들에 둘러싸여 엄청난 칭찬과 격려를 받았다. 경진이의 웃음 가득한 얼굴과, 학기를 마무리하며 아이들이 '우리 반 10대 사건'에 적어 냈던 말들이 잊히지 않는다.

"선생님, 제가 누군가를 이렇게 진심으로 꾸준히 도와줄 수 있다는 게 신기해요."

"선생님, 경진이가 바보 아니면 뇌가 이상한 아이라고 생각했는데 그게 너무 미안해요."

"선생님, 경진이가 변한 걸 보면 제가 멘토를 해 준 것이 자랑스러워요.”

"앞으로도 힘든 친구 있으면 작은 거라도 멘토가 되어 줄 거예요.”

그해 아이들과 헤어지기 전날, 나도 아이들도 서로에게 주는 편지를 썼다. 한 명 한 명 나와서 정성껏 쓴 편지를 내면 나는 머리를 쓰다듬어 주었다. 그런데 철훈이라는 아이가 나를 울려 버렸다.

"선생님, 제가 편지 뒤에 선생님께 이 상장을 꼭 드리고 싶어서 썼어요!”

"그랬니? 고마워 철훈아.” 편지를 받아 뒷면을 보니 화려한 금박 대신 싸인펜으로 테두리를 그리고, 아래에는 삐뚤빼뚤 빨간 도장까지 찍어 놓은 철훈이표 상장이었다. 그 자리에서 읽어야 할 것 같아서 그 상장 문구를 읽는 순간 내 마음 깊은 곳에 숨겨 둔 종이 울리고 뜨거운 뭔가가 올라왔다.

'위 선생님은 4년 동안 모든 선생님이 포기한 아이를 성장시키셨고……, 우주 최고 선생님 상을 드립니다.'

나도 모르게 아이들 앞이라는 것도 잊고 그동안의 일들이 주마등처럼 스치며 눈물이 앞을 가렸다. 아이들이 눈물을 흘리는 나를 보고 모두 자리에서 일어나 내 주위로 몰려들었다.

"나도 선생님께 상 드릴거야.”

"선생님, 저도요.”

그날 나는 각기 다른 문구의 상장 서른두 개를 반 아이들에게 받왔다.

'위 선생님은 아이를 성장시키셨고…….'

그 '성장'이란 단어가 바로 내가 가장 원하던 것이었다.

내 영혼은 그 순간 수직으로 '성장'했다. 어린 영혼을 끌어안음이 바로 내 자신을 끌어안음이었다. 아이들의 성장이 곧 나의 성장으로 이어졌다. 나는 아이들과의 만남으로 지금 이 자리에 와 있다. 그래서 나는 아이들이 참 고맙다. 내가 아이들에게 베푸는 것이 아니라, 아이들 덕분에 내가 성장했기 때문이다.

몇 해가 지나 지금은 중학교 3학년이 되었을 경진이가 생각나 전화를 걸었다. 친구들과 청소하다 전화를 받았는데 굉장히 즐거운 목소리였다. 단짝 친구가 옆에 있다기에 바꾸어 달라고 했다. 그 친구는 "경진이 너무 웃겨요." "경진이 공부는 3, 4등급 해요." 하며 경진이에 대해 말해 주었다. 옆에서 경진이가 웃는 소리도 들렸다.

"경진아, 선생님이 경진이 늘 응원하고 있어."

경진이가 작은 소리로 말한다.

"선생님, 여기 아이들은 저 초등학교 때 전교 꼴찌, 전따였던 거 몰라요. 선생님 보고 싶어요. 선생님 제가 훌륭한 사람 돼서 선생님 찾아 갈게요."

"그럼, 꼭 그렇게 해. 경진아 고마워!"

전화를 끊고 한참을 가슴이 부풀어 오르고 눈물이 나서 움직일 수가 없었다. 고마워서, 너무나 고마워서.

마음이 아파서 쪼그라들었던 한 아이가 꽃을 피우려 하는 모습을 본다. 그 자체로 눈물겹다. 그래서 나는 매년 그 한 아이를 찾아 나서는지 모른다. 한 아이라는 꽃이 주는 희망 때문에 말이다. 그 희망이 나를 오늘도 성장시키고 있음을 나는 안다. 이 아이들이 없었다면 아마 미성숙한 어른으로 아직도 헤매고 있을지도 모른다. 아이들 마음과의 만남은 내 삶에 가장 큰 선물이었다.

선생님의
두 갈래 길

매년 3월 2일은 교사와 아이들의 첫 만남의 날이다. 대개의 선생님들은 두 갈래 길 중에 하나를 미리 선택한다.

엄격한 선생님? 따뜻한 선생님?

어느 편을 선택해야 교사와 아이들의 1년이 서로 편안하고 행복할까? 나도 한때는 '엄격한 선생님'을 선택했었다. 3월 한 달간은 엄격함으로 아이들의 기선을 제압하고, 사랑은 천천히 표현하는 것이다. 첫 만남, 나는 엄격한 선생 컨셉으로 웃음기 없는 얼굴을 하고 교실에 들어간다. 3월에 피어나는 봄꽃들에게 얼음물을 끼얹는 것이다. 아이들이 조용해진다. 말없이 내 이름을 칠판에 쓰고 따라 읽으라고 한다. 지켜야 할 규칙 열 가지를 설명한다.

"규칙을 한 번 어기면 경고, 두 번 어기면 반성문 쓰기, 세 번 어기면 부모님께 전화를 할 거야!" 새 선생님에 대한 기대로 눈꼬리가 반달이 되었던 아이들이다. 하지만 어느새 눈은 내리깔고, 와글와글 떠들며 웃던 소리는 사라진다. 입은 일자로 꾹 다문다. 숨소리마저 조심스럽다. 두 마음 사이에 접착제가 단단히 얼어붙었다. 정작 연결이 필요해져 접착제를 녹이려면 힘이 든다.

엄격한 선생님의 교실에서는 규칙, 벌칙으로 아침을 시작한다. 아이들도 비난, 실패에 민감해진다. 교실에서 오가는 말도 비난, 평가, 판단이 많아진다. 친구가 조금만 잘못해도 즉시 비난하고, 벌을 준다. 아이들이 내가 있을 때와 없을 때의 행동이 달라진다. 어느 순간 본 나의 모습은 벌칙으로 아이들을 묶어 놓는 '감시자'였다. 내가 원하는 건 밝은 행복 교실인데 어두운 벌칙 교실이 되었다. 교실 곳곳에 규칙 울타리를 쳐 놓았다. 거기서 나오면 안 된다고 파수꾼처럼 바쁘게 뛰어다녔다. 결국 나도 지치고, 아이들도 행복하지 않았다.

교사가 끌어당기는 대로 아이들의 색은 변한다. 교사가 따뜻하게 인도하면 아이들도 긍정적이고 희망찬 모습으로 변해 간다. 교사가 아이들 내면의 선함과 변화 가능성을 믿으면 아이들은 정말 선해진다.

이제는 '따뜻한 선생님'으로 시작한다

3월 2일. 3학년 3반 아이들과의 첫 만남의 날이었다. 전날인 일요일에 학교에 나가서 아이들 맞이할 준비를 했다. 칠판에 오색종이 리본을 지그재그로 매달았다. 토끼 몇 마리도 그려 코팅해 붙였다. 우드락 하트를 만들어 색 자석으로 붙여 놓았다. '우주 최고 사랑의 교실에 온 여러분을 환영한다!'라고 써 놓았다.

다음 날 새 교실에 들어오는 아이들의 어리둥절한 표정이 느껴진다. '이건 뭐지?' 하는 궁금함, 안심하는 표정, 기대하는 표정, 설렘까지 고스란히 전해 온다.

"너희들은 이 칠판에 써 놓은 글을 보고 어떤 느낌이었니?"

"좋은 느낌이요."

"선생님이 친절할 거 같아요."

"선생님이 좋은 성격일 것 같아요."

아이들은 솔직하다. 내가 먼저 마음의 문을 조금 열었을 뿐인데, 귀신같이 알아차리고 속마음을 털어놓는다.

"선생님은 너희들의 느낌, 좋은 느낌 그대로예요! 아마 대한민국이 아니라 우주 최고 따뜻한 선생님일 거야. 선생님이 너희들을 아주 많이 존중해 줄 거니까 기대해."

예전에는 이렇게 말할 수가 없었다. 버릇이 나빠질까 봐, 말뿐이라고 더 실망하게 될까 봐 등 여러 이유로 지레 겁먹었다. 그런데 신기하게도 아이들은 버릇이 더 나빠지거나, 나에게 실망하지 않았다.

그 반대였다. 아이들은 더 말을 잘 들었고, 진심으로 설명하면 오히려 나를 이해해 줄 정도였다. 때로 내가 약속을 못 지켰을 때, "선생님이 이러이러한 사정이 있었어, 약속 못 지켜 미안해."라고 설명하면 아이들은 "괜찮아요.", "그럴 수 있어요."라고 배려해 주었다.

교사는 가르치는 사람이 아니다. 아이들의 가장 큰 거울이 되어 주는 환경일 뿐이다. 아이들의 변화는 오직 자신이 선택할 때만 가능하다. 내가 아이와 따스하게 마음이 연결되었을 때 아이는 비로소 변하고자 한다. 그때 아이가 따라하려는 거울이 내가 된다. 그래서 나는 아이들에게 가장 큰 영향을 미치는 교실 환경이다. 나에게서 나오는 존중으로 아이는 존중을 배우고, 내게서 시작되는 배려로부터 아이는 배려를 배울 것이다.

내 마음을 최고로 따뜻하게 만들어 첫날을 시작한다. 아이들과 연결되려고 내가 먼저 용기를 낸다. 시간이 지나면 아이들과 이심전심이 된다. 처음에는 아지랑이처럼 어렴풋하지만 점점 마음과 마음이 닿는다. 만남은 아이들과 내 마음이 이어지는 순간부터 시작된다. 규칙 울타리를 지키느라 뛰어다니며 감시하고 애쓸 이유도 없다. 아이들이 제자리에 있기 때문이다. 따뜻함은 만남을, 만남은 아이들의 변화를 불러온다.

'따뜻한 선생님'의 길이 행복한 이유다.

마음에서
종이 울리는 순간

"2모둠 네 명은 앞으로 나오세요!"

40분의 수업시간 내내 아이들 서른 명이 모두 집중하기는 어렵다. 하지만 국어시간이 시작된 지는 얼마 되지 않았다. 나는 아까부터 '집중해야지!' 하는 눈신호를 두 번이나 보냈다. 하지만 네 명의 아이들은 나의 눈을 피해 가며 계속해서 소곤소곤 떠들었다.

그사이 책에 실린 동화를 다섯 명이 돌아가며 읽었다. 세 번째 경고로 수신호를 보내려는 순간, 가슴 속에서 무언가 스멀스멀 올라와 체한 듯했다. 답답함이 이내 콕콕 쑤시는 통증으로 바뀌었다. 결국 네 명을 앞으로 불러냈다. 일렬로 선 아이들은 고개를 숙였고 눈을 내리깔았으며 어깨를 움츠렸다. 아이들을 보는 내 마음도 평소와는 달랐다. 가슴 안에 숨겨 둔 풍선은 제멋대로 커져 터질 듯 부풀어 있었다.

"너희들 때문에 선생님 마음에 지금 슬픔이가 왔어!"
"너무 힘들어, 마음보기를 해야겠어!"

이렇게 말하고 아이들 앞에서 길게 들이마시고 내쉬며 호흡 다섯 번을 했다. 아이들도 하던 일을 멈추고 눈을 말똥거리며 앞에서 펼쳐진 장면에 숨을 죽였다. '마음보기'는 심호흡을 한 후 자기 마음을 소리 내서 자기가 들을 수 있게 읽어 주고, 상대방에게 겉마음과 속마음을 차례로 말해 주는 과정이다.

조용함 속에 잠깐의 시간이 지나자 터질 듯 앞으로 나왔던 내 풍선이 다시 작아졌다. 나는 오른손을 왼쪽 가슴에 대고 혼잣말로 나지막이 말했다. 겉마음이 먼저 나왔다.

"공부시간에 아이들이 세 번이나 경고를 했는데도 계속 떠들어서 화가 많이 났구나."
"가르칠 때 아이들이 안 듣고 있어서 속상했구나."

그리고 곧 속마음도 솔직히 말해 주었다.

"선생님이 앞에서 말할 때 너희들이 귀담아 들으면 존중받는 느낌이 들어서 좋았어. 그런데 선생님이 지금은 존중을 못 받는 것 같아서 많이 속상하고 슬퍼. 선생님도 존중받고 싶어!"

내 말이 끝나기도 전에 두 아이의 눈에 눈물이 그렁그렁 맺혔다.

"왜 우니? 억울해서 우니?"

"아니요! 선생님께 너무 미안해서요!"

"선생님은 저를 존중해 주시는데 제가 선생님을 존중 안 한 것 같아 미안해서요."

말을 하던 아이는 어깨까지 들썩이며 울었다. 놀라 아이의 얼굴을 보고 있는데 갑자기 그 눈에서 나온 뜨거운 기운이 내 가슴의 문을 열고 들어왔다. 그리고 마음의 종을 마구 쳤다. 이내 낭랑한 종소리가 내 귀까지 울렸다. 나도 예상치 못한 순간이었다.

"그래, 앞으로 수업 중에 할 말이 있으면 귓속말로 이야기하고, 선생님 말을 좀 더 귀담아 들었으면 좋겠어! 너희들이 미안하다고 하니 선생님 마음을 존중해 준 것 같아 고맙다."

"정빈아! 선생님 마음의 슬픔이는 모두 기쁨이로 변했어!"

옆에서 울먹이는 다른 아이들까지 모두 안아 줬다. 자리로 돌아간 네 명의 아이들은 집에 갈 때까지 어느 날보다 바른 자세로 집중을 잘 했다. 사람이 행동을 바꿀 때, 마음을 바꿀 때, 그 영혼 깊은 곳에서 종이 울린다. 진심이란 이름의 종이 울리는 순간 가슴이 뜨거워진다. 그 뜨거움은 마음과 행동을 순식간에 바꾸어 준다. 그렇게 바뀐 마음과 행동은 힘이 있다. 깊이가 있다. 오래도록 한 아이를 이끌어 간다.

우리들은 매일 누군가를 만나고 이야기하고 소통한다. 내 마음을 움직이는 힘, 보이지 않는 힘은 어떤 순간에 오는가?

2011년 1월 미국 애리조나의 도시 투손에서 총기난사 사건이 발생했다. 여섯 명이 이유 없이 죽었고, 열세 명이 다친 엄청난 사건이었다. 온 국민이 충격에 빠졌다. 오바마 대통령은 곧 사건 현장인 투손을 방문해 긴 추모 연설을 했다.

"나는 우리 민주주의가 아홉 살 난 희생자 크리스티나 양이 상상한 것처럼 좋았으면 합니다."

이 대목에 이르러 대통령은 그만 감정이 북받쳐 연설을 멈췄다. 마음을 추스르느라 입을 다물었고 눈물을 보였다. 51초 동안 침묵이 흘렀다. 《뉴욕타임즈》는 이 연설을 '국민과 소통한 극적인 순간'이라며 극찬했다. 오바마 대통령에게 곱지 않은 시선을 보내던 보수 언론마저도 큰 지지를 보냈다. 오바마 대통령의 침묵의 51초는, 말보다 더 따뜻하게 마음을 전달한 힘이었다.

그 침묵의 51초는 소녀의 죽음을 안타까워하는 많은 사람들의 마음 깊은 곳의 종을 울렸다. 그 종을 울리는 힘은 '진심'이었다.

진심과 진심이 만나는 시간

대한민국의 모든 초등학교가 1년에 두 번, 4월, 10월에 공식적인 학부모상담을 한다. 4월 첫 상담 때면 나는 사전에 어머니들에게 아이를 가졌을 때부터 지금까지의 양육에 대한 열 가지 질문을 보내 이메일로 답을 받는다. 일명 '나의 자녀 이야기'다.

아이를 임신했을 때 마음은 어땠는지? 아이가 자라면서 있었던 감동적인 일은 무엇인지 등의 질문에 어머니들은 정말 마음을 다해 답을 적어 보내 주신다. 한 달의 시간으로는 아이들을 다 파악하지 못한 나는 그 편지를 통해 한 아이를 알게 되고, 그 어머니의 아이에 대한 마음이 내 영혼에 전해진다. 그 어머니의 진심이 내 깊은 곳에 다가와 종을 울린다.

"임신했을 때 친정아버지가 돌아가셔서 슬픔으로 시간을 보냈고, 아이가 배 속에서 놀지 않아서 두려움에 빠졌었다." "네 살 때, 아이가 심장 수술을 했다. 수술대로 향하는 아이를 보며 느꼈던 두려움을 잊을 수가 없다. 지금 아이가 초등학교에 입학한 것만으로도 감사하다."

이런 글들을 읽으면서 나 또한 어머니의 심정이 되어 함께 아파하기도 하고 함께 기뻐하기도 한다. 며칠 후 그 어머니가 상담순서가 되어 들어오실 때면 이미 내 마음이 뜨겁다. 그 어머니의 마음을 데우고 싶음을 느낀다.

처음에는 어떻게 답을 써야 할지 막연해 하던 어머님들이 그 시간이 너무나 행복했다고 고백하는 걸 보면 답신에는 어머니의 자식에 대한 진심이 우러나왔던 것이다. 내 마음이 가슴 깊은 울림을 느꼈을 때는 언제인가? 나의 마음에 누군가가 마음을 열고 다가왔을 때이다. 내 마음 역시 열리기 마련이다. 어찌 보면 부담스러울 수 있는 교사와 학부모 사이. 그래도 그 만남이 행복한 만남인 이유가 있다. 공통적으로 사랑하는 한 아이를 사이에 두고 두 진심이 만나기 때문이다. 1년을 양육하지만 나는 이 아이 때문에 울고 웃고 성장한다. 그래서 아이의 엄마도 나에게는 소중한 사람이다. 우리는 진심을 주고받는 동지인 것이다.

캐나다의 신경학자 도널드 칸은 "이성은 결론을 낳고 감성은 행동을 낳는다."라고 했다. 결국 우리를 움직이는 힘은 머리가 아니라 가슴에서 나온다는 것이다. 진심은 사람을 움직이는 보이지 않는 힘이다.

마음의 힘

　새 학기 3월 첫 주, 3학년 아이들의 수학시간이다. 오늘은 세 자릿수의 덧셈을 배울 차례다.
　"얘들아, 나와서 자기가 편한 방법으로 세 자릿수의 덧셈을 풀어 보세요."
　아이들은 숨을 죽이고 나를 바라보기만 한다. 금방이라도 쓱싹쓱싹 분필소리를 내며 자기만의 공식을 적을 것 같더니 막상 나오라고 하니 다들 자라목이 되었다. 그나마 내밀었던 목도 일제히 껍데기 안으로 들어가 버렸다.
　"틀려도 괜찮으니 나와서 풀어 보렴!"

"누가 나올래?"

"……."

결국 기다려도 반응 없는 아이들에게는 한길뿐이다.

"1분단, 다 나와서 풀어 볼래?"

1분단 아이들이 쭈뼛쭈뼛 앞으로 나온다. 자기 방식으로 칠판에 문제를 풀고, 한 사람씩 자기가 어떻게 풀은 건지 아이들에게 설명해 준다. 모기 소리로 말하는 아이, 혼자 중얼거리는 아이, 아예 설명을 못 하고 웃기만 하는 아이들이 대부분이었다.

2교시 국어시간이다.

동시를 배우고 나서 과제로 암송을 시켰다. 아이들은 저마다 집에서 열심히 외워 왔다.

"저번에 동시 외우기 과제를 냈는데 앞에 나와서 외워 볼 사람!"

"……."

아이들이 조용하다. 분명 집에서 열심히 외웠을 텐데 도통 손을 들지 않는다. 겨우 앞에 나온 한두 명의 아이들도 중간에 틀리다 보니 손을 들기 어려운 듯싶다.

아이들의 행동의 근본에 자동으로 도전은 기피하는 프로그램이라도 심어져 있는 것은 아닐까? 자기가 성공할 것 같은 일에는 열심히 참여한다. 하지만 조금이라도 실수하거나 실패할 가능성이 있는 것은 아예 손을 들지 않는다. 이유가 무엇일까?

펜실베니아대학교 심리학 교수 마틴 셀리그먼Martin Seligman의 개 자극실험을 보자. 개 스물네 마리를 세 집단으로 나누어 각기 다른 환경의 상자에 넣고 전기충격을 주었다. 첫 번째 집단의 개들은 조작기를 누르면 전기충격을 멈출 수 있는 환경이었다. 두 번째 집단은 조작기를 눌러도 전기충격을 피할 수 없게 하였다. 게다가 몸이 묶여 있으니 어떤 대처도 할 수 없도록 만들었다. 세 번째 집단은 상자 안에 있었으나 전기충격을 주지는 않았다.

스물네 시간이 지나 세 집단의 개들을 또 다른 상자에 옮겨 놓고 전기충격을 주었다. 어떤 결과가 나타났을까? 세 집단 모두 상자 가운데에 있는 담을 넘으면 전기충격을 피할 수 있게 되어 있었다. 첫 번째 개들과 세 번째 개들은 가운데 담을 넘어 전기충격을 피했으나, 두 번째 개들은 전기충격이 주어지자 그중 3분의 2가 피하려 하지 않고 구석에 웅크리고 앉아 전기충격을 받아들이고 있었다. 자기의 노력으로 전기충격을 성공적으로 피한 경험이 있는 개들과 아무런 고통도 경험하지 않은 개들은 문제를 해결했다. 하지만 노력이 좌절당했던 개들은 성공할 수 없다고 느끼고 차라리 포기를 택한 것이다. 애써도 안 되는데 무슨 노력을 하겠는가? 자포자기의 상태다. 이 개들은 자신이 어떤 일을 해도 그 상황을 극복할 수 없을 것이라는 무기력을 학습한 것이다.

셀리그먼은 피할 수 없는 자극으로 전기충격을 경험한 개들은 전기충격을 피할 수 있는 상태에도 대처하지 못하는 사실을 보고 이를 '학습된 무기력'이라 하였다.

　더 심각한 것은 이 학습된 무기력이 주변 사람에게 전염이 된다는 것이다. 경제·경영 전문가 게리 하멜Gary Hamel 교수의 《미래를 위한 경쟁》이라는 책에서 소개하는 다섯 원숭이 실험을 보자. 원숭이 열 마리를 계속 굶겨 놓고 천장에 바나나를 줄로 매달아 놓는다. 원숭이들이 바나나를 먹으려 줄을 타고 올라갈 때마다 천장에서 찬물 폭탄을 뿌린다. 깜짝 놀란 원숭이들이 물을 맞고 바닥으로 떨어진다. 그러다 어느 순간 자연스레 바나나 먹기를 포기하게 된다. 그때 우리 밖에 있던 원숭이 한 마리와 안에 있던 원숭이 중 한 마리를 교체한다. 신참 원숭이는 천장의 바나나를 먹으려 애쓰지만, 다른 원숭이들이 이를 만류한다.

　열 마리를 모두 이런 식으로 교체하면, 이제는 물 폭탄을 맞아 본 적 없는 원숭이들만 남는다. 하지만 아무도 바나나를 먹으려 하지 않는다. 남들이 하지 말라고 하니까, 이유도 모르고 미리 포기한 것이다. '바나나를 먹으려는 도전을 하지 말자'는 것이 원숭이 집단 습관이 되어 버린다.

　상황은 매번 변한다. 다시 시도한다면, 성공할 확률이 높아질지도 모른다. 하지만 과거의 실패에 얽매여 도전하려 하지 않는다. 이유도 모른 채 바나나를 포기하는 원숭이, 그 안에 우리 아이들이 있는 것은 아닐까.

　학기 초 우리 반 아이들의 소극적인 모습 속에서 뭔지 모를 답답함이 느껴졌다. 1, 2학년이 정해진 학교 매뉴얼을 연습해서 몸에 익히는 시기라면 3, 4학년 시기는 자율성을 실험하는 시기다. 내가 잘하는 것이 무엇인지, 좋아하는 것이 무엇인지 교실에서도 매일 도전하고 실습해서 적극적으로 나를 찾아가는 시기다.

셀리그먼의 실험에서 주목해야 할 것은 이 피할 수 없는 전기충격을 경험하고도 무기력해지지 않고 계속 전기충격을 피하려고 했던 3분의 1의 개들이다. 같은 경험, 같은 환경에서 왜 이렇게 다른 행동을 하는 것일까? 어떻게 아이들을 끊임없이 도전하고 또 도전하는 3분의 1의 그룹으로 재탄생하도록 도울 수 있을까?

나는 1학기 미션을 '도전'으로 정했다. 우선 마인드 셋mindset, 즉 사고방식에 주목하지 않을 수 없었다. 이제부터 할 일은 아이들의 무의식을 성장 마인드 셋으로 바꾸는 일이다. 성공할 때만 칭찬을 받아 온 아이들은 실패를 상상하거나 자신이 없을 때 시도를 멈춘다. 그리고 단 1퍼센트의 실패 가능성만 보여도 달리지 않는다. 이런 아이들에게는 실패 이미지 전환이 필요했다.

3월 둘째 주가 되었다. 학급의 회장, 부회장 선거일이 다가왔다. 입후보하고 싶은 사람은 1분 정도의 간단한 연설문을 준비하라고 예고했다. 드디어 회장선거 날이다.

우리 반은 다섯 명 이상 친구들의 추천을 받은 일곱 명이 회장후보가 되었다. 원래는 아홉 명이 추천을 받았는데 두 명의 아이들은 자진사퇴를 해서 일곱 명이 최종후보가 된 것이다. 앞에 나와서 자기 번호를 추첨한 후 순서대로 소견을 발표했다. 준비한 아이들은 간단한 연설문을 읽었다. 또 준비하지 않고 추천을 받아 후보가 된 아이는 즉석에서 "회장이 되면 우리 반을 위해서 저는 분리수거 봉사를 하겠습니다."라고 진지하게 말했다.

아이들의 소견을 발표한 후 전자 투표 프로그램을 교실 앞 티브이에 띄웠다. 1분단부터 아이들이 나와서 원하는 후보의 번호를 컴퓨터 자판에서 누르면 된다.

서른 명의 투표가 단 10분도 안 되어 다 끝났다.

"1번 김소은 열일곱 표, 2번 이영수 아홉 표, 3번 현자운 여섯 표……, 7번 김영우 스무 표네. 오늘의 반장은 김영우다." 김영우에게 투표한 아이들이 많이 기뻐했다.

남은 후보 여섯 명에 추가 추천을 받아 남녀 부반장도 이런 식으로 투표를 했다. 모든 선거가 끝났다. 회장, 남녀 부회장까지 세 명을 앞에 나오게 한 후 감사 인사와 각오를 들었다.

그리고 오늘 선거에서 당선되지 않았지만 후보로 나온 나머지 아이들 여덟 명을 앞으로 불러냈다. 선거에서 떨어진 아이들은 표정이 밝지 못했다. 한 표 차이로 부반장에 떨어진 성희는 내색은 안 했지만 눈시울이 젖어 있었다. 아이들은 어안이 벙벙해 앞으로 나왔다.

"얘들아, 오늘 선거에서 떨어져서 속상하지?"

"네."

"너희들은 오늘 성공할 수도, 실패할 수도 있는 일에 도전해서 실패했어. 선생님은 너희들이 당선된 세 명의 친구들만큼이나 자랑스러워. 왜일까?"

"……."

"왜냐하면 실패를 두려워하지 않고 도전했거든, 그리고 실패는 작은 성공이거든. 작은 성공 백 개가 모이면 드디어 큰 성공이 되는 거란다. 그래서 이 세상에 실패라는 건 없는 거야. 오늘 너희들 여덟 명은 작은 성공 한 개의 첫 발을 내딛었어. 오늘부터 백 개의 작은 성공을 만들게 될 거고, 결국 큰 성공을 할 거야."

"애들아, 같은 시간 동안 열 번 도전해서 다섯 번 성공한 사람, 백 번 도전해서 다섯 번 성공한 사람이 있다면 누가 더 맘에 드니?"

"열 번 도전해서 다섯 번 성공한 사람이요."

"그래, 반이나 성공을 했으니 그럴 수 있어. 하지만 백 번 도전한 사람은 구십 번이라는 작은 성공이 쌓이게 되니 앞으로 더 많은 성공을 하게 될 거라는 거지. 보이지 않는 저축을 한 거야. 초등학교 시절에는 씨를 뿌리는 거란다. 실패란 없단다. 도전의 씨앗 백 개를 우리 교실에서 매일매일 뿌리는 거 어떠니?"

앞에 나온 여덟 명의 아이들에게 작은 학용품 선물을 주었다. 그리고 말해 주었다.

"애들아, 앞으로 도전할지 말지, 마음이 망설이고 있다면 오늘 이 시간을 꼭 기억해! 실패는 이 세상에 없다는 걸 꼭 기억해. 용기 내는 이 순간 또한 작은 성공이란 걸 말이야." 나는 아이들에게 큰 박수를 쳐 주었고 일기 주제를 알림장에 이렇게 적어 주었다.

'도전, 나의 작은 성공 100개를 향하여!'

그 회장선거 한 시간의 위력은 정말 놀라웠다. 공부시간에 아이들의 행동이 달라졌다. 바로 지난주에 아무리 나와서 문제를 좀 풀어보라고 권유를 해도 나오지 않던 아이들이 수학시간에 너무 많이 몰려나왔다. 칠판이 부족해 한 팀이 한가득 문제를 풀고, 자기가 푼 문제를 설명을 하고 들어가자마자 또 한 팀이 칠판을 가득 채우고 쓰기를 반복했다. 수학시간 내내 앞으로 뛰어나오고 들어가고, 발표하고 설명하는 시간이 되었다.

그다음 동시를 암송해서 발표하는 시간은 더했다. 여러 아이들 앞에 서는 것도 용기가 필요한데 모두 조용히 제 입에서 나오는 동시에 집중하며 한 자, 한 자 맞는지 듣고 있다면 어른인들 안 떨리겠는가? 외워 온 동시도 앞에 서면 다 잊어버릴 판이다. 그 긴장감을 알기에 지난 시간에 한 명도 나오지 않던 아이들이었다.

오늘은 앞에 나온 도전자가 많다 보니 줄까지 서서 동시 암송에 도전했다. 아이들은 차례가 될 때까지 입안에서 중얼거리며 긴장했다. 자기 차례가 되자 동시를 더듬더듬 외면서 벌벌 떨고, 얼굴까지 빨개졌다. 앞에서 거의 다 외우다가 마지막 연에서 단어 하나를 놓쳐서 성공을 못하면 아쉬워하면서 들어갔다. 대부분의 아이들이 암송에 실패해도 맨 뒤에 가서 다시 줄을 섰다. 결국 다섯 번 도전해서 그 시간에 암송을 마친 아이도 있었다. 나는 동시 암송을 마무리했든 하지 못했든 앞에 한 번이라도 나온 아이들 모두를 진심으로 칭찬해 주었다.

"난 너희들이 도전하는 것 자체가 너무나 멋져!"

그날 일기장에 아이들이 이렇게 썼다.

'오늘 교실에서 수학시간에 앞에 나가서 문제를 풀었다. 내가 푼 문제를 발표까지 하니 기분이 좋았다. 처음에는 자신이 없었지만 문제 답이 틀려도 괜찮다고 생각하니 용기가 났다. 틀려도 실패가 아니라 작은 성공이라고 선생님이 말씀하신 게 생각이 나서 나도 나갔다. 기분이 좋았다. 앞으로는 오늘처럼 자신 없을 때도 도전할 것이다.'

'오늘 나는 동시를 암송해서 아이들 앞에서 발표를 했다. 집에서는 다 외우고 갔는데 막상 앞에 나가니 막 떨려서 중간에 틀렸다. 그래도 다시 외워서 도전했다. 세 번 만에 동시를 외워서 아이들과 선생님께 박수를 받았다. 나는 앞으로 실패를 두려워하지 않고, 공부 시간에 무조건 도전할 것이다.'

아이들의 일기를 읽으며 내 가슴이 더워졌다. 그리고 어느새 내 눈가가 젖고 있었다. 가슴에서 시작된 그 뜨거움이 내 온몸을 촉촉이 적시고 있었다.

그날로부터 나는 시간마다 아주 작은 일에도 아이가 반응을 보이면 "아, 우선이가 도전! 도전했구나!" "어머니, 도전 수첩에 기록해 주세요!" 등, 입에 도전을 달고 살았다.

"얘들아, '오뚜기 근육' 있지?"

"얘들아, 실패도 선물이지?"

2학기 회장선거 날, 나는 평생 잊을 수 없는 회장선거의 순간을 만났다. 우리 반 회장, 부회장 후보가 아홉 명이었다. 1학기보다 더 늘었다. 1학기는 자기 추천에 단 한 명도 손을 들지 않았다. 스스로를 추천하는 건 상상도 못 하는 아이들이었다. 그런데 이건 용기가 100퍼센트가 아니라 1,000퍼센트 상승이다. 자기를 추천하겠다는 아이들이 거의 열 명이다.

나는 칠판에 자기를 추천하는 아이의 이름을 써 내려가다가 얼마나 기분이 좋던지 웃고 또 웃었다. 아이들이 나를 매일 웃기고 울리는 교실에서 오늘 나는 새로운 순간을 맞이했다. 한 번도 상상해 보지 못한 100퍼센트 자기 추천으로 진행된 회장선거의 경험을 한 것이다.

한 명, 한 명 다 당당히 일어나서 자기를 추천하는 이유를 또박또박 이야기했다. 앞에 나와서 1분 연설을 하는 것도 1학기와 달라졌다. 여유와 유머가 넘쳤다. 긴장의 순간이 아니라 모두 즐기는 순간이 된 느낌마저 들었다. 이 순간에는 승자도 없고, 패자도 없다. 회장이 되면 한 학기 동안 봉사하면 되고 안 되어도 작은 성공을 선물

받고, 다음에 다시 도전하면 되는 것이다.

모든 선거가 끝나고 아이들에게 말했다.

"선생님은 오늘 이 순간 눈물이 나려고 해. 너희가 이렇게 자신을 회장 후보로 추천했다는 사실이 너무 멋있어서 말이야. 그리고 승패보다 도전하는 순간을 즐기는 것을 보면서 너무나 기뻤어. 선생님이 바라는 삶이 바로 이런 거야. 앞으로도 도전의 순간이 오면 내가 나를 추천하는 용기를 내렴! 오늘 일을 잊지 말자!"

나는 우리 반 아이들에게 그렇게 귀에 못이 박히도록 외친 도전 근육, '오뚜기 근육'이 이제 아이들 가슴에 자리 잡은 듯해 가슴이 뜨거웠다.

작은 습관 하나가 바뀌는 데 21일이 걸린다고 한다. 조금 더 복잡한 습관을 바꾸는 데 66일이 걸린다고 한다. 자전거 하나를 배워도 시간이 가면 저절로 손과 발과 우리 뇌가 자전거를 탈 때 필요한 근육을 기억한다.

'오뚜기 근육'은 오뚜기처럼 다시 일어날 수 있는 힘, 즉 '자기효능감'을 불러온다. 자신이 선택해서 시도한 행동이 성공할 때 아이들은 나도 할 수 있다는 '자기효능감'을 얻게 된다. 한 번의 성공 경험은 다음 도전을 준비하게 하고 이 자기효능감이 반복되면 그야말로 불가능한 상황, 불안한 상황에서도 '도전행동'을 지속할 수 있게 된다.

'오뚜기 근육'은 자동화 시스템이다. 아이들이 자기 삶에서 만나는 수많은 선택의 순간이 올 때 망설이지 않고 도전하게 만들어 주는 힘이다. 도전행동이 무의식에 자동화되면 불안한 상황에서도 저절로 도전행동을 선택할 수 있다. 도전행동이 많을 때 숨겨진 재능도 드러나고, 성취도 늘어날 것이다.

오뚜기 근육은 '과정 칭찬'에서 길러진다. "넌 참 똑똑하구나! 머리가 좋구나!"와 같이 지능이나 재능을 칭찬하기 보다는 "어려운 문제인데 끈기 있게 도전하는 게 대단하네! 네가 열심히 노력하는 게 선생님은 자랑스럽구나!"라고 아이들의 노력, 집중하는 태도, 끈기, 등을 칭찬해야 한다. 특히 아이가 실수할 때 교사의 말 한마디, 부모의 말 한마디가 결정적이다. 실패도 '작은 성공'이라 믿는 아이는 수많은 '작은 성공' 과정을 통해 배우고 결국 성공한다. 아이가 실패, 실수할 때 "네가 노력해 작은 성공을 했구나."라고 격려할 수 있어야 한다. 과정 칭찬은 실수에 대해 담대한 아이를 만든다. 쓰러져도 넘어져도 다시 일어날 수 있다. 아이가 오뚜기 근육을 만들도록 도와주려면 우선 부모나 교사의 마인드 셋이 달라져야 한다.

네 능력? 네 노력?

고정 마인드 셋fixed mindset 과 성장 마인드 셋growth mindset 이란 무엇인가? 스텐포드대학교 심리학과 교수 캐롤 드웩Carol Dweck 은 이렇게 정의한다. 고정 마인드 셋fixed mindset 은 재능, 능력은 고정되어 있어서 바꿀 수 없다고 믿는다면, 성장 마인드 셋growth mindset은 능력도 노력으로 변화시킬 수 있다고 믿는다. 이 두 사고방식은 성취에 많은 영향을 주는데, 특히 실수를 대하고 해석하는 태도에서 큰 차이를 가져온다.

고정 마인드 셋을 가진 사람들은 실수나 실패를 자신의 무능함을 보여 주는 증거로 수치스럽게 여긴다. 그래서 실수한 일, 실수를 목격한 사람들을 피하게 되고 다시는 도전하지 않는다. 금방 성공하지 못하면 재능이 없다고 단정 짓고 포기하는 것이다. 반면에 성장 마인드 셋을 가진 사람은 타고난 재능보다 얼마나 노력하느냐를 더 중요한 가치라고 믿는다. 따라서 어려운 문제를 풀려 하고, 틀리더라도 얻는 게 있다고 생각한다. 또 실수했을 때 실수를 분석하고 더 열심히 노력해 결국 해내고야 만다.

교사도, 부모도 노력의 힘을 믿는 성장 마인드 셋이 필요하다. 이 아이가 지금 보여 주는 것은 1퍼센트도 되지 않음을 믿는다. 아이의 힘, 가능성, 노력으로 만들어 갈 99퍼센트를 진심으로 믿는 것, 그 믿음이 아이의 '오뚜기 근육'을 만든다.

그 아이의 단 한 사람은 보이지 않는 99퍼센트를 본다.

나는 세상의
주인공입니다

"앉은 자리에서 일어나렴."

지난달 초 서울 서초동 법원청사 소년법정. 서울 도심에서 친구들과 함께 오토바이 등을 훔쳐 달아난 혐의로 피고인석에 앉은 A양(16)에게 서울가정법원 김귀옥(47) 부장판사가 다정한 목소리로 말했다. 무거운 보호 처분을 예상하고 어깨를 잔뜩 움츠리고 있던 A양이 쭈뼛쭈뼛 일어나자 김 부장판사가 다시 말했다. "자, 날 따라서 힘차게 외쳐 봐. 나는 세상에서 가장 멋지게 생겼다."

예상치 못한 재판장의 요구에 잠시 머뭇거리던 A양이 나직하게 "나는 세상에서······."라며 입을 뗐다.

김 부장판사는 "내 말을 크게 따라 하라."라고 했다.

"나는 무엇이든지 할 수 있다. 나는 이 세상에 두려울 게 없다. 이 세상은 나 혼자가 아니다."

큰 목소리로 따라 하던 A양은 "이 세상은 나 혼자가 아니다."라고 외칠 때 참았던 울음을 터뜨렸다.

법정에 있던 A양 어머니도 함께 울었고, 재판 진행을 돕던 참여관·실무관·법정 경위의 눈시울도 빨개졌다.

A양은 작년 가을부터 14건의 절도·폭행을 저질러 이미 한 차례 소년 법정에 섰던 전력이 있었다.

법대로 한다면 '소년보호시설 감호위탁' 같은 무거운 보호 처분을 받을 수 있는 상황. 그러나 김 부장판사는 이날 A양에게 아무 처분도 내리지 않는 불(不)처분 결정을 내렸다. 그가 내린 처분은 '법정에서 일어나 외치기'뿐이었다.

그가 이런 결정을 내린 건 A양이 범행에 빠져든 사정을 감안했기 때문이다. 작년 초까지만 해도 반에서 상위권 성적을 유지하던 A양은 간호사를 꿈꾸던 발랄한 학생이었다. 그러나 작년 초 남학생 여러 명에게 끌려가 집단폭행을 당하면서 삶이 바뀌었다. A양은 당시 후유증으로 병원 치료를 받았고, 충격을 받은 어머니는 신체 일부가 마비되기까지 했다. 죄책감에 시달리던 A양은 학교에서 겉돌았고, 비행 청소년과 어울리면서 범행을 저지르기 시작한 것이다.

김 부장판사는 법정에서 말했다.
"이 아이는 가해자로 재판에 왔습니다. 그러나 이렇게 삶이 망가진 것을 알면 누가 가해자라고 쉽사리 말하겠어요? 아이의 잘못이 있다면 자존감을 잃어버린 겁니다. 그러니 스스로 자존감을 찾게 하는 처분을 내려야지요."
눈시울이 붉어진 김 부장판사는 눈물범벅이 된 A양을 법대(法臺) 앞으로 불러 세웠다.
"이 세상에서 누가 제일 중요할까. 그건 바로 너야. 그 사실만 잊지 않으면 돼. 그러면 지금처럼 힘든 일도 이겨낼 수 있을 거야."
그러고는 두 손을 쭉 뻗어 A양의 손을 꽉 잡았다. "마음 같아선 꼭 안아 주고 싶은데, 우리 사이를 법대가 가로막고 있어 이 정도밖에 못 해 주겠구나."
이 재판은 비공개로 열렸지만 서울가정법원 내에서 화제가 되면서 뒤늦게 알려졌다.

〈"……이 세상은 나 혼자가 아니다" 판사의 말 따라 외치다가 '法情'에 울어버린 소녀犯〉
정지섭, 《조선일보》, 2010. 05. 17

이 소녀가 잠시 잊고 있었던 것을 김귀옥 판사는 보았다. 세상에서 아이가 무엇이든 할 수 있음을, 삶이란 무대를 누빌 주인공이라는 것을 일깨워 주었다. 아이들이 모두 자기 삶의 주인공으로 자라도록 어른들이 힘을 주어야 한다.

무대의 주인공, 인정가치로 만든다

모두가 주인공이 되는 교실에 필요한 것은 무엇일까? 한 아이가 주인공이 되려면 그 아이만의 가치를 찾아내고, 인정해 주어야 한다. 교사의 인정은 말과 행동은 물론 표정으로 표현되며 아이들은 그 모습을 통해 교사의 가치를 알게 된다. 이것이 인정 시스템approval system이다. 이 인정 시스템이 무엇이냐에 따라 교실에서 주인공의 숫자가 결정된다.

부모에게까지 영향을 주는 공개적인 인정 시스템이 바로 상이다. 1년간 교실에는 다양한 대회가 열리고 상장이 수여된다. 하지만 상을 받을 수 있는 아이들은 적다. 나는 학기마다 〈그 아이만의 상〉을 만들어 준다. 이 상은 각자의 개성을 잘 관찰하여 이 세상에 하나뿐인 상으로 만들어 그 아이에게 주는 것이다.

"위 어린이는 급식 뒷정리나 분거수거를 찾아서 해, 친구들에게 도움을 주는 기쁨을 알기에 〈도움기쁨 나누미 상〉을 드립니다."

"위 어린이는 남과 다른 아이디어로 만들기, 종이 접기, 그리기를 잘하여 친구들의 도우미로 활동하였기에 〈창의 디자이너 상〉을 드럽니다."

학기 말, 서른 명이 다 다른 상장을 받았고, 상장을 찍어서 카톡 우리 반 학부모님 방에 올려 드렸다. 부모님들은 내 아이뿐 아니라 다른 아이의 장점을 알게 되어 칭찬 글이 많이 올라왔다.

"선생님, 우리 반 아이들은 재능이 참 많네요."

"선생님, 아이들이 참 기특해요."

"선생님, 상장 문구 읽어 보고 감동했어요. 진정한 상 감사합니다."

그 아이에 맞는 섬세한 내용을 써 주어야 하기에 평소에 관찰을 자세히 해야 한다. 이런 활동은 나의 인정 시스템 가치를 다양화하기 위한 노력이기도 하다.

교사의 인정 시스템이 왜 중요한 걸까? 대안성장학교 별의 교장이자 정신과 의사인 김현수 박사는《행복한 교실을 만드는 희망의 심리학》에서 흔히 교사의 인정 시스템은 성적-인성-순종-재능-외모나 매력-부모 순으로 작동한다고 한다. 아이들은 인정받기를 간절히 원한다. 교사가 어떤 가치를 중시하느냐는 또 하나의 암묵적인 교육이 될 것이기에 교사는 늘 신중해야 한다. 담임교사가 공부를 중요가치로 여기는 말, 행동을 수시로 하는 교실의 예를 들어보자. 10퍼센트의 공부 잘하는 아이들을 제외하면 스스로 주인공이기를 포기할 수 있다. 교사의 인정을 포기한 아이는 교실에서 희망을 잃는다. 또 공부를 잘하는 친구들에게 선을 긋고, 스스로 아웃사이더가 되어 갈 수밖에 없다. 교사의 인정가치는 아이들에게 축복일 수도, 고통일 수도 있다. 아이들에게 교실이 천국 또는 지옥이 될 수 있는 것이다.

교실의 인정가치는 절대 공부만이 아니다. 그보다는 마음을 알아차리고, 공감과 소통의 맛을 느끼는 것이 더 중요하다. 자기를 좋아하고, 친구를 존중하는 아이. 자기 마음을 잘 알아차리는 아이, 그래서 친구 마음도 잘 헤아리는 아이. 실패를 신경 쓰지 않고 도전에 열심인 아이, 자신의 미덕을 가꾸는 아이 등 정서적 요소가 훨씬 더 중요하다.

매년 새 학기, 학생들에게 암묵적인 메시지로 전달될 교사의 인정가치를 점검하는 일은 지적 교육과정의 재구성 이상으로 중요하다. 올해 이 아이들에게 내가 의식, 무의식으로 전해 줄 핵심 인정가치는 무엇인가? 이 아이들의 자기 확인, 성취동기, 긍정성의 토대가 될 인정가치는 무엇인가? 내가 자주 선택하는 인정가치는 '존중', '미덕', '자존감', '다양성', '마음주인공'이다. 인정가치를 정할 때 고려하는 기준은 이렇다.

첫째, 있는 그대로 아이들을 존중할 수 있는 가치인가?
둘째, 30인 30색의 색깔을 고루 품어 주는 가치인가?
셋째, 아이들이 원하는 가치와 일치하는가?

김현수 박사는 '이상적인 인정 시스템은 아이들의 가치와 담임의 가치가 맞아떨어졌을 때'라고 말했다. 그럴 때 아이들은 누구의 인정을 받기 위한 것이 아니라, 반 전체가 인정하는 가치를 위해 노력한다고 의식할 수 있다.

올해 3월 첫날 협의시간, 우리 반 아이들이 가장 원하는 가치는 '존중'이었다. 아이들이 원하는 '존중'이 무엇인지도 자세히 들어 보았다. 1순위는 '공부시간에 즐겁고, 재미있게 가르쳐 주세요.', 2순위는 '아이들에게 매일 존중의 말을 해 주세요.', 3순위는 '미덕을 많이 찾아 주세요. 화내지 말아 주세요.'였다. 내가 원하는 가치와 아이들이 원하는 가치가 비슷해서 마음이 놓였다. 아이들을 한결 더 '존중'해 주리라 마음먹었다. 그날 아이들에게 나는 '고맙다'는 말을 열 번도 넘게 했다.

"발표 열심히 해서 고마워!", "인사 잘 해서 고마워!", "목소리 크게 말해 줘서 고마워!"

"앞에 나와서 용기 있게 시범을 보여줘서 고마워!", "빨리 마무리 해 주어 고마워!"

우리 아이들이 원하는 인정가치는 어떤 것일까? 무한 관심, 무한 공감, 무한 배려, 무한 칭찬, 무한 격려, 무한 사랑을 원하지 않을까 싶다. 아이들은 사랑을 먹고 자라는 존재이기에 당연한 것이다. 모두 삶의 주인공으로 존중받고 사랑받고 싶어 한다. 교사가 그런 마음을 잘 알고 아이들과 잘 소통하며 서로의 인정가치의 간격을 좁혀 나갈수록 마음으로 가까워진다. 주인공이 많은 교실은 교사가 다양한 인정가치를 품는 곳이다.

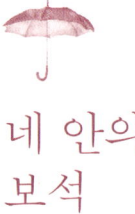

네 안의 보석

 우리 반에는 과제물이나 학습지를 항상 꼴찌로 제출하는 아이가 둘 있다. 기다려 주고 화내지 않는 것으로 나름 그 두 아이를 배려하기는 했지만 상황은 나아지지 않았다.
 그러던 어느 날 국어시간 글쓰기 학습지를 다 마무리해서 걷는데 역시나 민석이는 아직 반도 못 쓰고 딴짓을 하고 있었다. 나는 미덕 언어로 말을 걸었다.
 "민석아, 네 안에 미덕 보석들이 자고 있구나. 얼른 깨워야지! 넌 힘이 있어, 깨울 수 있어."
 "쉰두 개 중 너를 도와서 끝까지 빨리 글씨를 쓰게 해 줄 보석은 어느 거니?"라고 물었더니, '끈기'라고 한다.

"이제 네 끈기 보석이 깨어났으니 너를 도와줄 거야. 민석이도 빨리 하게 될 거야."

그렇게 말했을 뿐인데 아이 태도가 확 달라졌다. 무엇이 한 학기 내내 꼴찌를 도맡아 하던 아이를 변하게 했을까? 그렇게 많은 격려, 용기의 말, 칭찬을 해도 움직이지 않고 의욕이 없던 한 아이의 변화는 어디에서 온 것일까?

수치심 아닌 기회와 용기로

실수했을 때 야단을 맞는 것은 당연하다. 하지만 교실에서 서른 명의 친구들이 보는 앞에서 야단을 맞는 것은 일어설 수 있는 아이도 쓰러지게 만든다. '수치심'이 서른 배로 부풀어 아이를 짓누른다. 예민하거나 불안감이 높은 아이에게 서른 배 수치심은 '절망, 포기'로 이어진다.

정신과 의사이자 인간 의식에 대한 패러다임을 전환한 연구자 데이비드 호킨스는 저서 《의식 혁명》에서 수치심에 무게를 둔다. 그는 물질적인 자극뿐만 아니라 감정적이고 지적인 자극에도 근육이 강화되거나 약화된다는 놀라운 사실을 발견했다. 그 발견을 바탕으로 구성한 실험을 20여 년 동안 진행해 인간 의식을 열일곱 단계로 나누었다. 그중 수치심은 인간을 가장 약하게 만드는 의식이었다.

아이들에게 수치심을 주는 일을 조심해야 함을 깨닫는다. 아이들이 실수하고, 잘못했을 때 쉽게 야단을 치는데 특히 교사의 야단치기는 '수치심'을 자극할 수 있기 때문이다. 서른 명 아이들 앞에서 낙인이 찍히는 순간, 영혼의 의식 수준은 바닥으로 곤두박질친다.

아이의 가능성을 믿어 주고, 용기를 줄 수 있다면 그것이 최고의 선택이고, 사랑의 행동이 될 것이다. 실수하는 그 순간을 어떻게 볼 것인가에 따라 교사는 수치심을 줄 수도, 용기를 줄 수도 있다. 실수를 가르침의 순간으로 본다면 목소리를 높이기보다는 "지금 네 보석이 자고 있어서 그래." "넌 보석을 깨우기만 하면 돼."라고 말하게 된다. 이 말은 당연히 야단맞을 순간에 수치심을 기다리고 있던 아이에게 오히려 '기회'라는 선물을 준다. 벌을 기다리던 아이가 선물을 받으니, 얼마나 놀라겠는가?

'이건 뭐지? 왜 선생님이 야단을 안 치시지?'

'내 보석이 자고 있다고? 깨우면 된다고?'

잠자고 있던 아이의 양심이 꿈틀거린다. 실수한 순간 여러 아이 앞에서 집중 격려를 받게 되니 얼마나 미안할까? 또 얼마나 선생님이 고마울까? 고맙고, 미안한 마음이 든 아이에게 스스로 잘하려는 마음이 생기는 거다.

콜버그Lawrence Kohlberg는 도덕성이 여섯 단계로 발달한다고 했다. 1단계는 벌이 두려워 규칙을 지키는 단계다. 2단계는 욕구를 충족

시키기 위하여, 즉 칭찬, 보상을 받기 위해 규칙을 지킨다. 3단계는 사람들의 인정을 받기 위해, 즉 착한 아이가 되려고 규칙을 지킨다. 4단계는 법과 질서이기 때문에 규칙을 지킨다. 5단계는 다른 사람을 존중하기에 규칙을 지킨다. 마지막 6단계는 내면의 양심 때문에 스스로 선택하고, 그 선택으로 규칙을 지킨다. 이 여섯 단계를 안내하는 표 하나를 교실에 붙여 놓았을 뿐인데 얼마 지나지 않아 아이들아 칭찬 스티커 대신, 아무런 대가 없는 양심을 선택하기 시작했다. 그리고 더욱 행복해 했다.

스스로 양심이 발동하여 미덕을 불러온 아이들은 모두 6단계다. 교사는 아이에게 미덕을 선택할 힘이 있다는 것을 믿어 주기만 하면 되는 것이다.

미덕의 보석들 52가지

미덕이란 무엇일까? 미덕의 사전적 의미는 '아름답고 갸륵한 덕행'이며, 그 가치는 시대와 계층을 초월한다. 미덕이 무엇인지 알고 소중하게 여기며 생활 속에서 실천하는 것은 삶 자체도 아름답게 만들 수 있다고 믿어 나는 늘 미덕 교육을 중시해 왔다. 특히 캐나다 정신과 의사인 린다 캐벌린 포포프 Linda Kavelin Popov 등이 창안한 교육 프로그램 버츄 프로젝트 The Virtues Project 에 의거해 아이들을 가르쳐 왔다. 이 프로젝트는 세계적으로 공통되는 미덕 쉰두 가지를 선정해 이 가치들에 기반한 교육 프로그램을 개발하고 소개한다.

> 감사, 결의, 겸손, 관용, 근면, 기뻐함, 기지, 끈기, 너그러움, 도움, 명예, 목적의식, 믿음직함, 배려, 봉사, 사랑, 사려, 상냥함, 소신, 신뢰, 신용, 열정, 예의, 용기, 용서, 우의, 유연성, 이상 품기, 이해, 인내, 인정, 자율, 절도, 정돈, 정의로움, 정직, 존중, 중용, 진실함, 창의성, 책임감, 청결, 초연, 충직, 친절, 탁월함, 평온함, 한결같음, 헌신, 협동, 화합, 확신

프로젝트를 만나기 전에는 아이들을 가르치면서도 아이들이 이미 이런 미덕의 원석들을 마음속 광산에 품고 있다는 사실을 깨닫지 못했다. 아이 내면의 미덕을 내가 봐 주고 불러 주고, 믿어 주기만 하면 되는 것이었다.

민석이가 바뀌자 옆에서 꼴찌를 서로 주거니 받거니 하던 다른 아이도 바뀌었다. 이젠 그 두 아이는 더 이상 꼴찌가 아니다. 작은 성공이 많아지면 습관이 되듯 이 두 아이들은 몇 주 만에 중간 정도 속도로 마무리를 해냈다.

두 아이의 변화는 내게 작은 기적이었다. 나는 혼자 앉아 두 아이 얼굴을 떠올리며 많이 반성했다. 내 안에 있던 두 아이에 대한 자동화된 마음, 즉 고정관념을 봤기 때문이다. 어떤 아이도 고정된 아이는 없다. 진정 가능성의 존재인 것을 내가 믿어 주기만 하면 그 즉시 아이는 변한다. 그 순간은 아이러니하게도 아이가 실수할 때이다.

그 전의 나에게 도덕, 인성 교육은 사람에게 필요한 가치를 밖에서 안으로 넣어 주는 작업이었다. 그러나 버츄 프로젝트를 접하며 내 안의 '패러다임'이 변했다. 아이들에게 무언가 가르치거나 넣어 주는 것이 아니다. 그들의 존재 내면에 이미 있는 미덕의 원석을 믿어 주는 것, 갈고 닦아 다이아몬드 보석을 만들도록 돕는 것이 내 일이었다. 그렇게 생각이 변하니 내 말이 변했다. "은서야 넌 보석이야." "보석덩어리 서은이!" 같은 말이 참 쉽게 나왔다. 아이들의 기적 같은 변화를 계속 경험하며 내 믿음은 더 강해졌다.

아이 마음은 이미 보석이다. 그 보석을 봐 주고, 인정해 주고, 격려해 주는 것이 교사다. 아무리 다이아몬드 보석을 가지고 있어도 그 자신이 보석을 가지고 있는지 모른다면 얼마나 안타까울까? 아이도 자신에게 있는 반짝이는 마음을 목격하고 알아야 한다. 아이 스스로가 자신이 가진 내면의 보석과 그 힘을 믿는 것이 자존감이다. 자존감은 높이고 싶어서 높이는 게 아니라 깊이 숨겨진 자신에 대한 느낌, 무의식의 영역이다. 그 자존감은 중요한 네 방향에서 보여 주는 말과 태도의 열매다. 엄마, 아빠, 학교 선생님, 친구들. 이 네 방향의 말과 태도가 아이의 마음 거울에 비추어진다.

그 마음 거울에 나는 무엇을 비추어 주는 교사가 될 것인가? 내가 비추는 것은 이미 내 안에 있는 것이다. 내게 없는 것을 알아차리고 아이에게 비추어 주지 못한다. 내 안에 사랑이 있어야 아이 내면에 사랑을 알아차릴 수 있다. 내 안에 있는 친절이 아이의 친절에 반응하고 내 안에 있는 존중하는 마음이 아이의 존중행동에 반응할 거다. 나도 내 안에 반짝이는 보석을 더 많이 만들면 된다. 그 많은 미덕의 보석으로 우리 아이들을 매일 등대처럼 비춰 줄 것이다. 오늘은 이 미덕의 보석으로, 내일은 저 미덕의 보석으로 말이다. 1년 1,200시간 동안 아이들 무의식을 다 미덕 기억으로 바꾸는 날까지 말이다.

52가지 원석 다듬기

우리 반의 아침활동은 버츄 프로젝트에서 만든, 쉰두 가지 미덕을 소개하는 미덕카드로 자신과 만나는 시간이다. 미덕을 알려면 쉰두 가지 미덕에 익숙해지는 것이 첫 단계다. 그래서 미덕카드 중 한 장을 뽑아 거기 쓰인 미덕을 매일 읽고 쓰고 성찰한다. 처음에는 미덕카드의 내용을 아이들이 다 이해할까 걱정도 했다. 그런데 시간이 가니 아이들이 다 이해했다. 초연, 성찰, 내면, 무의식……. 모두 다 이해했다. 또 그 어휘들이 아이들의 언어구사력을 탁월한 수준까지 끌어 올려 준 것을 보았다.

"4월 7일 배려, 미술시간에 짝이 네임펜을 가져오지 않았는데, 말하기 전에 빌려 주었다."

"4월 7일 용기, 국어시간에 큰 소리로 발표를 했더니 선생님이 '용기' 미덕을 인정해 주셨다."

"4월 7일 도움, 엄마가 주방에서 저녁 준비를 하시는데 가족의 수저를 식탁에 놓았다."

아이들이 자신의 행동에서 미덕의 보석을 찾아 매일 기록하는 미덕통장쓰기는 자신이 미덕의 보석덩어리임을 믿게 한다. 수업시간에 받는 칭찬도 모두 기록하도록 했다. 하루하루 쌓이면 어느새 아이들은 뚜렷하게 달라져 있었다.

생활이 미덕이 되니, 말이 바뀐다. 말이 바뀌니 생각이 바뀐다. 생각이 바뀌니 미덕이 더 많이 보인다. 미덕이 보이니 미덕을 다시 말하게 된다. 모든 행동에 미덕이라는 의미를 부여한다. 친구의 행동에서 미덕을 찾게 된다. 먹이고, 입히고, 보살펴 주시는 부모님의 도움 등 당연하게 생각했던 것들이 다 미덕임을 깨닫는다. 아이의 가슴에서 패러다임이 전환된다. 내 자아에 대한 따스한 시선이 주변으로 확대되는, 미덕이 선순환하는 생활이 시작된다. 사랑이 사랑을 낳듯 미덕도 미덕을 알아보고, 새로운 미덕을 부른다.

아이가 미덕통장 한 권을 다 쓰면 나는 너무나 기특해서 사진을 찍고 박수를 쳐 주면서 말한다.

"너희들 가슴의 보석이 이미 다이아몬드가 된 게 많구나. 자기 안에 있는 것에 반응하는 거란다."

"미덕이 가득할수록 미덕을 더 좋아하고, 잘 찾고, 잘 반응한단다."

"너희들의 미덕 광산이 참 궁금해, 앞으로 어떤 미덕을 다이아몬드로 만들지 말이야."

미덕으로 행복한 아이들

2015년 12월 학기 마무리 활동으로 〈나에게 주는 상〉을 했다. 그때 아이들이 스스로에게 제일 많이 주었던 상이 〈감사 상〉이었다. '위 어린이는 뭐든지 감사하며 감사의 미덕에 물을 주고 사랑해 주어 다이아몬드로 만들어 이 상을 줍니다.' 아이들은 의심 없이 자신의 감사의 미덕이 다이아몬드가 되었다고 믿고 있었다.

작년에 반 아이들을 대상으로 3월과 9월, 두 차례에 걸쳐 자아존중감 검사를 했다. 그 결과 30점 이상 오른 아이가 여러 명 나오고, 다른 아이들도 대부분 15퍼센트 이상 수치가 올라간 것을 보고 참 놀랐다.

자존감은 무의식의 영역이다. 자신이 귀하고, 존중받을 존재임을 느껴 내면화하는 것이 자존감이다. 보통 자존감을 5점 올리기도 힘든 일인데 '이건 기적이다!'라는 느낌에 행복했다. 그런데 이 기적은 어디서 왔을까? 무의식까지 변해야 올라가는 자존감이 그처럼 많이 올라갔다는 것은 무엇일까? 분명 쉰두 가지 미덕을 닦는 활동이 아이들의 무의식을 바꾸어 준 거다. 결과나 성공 중심으로 생각했던 아이들이 과정, 노력, 배려 등 보이지 않는 내면의 가치를 알게 되고, 그것이 아이들 가슴에서 무럭무럭 자라게 된 거다.

일주일에 다섯 건 이상 나오던 우리교실 SOS(도와주세요)쪽지가 10분의 1로 줄었다. 6월 스물세 건, 7월 스물한 건, 9월 세 건, 10월 두 건이었는데 11월과 12월엔 아예 없었다. 이것이야말로 기적 중

기적! 미덕이 아이들을 행복하게 해 준 결과다. 매일 서로 "너는 보석!"이라고 릴레이칭찬을 하고 미덕을 찾아 주니 서로 불편하게 할 때 치는 SOS가 자연스레 줄어들었다.

버츄 프로젝트가 아이들을 변화시키고, 어떤 프로그램보다 자존감을 높게 만든 이유는 무엇일까? 바로 아이 안에 있는 미덕을 믿어 주기 때문이다.

네가 보석이라는 말, 네 안에 이미 미덕이 쉰두 가지나 원석으로 있다는 말은 얼마나 희망을 주는가? 용기를 주는가? 매일 누군가가 나에게 그 보석이 있다고 말해 주고, 보았다고 말해 주고, 그 보석 때문에 고맙다고 말해 준다면? 어느 누가 변하지 않겠는가? 아이든 어른이든 네 안에 큰 보석이 있다고, 너는 생각보다 힘이 세다고 존재를 믿어 주는 게 사랑이고 힘이 된다. 존재는 우리가 인정하든 안 하든 이미 그 자체로 온전하기에.

나는 쉰두 가지 미덕의 꽃을 가슴에 안고 아이들을 만난다. 아이들에게 이미 있는 미덕의 꽃, 아이들의 자존감을 찾아 주러 교실에 간다. 있는 것을 찾는 것이기에 너무나 쉽다. 모든 행동을 미덕이라고 보면 미덕이 아닌 것이 없다. 발표를 하는 것, 인사하는 것, 바르게 앉아 있는 것, 웃는 것, 끝까지 해내는 것, 청소하는 것, 친절한 것, 노력하는 것……, 교실은 온통 미덕이다. 아이들의 자존감은 미덕을 바라보는 것 하나로도 엄청나게 상승한다.

아이스크림과
양심 사이

미덕의 시너지

미덕카드의 다양한 활동을 통해 일어난 제일 큰 변화는 아이들이 '화가 줄었다'는 것이다. 내 안의 미덕을 통해 세상을 보고, 친구를 보고, 부모님을 보니 화낼 일이 줄 수밖에 없다. 무엇보다 많이 조용해졌다.

그래도 너무나 활발한 성격에 공부시간에도 떠드는 아이들이 있다. 여러 번 '절도', '인내', '끈기'의 미덕을 불러오라 안내했지만 나아지지 않았다. MBTI 간이검사상 E형으로 보이는 그 아이들을 위한 또 다른 전략을 생각했다. 에너지를 사람에게서 받는 E형의 특성을 잘 활용하여 친구들의 미덕 에너지를 받게 해 미덕의 시너지를 내면 어떨까 생각했다.

아이들을 불러내는 것이 문제였다. 내가 이 아이들을 먼저 호명하면 아이들의 수치심이 자극될 것이다. 그래서 먼저 일주일간 아이들에게 진실함의 미덕이 느껴질 때마다 칭찬을 더 많이 하다 이야기를 꺼냈다. "공부시간에 내가 많이 떠든다고 생각해 미안한 사람은 스스로 손을 들어 주세요." 눈을 감았지만 처음에는 눈치를 보며 쭈뼛쭈뼛 하는 아이들 사이에서 한 명이 손을 들었다.

"종민이의 '용기'와 '진실함'의 미덕이 빛나는구나."

어쩜 나머지 두 명까지 스스로 손을 들었다. 딱 삼인방, 내가 생각했던 아이들 세 명이다.

이럴 때 보면 순수한 미덕이 가득한 보석덩어리 아이들 그 자체다. 우리 어른들이 흉내 낼 수 없는 용기와 진실함을 가진 미덕의 보석덩어리들이다. 그 세 명을 앞으로 나오게 했다.

"너희들에게는 '용기'와 '진실함'의 미덕이 빛나는구나. 그럼 어떻게 하면 공부시간에 좀 더 집중할 수 있을까? 너희들을 도와줄 미덕은 뭘까?"

"저는 '인내'와 '끈기'요."

"저는 '절도'와 '열정'이요."

"저는 '예의'와 '끈기'요."

아이들은 각자 자신을 도와줄 미덕을 골랐다. "너희 셋 중 다음 주

동안 제일 미덕을 잘 발휘한 미덕천사에게 선물을 주려 해! 선생님이 너희 세 명 각자에게 응원 팬들도 붙여 줄 거야. 응원 팬들은 쉬는 시간에 자기 선수를 미덕으로 응원하고 격려하는 거야. 그야말로 팬인 거지. 대신 자기가 응원하는 친구가 미덕천사로 뽑히면 그 응원팀에게는 아이스크림 선물을 쏜다! 열심히 응원해 주고, 격려해 주면 좋겠지? 어디 한번 도전해 볼래?"

세 명의 아이들은 좋다고 도전하겠다며 입이 귀에까지 걸렸다. 자신이 많이 떠든다고 스스로 손을 들어 나온 아이들은 나에게 야단맞지 않았다. 오히려 용기, 진실함의 미덕을 인정받았다. 또 절도, 끈기, 인내, 예의란 미덕을 발휘할 기회를 얻었다. 그것도 친구들의 열렬한 응원과 함께. 수치심 대신 양심! 버츄 프로젝트의 두 번째 전략이다. 우리 반 아이들도 좋아서 환호성이다. 세 명 중 자신이 원하는 아이를 응원하기로 손을 들어 정했다. 세 아이의 팬들이 거의 비슷하게 나누어졌다. 아이들이 쉬는 시간마다 수시로 이 세 명의 주인공을 미덕으로 응원하는 거다. "너희들에게는 쉰두 개나 되는 미덕이 있어. 그 미덕이 너를 도와줄 거야."

이번 주 월요일, 첫 시간이 미술이었다. 약간의 소란이 허용되는 시간인데 셋 다 떠드는 행동은 멀리 날려 보냈다. 미술활동도 얼마나 열심인지, 마무리 또한 잘했다. 그리고 속도도 무척 빨라졌다. 월요일을 세 아이들의 변화에 놀라며 보냈다. 아이들이 쉬는 시간에 자기가 응원하는 미덕의 주인공에게 힘을 팍팍 준다. "종민아, 잘해!

파이팅! 너에겐 '절도'의 미덕이 있어!" "기훈아, 잘해, 너에게 '끈기'의 미덕이 있어, 파이팅!" 화요일도, 수요일도 아이들의 자세는 여전히 좋았다. 얼마나 집중을 잘 하는지 예전의 모습을 찾아 볼 수 없을 정도였다. 변한 모습에 기특하고, 신기하고, 고맙기까지 하다.

그리고 금요일, 드디어 세 아이 중 수업 자세가 제일 많이 달라진 한 명을 뽑는 날이다. 아이들이 드디어 앞으로 나왔다. 세 주인공들은 열심히 '절도'의 미덕, '끈기'의 미덕, '인내'의 미덕을 닦으며 한 주간 공부시간을 멋지게 보냈다. 일주일간 스스로의 느낌, 깨달은 점을 발표했다. "아이들이 응원해 줄 때 기분이 좋았어요." "아이들이 여러 가지 미덕으로 응원해 줄 때 고마웠어요." "선생님이 자세가 좋아졌다고 많이 칭찬해 주셔서 기뻤어요." "떠들었는데 야단맞지 않고 미덕을 불러오는 게 좋았어요." 그리고 누가 오늘의 최고 자세 어린이가 될 것 같은지 물었다. 셋 다 옆의 친구가 더 잘했다고 '겸손'의 미덕을 발휘한다. 세 아이를 벽을 보게 한 후 나머지 아이들에게 셋 중 가장 많이 변한 아이에게 거수하게 했다. 양심껏 거수해 주기를 부탁하니 역시 '진실함'의 미덕을 발휘하는 아이들이다. 제일 많이 변한 아이는 평소 제일 많이 떠들던 녀석 맞다. 셋을 뒤로 돌게 한 후 이렇게 말해 주었다.

"너희 셋 다 비슷한 표로 잘했어. 종민이가 한 표가 더 많았지만 그래도 셋 다 1등을 주려고 해! 오늘 세 명 다 최고 미덕 어린이로 인정해 줄게. '절도', '끈기', '인내'의 미덕이 너희들을 도왔구나. 너희를 응원해 준 팬들에게 직접 아이스크림을 가져다주세요!"

 교실은 환호성의 도가니가 되었다. 세 명의 아이들이 내가 미리 준비한 아이스크림을 들고 교실을 돌며 자신을 미덕으로 응원해 준 팬들에게 전해 준다. 아이들은 행복하게 아이스크림을 먹고, 세 명의 친구들도 으쓱한 분위기이다.

 그때 한 아이가 나지막하게 말했다.

 "선생님, 다음 주부터 종민이가 다시 떠들면 어떻게 해요?" 다른 아이도 종민이의 눈치를 보며 거들었다. "아이스크림 안 사 주면 다시 떠들텐데……." 그때 난 대답 대신 종민이의 얼굴을 들여다보았다. "나 이제 아이스크림 없어도 계속 잘할 거야." 종민이 입에서 순간 튀어나온 말이다. 내가 시키지도 않았는데 그 아이들의 말에 종민이가 스스로 그렇게 말했다. 그 순간 나는 너무나 가슴이 찡했다. 내 가슴 깊은 곳에서 종이 울리는 듯했다. 종민이가 앞으로 미덕의 힘을 불러다 쓸 수 있으리라는 것이 고맙다. 그동안 불러오지 못한 미덕이 이제 종민이를 더 행복하게 할 것이다.

 점심시간에 여자아이들 몇 명과 산책할 때 한 이야기가 생각났다. "선생님 종민이가 정말 달라졌어요." "예전에 종민이는……, 작년 선생님한테……." "1학년부터 지금까지 알던 종민이가 아니에요." "너무 신기해요. 종민이가 미덕으로 변한 걸 보면요." 반 아이들 앞에서 내가 크게 대답했다. "종민이는 아이스크림 없어도 잘할 거야. 선생님은 종민이의 힘을 믿어."

아이들은 언제 변할까? 잘못했을 때 야단을 치는 것은 쉽지만 그것은 아이들에게 수치심을 불러온다. 수치심은 가장 낮은 에너지로 아이들의 의욕과 자율성을 무너뜨린다. 잘못했을 때 반대로, "네 미덕이 자고 있어서 그래." "네 미덕을 깨워서 다시 도전해 봐. 넌 할 수 있어." 하고 말한다면 어떨까? 야단을 맞아야 할 때 반대로 격려와 도전을 받은 아이는 양심이 일어난다. 양심을 일깨우는 것이 미덕의 힘을 알려 주는 것이다. 양심은 자발성, 자율성을 불러온다. 그래서 아이 행동의 근본적인 변화를 가져온다. 미덕의 힘은 내적동기를 일으켜 세운다. 내면의 힘! 내적동기! 잠자고 있던 그 아이가 스스로의 힘으로 일어나는 순간 언제나 내 가슴이 떨린다.

두 번째 이야기

지금 가장
소중한 것

지금
가장 소중한 것

5교시 시작 전 우리 반 아이들에게 이야기 하나를 들려주었다.

얼마 전 아이는 생일을 맞았다. 벼르고 벼르던 36만 원짜리 자전거를 아빠가 사 주셨다. 할머니는 연하늘색 면바지를 선물로 사 보내 주셨다. 3시, 새 바지를 입고 신나서 학교에 갔던 아이가 돌아왔다. 아이는 책가방을 방에 던져 놓자마자 새 자전거를 끌고 나갔다.
"엄마, 저 아파트 앞 공원에서 자전거 좀 타고 올게요."
"4시에 영어학원 버스 오니까 3시 50분까지는 꼭 들어와야 한다!"
"네, 엄마!"

"찻길 조심하고!"

밖으로 자전거를 몰고 나온 아이는 새 자전거를 타느라 신났다. 평소에 아파트 한두 바퀴 도는 것이 습관이었는데 새 자전거를 타니 아파트 밖으로 나가 보고 싶어졌다. 바로 옆 아파트 놀이터까지만 다녀오기로 한다. 익숙지 않은 길을 오가다 보니 시간이 어느새 3시 40분이다. 학원도 가야 하니 한 바퀴만 더 타기로 하고 천천히 페달을 밟는다.

그런데 다음 순간 뿌지직! 쫘당! 꽝! 누군가 길에 떨어뜨린 물건을 피하려다 아이는 길 한쪽 사철나무 옆으로 곤두박질쳤다. 넘어지면서 오른손 손바닥으로 바닥을 짚어 얼굴은 괜찮은데 바지의 오른쪽 무릎에 구멍이 났다.

놀라서 만져 보니 바지가 찢어진 자리에서 피가 난다. 거기다가 자전거가 부딪히며 오른쪽 손잡이 부분이 긁혀 칠도 까지고 주황색 등도 산산조각 났다. 피가 조금씩 흐르는 무릎을 보니 아이는 갑자기 통증이 느껴진다. 부서진 자전거를 보니 겁도 나고 눈물이 났다.

화난 엄마 얼굴이 떠오른다. 시계를 보니 학원 갈 시간이 한참 지났다. '어떻게 하지? 학원시간이 15분이나 지났네, 바지도 찢어지고, 무릎엔 피가 나고 자전거는 부서졌는데…… 어떻게 하지?'

한편 엄마는 장을 봐 집에 오니 3시 50분이 되었다. 곧 아이가 현관문을 열고 들어올 거라 생각해 우유 한 잔을 데워 놨다. 약속시간이 5분이나 넘은 3시 55분이 되도록 아이가 오지 않는다. 전화를 해도 아이가 받지 않는다. 괜히 걱정이 되어 문을 쳐다보게 된다. 현관 벨이 울린 건 4시 5분이 넘어선 시각이다. 문을 여니 상상도 못한 몰골로 아이가 울며 서 있다. 더러워진 바지는 찢어지고 무릎은 까졌고, 꾀죄죄한 상태에서 울어서인지 얼굴은 얼룩져 있다. 옆에는 부서진 새 자전거가 널브러져 있다.

우리 반 아이들에게 물었다. "우리 엄마라면 이런 상황에서 뭐라고 말할까?" 떠오르는 첫 마디를 포스트잇에 적어 보는 활동이다. 다음은 아이들이 생각하는 엄마의 대답이다.

> 야! 너 이씨, 너 학원 안 갔어? 야, 진짜 새 바지랑 자전거 아!! 진짜 악!!! 야, 너 뭐하고 온 거야? 이 자전거가 몇 만원인데? 지금 학원 늦었는데 자전거까지 고장 내? 학원이나 빨리 가. 야! 너 꼴이 그게 뭐야? 지금 몇 신데 이제 들어와? 학원 안 가? 이게 얼마짜린데! 야, 너는 자전거를 사 줬는데 부수고 뭐 하는 거야? 야! 그 꼴이 뭐야? 그 바지하고 자전거가 얼만데……. 지금이 몇 시야? 자전거가 왜 그래? 그게 얼만데? 야! 그게 얼마짜린데? 아휴! 내가 너 때문에 아주 못 살겠다! 왜 그래, 그리고 전화는 왜 안 받아? 너 학원도 늦었잖아?

아이들이 상상한 엄마들의 대답은 비슷한 특성을 갖고 있었다.
- 언성을 높인다.

- 아이 이름을 부르지 않고 '야! 너!'라고 소리친다.
- 학원 못 간 것, 자전거 망가진 것, 바지 찢어진 것 등, 손실부터 생각한다.
- 아이 무릎에 피나는 것을 먼저 보아 주는 엄마가 별로 없다.
- 아이 마음에 대해 물어 본 엄마가 전혀 없다.

아이가 얼마나 아팠는지, 슬펐는지, 속상했는지, 두려웠는지, 엄마는 물어보지 않았다. 내가 만나 본 우리 반 엄마들은 이렇게 대답하시지 않을 분들이다. 그런데 아이들의 대답은 왜 이렇게 짜고 박할까? 한편 우리 반 아이들이 가장 듣고 싶은 엄마의 한마디는 무엇이었을까?

다리 괜찮니? 빨리 병원가자. 다리 괜찮아? 괜찮아, 괜찮아, 괜찮아. 안 다쳤어? 괜찮아, 오늘 학원은 가지 말자. 자전거는 고쳐 줄게, 연고 발라 줄게. 괜찮아? 오늘 학원가지 말고 바지는 새로 사 줄게. 괜찮아, 그럴 수 있어. 너 괜찮니? 다치지 않았니? 새 자전거와 새 바지 때문에 신나서 그럴 수 있어. 다음에 또 사 줄게. 무릎은 괜찮니? 들어가서 쉬어. 괜찮아, 그럴 수 있지, 괜찮아.

괜찮아……, 그 한마디가 얼마나 힘이 센지 그때 확실히 알았다. 누구나 몸과 마음이 지치고 다쳐 집에 올 때가 있다. 그때 가장 절실

한 엄마의 한마디는 무엇일까?

　엄마를 보며 아이도 무엇이 제일 소중한지 느낀다. 엄마가 아이 마음을 최우선으로 소중히 여겨 줄 때 아이는 깊은 안정감, 따뜻한 사랑을 느낀다. 배려받음, 존중받음이 무엇인지 느낀다. 엄마에게 배운 그대로 자기 자신에게, 주변 친구들에게 대한다. 평생 자기를 소중히 여기는 자존감 높은 아이로 자라게 되는 것이다. '자존감이 중요하다, 네 마음을 소중히 보살피라' 말하지만 정작 급박한 상황에서 엄마가 최우선으로 챙긴 것은 무엇이었던가?

　작년 우리 반 엄마들을 대상으로 부모교육을 진행하던 중, 대화법을 설명하다 중간에 이 이야기를 해 드렸다. 특히 아이들이 쓴 포스트잇을 보여 드렸을 때 어머님들의 눈시울이 빨갛게 젖었다. 아이들이 간절히 듣기 원하는 건 '괜찮아' 한마디였지만 어느 아이도 엄마가 그렇게 말해 주리라 기대하지 않았다.

　우리는 때때로 소중한 것을 잊고 산다. 아이의 영혼과 존재가 가장 소중하다고 생각하고 있지만, 우리의 행동과 말은 아이에게 정반대의 이야기를 한다. 존재보다 물건, 결과가 소중하다고 전한다. 아이가 슬플 때, 두려울 때, 불안할 때 더 아이를 벼랑으로 내몬다. 아이가 힘들 때 아이를 더 힘들게 하는 게 엄마일 수 있다는 것을 잊고 지낸다. 어떤 상황에서도 아이의 감정부터 먼저 안아 주어야 한다. 행동 수정은 그 다음이다.

　그 아이의 영혼과 만나 쪼그라든 마음, 얼음이 되어 버린 마음을 펴 주고, 녹여 준 후에야 가르침이 가능하다는 것을 우리는 때때로 잊고 산다. 그렇게 쪼그라든 마음을 먼저 이해받아야, 나중에 혼자서도 감정 조절을 해낼 수 있을 것이다. 괴롭고 당황스러운 상황에서 감정을 존중받은 기억이 무의식에 저장된 아이는 비슷한 상황에서 감정을 잘 추스르며 행동을 쉽게 수정할 수 있다.

무의식에 억울함, 수치심, 분노가 저장된 아이는 그 아픈 기억으로 다시 돌아가 자신의 에너지를 그 감정을 해결하는 데 쓰게 된다. 아픈 감정은 어디로 가지 않는다. 다 차곡차곡 우리 아이들 가슴 깊은 무의식에 쌓이고 쌓인다. 언젠가 다 안아 주고 달래 주어야 할 마음 과제가 된다. 사랑스런 우리 아이들에게 평생 그 마음 과제라는 짐을 짊어지게 한다는 건 너무 아깝지 않은가? 지금의 말 한마디로 더 행복하고 강한 아이가 될 수 있다.

교실에서 아이가 울거나 실수하면, 나부터 말해 줄 거다.

"네 맘이 많이 아프구나, 괜찮니?"

"선생님이 빨리 알아차리지 못해 미안해."

"괜찮다, 괜찮아, 괜찮니?"

그러고 나서 올바른 행동을 가르쳐 줄 것이다. 아이의 가슴을 먼저 안아 주고, 가슴이 받아들일 준비를 했을 때 머리에 알려 줄 것이다. 옳고 그름에 대한 분별, 바른 행동을 선택해야 할 이유를 말이다. 그것이 '이게 옳단다.' 보다 '괜찮니?'가 먼저인 이유다.

첫 만남,
그리고 1년의 믿음

"어머니! 정말 감사합니다. 지영이가 저에게 성장이라는 큰 선물을 주네요."

"선생님! 이렇게 큰 감동을 주셔서 감사해요!"

"선생님 고맙습니다. 일하는 엄마가 못 해 준 것 해 주셔서……."

전화기 너머로 들려오는 어머니의 목소리에 두근거림과 떨림이 묻어난다. 내 가슴에서도 그 떨림이 느껴지고 나도 모르게 미소가 나왔다.

우리 반 지영이는 4월에 검사한 자존감 지수가 97이었다. 평균 정도였는데 이번 9월 검사에서 133이 나왔다. 내년 2월 말 3차 검사에서 얼마가 나올지 기대된다.

아이의 자존감은 자기 모습에 대한 아이 자신의 인식, 곧 '자아상'에 따라 형성된다. 어릴 때는 부모님과 선생님을 거울삼아 자기 모습을 비추어 본다. 아이는 이 모습을 가슴에 품고, 그것을 평생을 살아갈 동력으로 삼는다. 어린 시절 엄마, 아빠, 선생님이란 거울의 역할이 결정적인 이유다.

자신에 대한 긍정적인 마인드가 자존감이다. 실패와 성공을 객관적으로 받아들일 수 있는 힘이고, 나의 가치와 능력에 대한 믿음이다. 자신을 끝까지 인정하고, 사랑하고, 용서할 수 있는 힘, 실패와 어려움 앞에서도 포기하지 않을 수 있는 힘이 자존감인 것이다. 교사가 줄 수 있는 가장 큰 선물은 바로 이 아름다운 힘, 자존감을 높여 주는 거울이 되어 주는 것이다.

그 아이의 이름을 불러 주고, 눈을 맞추어 주고, 그 아이만의 색을 찾아 주는 선생님, 아이가 스스로를 사랑할 수 있도록 먼저 사랑해 주는 선생님이 나의 꿈이다. 바로 '그 아이만의 한 사람!'이 되는 것이다.

3월 초 우리 반 아이들을 만나면서 각각의 아이들의 타고난 색깔을 존중해 주어 자존감 지수를 모두 10점씩 상승시켜 주리라 다짐했다. 이번 9월 2차 검사를 하며 중간 점검을 해 보니 80퍼센트의 아이들이 1~36점까지 상승을 했다. 그중 제일 많이 상승한 지영이!

비교표를 작성하는 순간 혼자 감동해 눈물이 나왔다. 무의식까지 바뀌어야 올라가는 자존감. 한번 올라가면 동력이 생기는 아름다운 파워 자존감의 힘이다.

분석해 보니 '내 자신이 실패할까 봐 두려운 마음이다' 같은 항목에 대한 반응이 제일 많이 변했다. 전에는 '거의 그렇다'에 체크했는데 이번 검사에서는 '거의 그렇지 않다'로 응답했다. 전반적인 자기 인식의 방향이 바뀐 거다.

'고맙다, 지영아! 넌 그 높은 자존감으로 평생 자기를 사랑하고 존중하는 행복한 사람이 될 거야!'

지영이는 다양한 방법으로 온 힘을 다해 애정을 표현하는 사랑스러운 아이였다. 등굣길에 나를 보면 제일 먼저 뛰어왔고, 1학기에 가르쳐 준 마음 주인공되기 활동을 자기가 아이를 낳으면 꼭 가르칠 거라고 스승의 날 편지에 써 주어 나를 감동시켰다. 어디 그뿐인가? 2학기 미덕 통장에 미덕 찾는 활동이 즐겁다고 매일 나에게 와서 애원하던 지영이다.

"선생님! 하루에 세 개 말고, 더 찾으면 안 돼요?"

"더 찾고 싶어요!"

오늘은 그 지영이의 엄마와 상담이어서 저녁 8시가 다 되어 교실에서 만났다. 직장인이시라 늦은 저녁에나 만남이 가능했다. 지영 어머니가 오시기 전부터 내 맘은 기대에 부풀었다. VIP를 만나는 것 같은 느낌이었다. 아이가 집에서도 선생님 이야기만 한다며 지영 어머니는 몇 번이고 눈물을 글썽이셨다. 나도 눈물이 났다. 그날은 나의 생일이었지만 나는 내색하지 않고 지영이 이야기를 실컷 하며, 저녁밥도 못 먹고 지영이 엄마랑 보냈다. 밤 9시가 훌쩍 넘어 주차장에서 더듬더듬 차를 빼서 집에 가는데 너무 배가 불렀다. 맛있는 생일선물을 받은 느낌이었다.

자존감의 토양: 부모님과 선생님의 라포르 쌓기

가슴이 뜨거운 선생님이 손을 잡아 주는 아이는 어느새 손이 따스해지고, 가슴이 뜨거운 선생님이 엄마의 손을 잡으면 어느새 엄마도 선생님의 손을 맞잡게 된다. 우리가 가슴으로 만나기 때문이다. 내 가슴에 한 아이가 들어오고, 그 아이 가슴에 내가 들어온 어느 날부터 만남이 시작되었다. 이제 세 사람의 맞잡은 손이 서로의 온기를 느끼며 같이 걸어간다. 그 첫 만남이 첫 상담이다.

그 소중한 만남을 위해 나는 '한 아이 전문가'가 되려고 한다. 교직을 보는 관점은 성직관, 노동직관, 전문직관 세 가지로 분류된다. 나는 그중에서 전문직관이 좋다. 교사는 '아이 전문가'다. 또 '가르침 전문가', '상담심리 전문가', '만남 전문가'다. 그 아이의 가능성을 봐주고, 필요한 것을 찾아 주고, 사랑으로 자발성을 깨워 주는 '과정의 전문가'다.

4월, 10월 두 번의 정기상담은 그 전문가로서 소통하는 의미 있는 시간이다. 아이에 대한 전문성을 바탕으로 학부모님과 무슨 일이라도 털어놓고 이해받을 수 있다고 느껴지는 상호 신뢰 관계, 라포르rapport를 쌓을 수 있는 기회다. 그래서 나는 이 두 번의 상담을 열과 성을 다해 준비한다.

그동안 많은 학부모님들이 나에게 질문하셨다.

"선생님, 초등학교에서 제일 중요한 건 뭐예요?"

"저는 '높은 자존감으로 마음의 힘이 있는 아이', '즐기는 독서습관으로 생각의 힘이 있는 아이'가 되는 게 먼저라고 생각해요. 한마디로 '자존감과 독서'가 답이지요."

학부모상담도 아이가 이 두 가지를 채울 수 있는 시간이 되도록 준비한다. 그중에서도 한 사람의 행복한 인생의 기초, 베이스인 자존감을 길러 주는 것에 좀 더 집중한다. 만 12세까지의 자존감이 평생의 동력이기 때문이다. 먼저 자존감에 대한 사전 점검을 위해 상담 전 준비한 건 어머니의 '이메일 편지'와 아이들의 '월별 질문지'이다.

어머니들께 사전에 이메일로 '나의 자녀 이야기'를 부탁한다. 아이를 기르며 겪은 일들에 대한 열 가지 질문을 보내고, 답을 주시는 식이다. 자연스레 한 아이의 인생, 한 아이의 양육사를 알게 되니 교사가 아이를 이해하는 데 큰 도움이 되고 상담 준비가 된다. 어릴 때의 병력이라든지 그냥 봐서는 알 수 없는 아이의 특성을 알게 되어

추후 학교에서 살펴주는 데도 도움이 된다.

처음 이 요청을 드리면 다수의 부모님들은 조금은 부담스러워 하신다. 하지만 대부분의 어머님들이 말씀하신다. 이 글을 쓰면서 아이에 대해 많이 생각하게 되었다며, 아이의 어린 시절을 떠올리며 행복한 시간이었다고.

그리고 무엇보다 배달된 이 '나의 자녀 이야기'를 읽으면 내 마음이 즉시 열린다. 한 아이의 소중한 삶, 부모의 사랑과 정성의 결정체가 바로 이 아이임을 정말 가슴 절절히 느끼게 된다. 저절로 사랑으로 가슴이 뜨거워진다.

일단 부모님과 정서적으로 공감하고 나면 이제 아이의 자존감을 더 든든하게 만들어 주기 위해 본격적인 논의를 시작한다. 그중 하나가 부모님에게 아이 학교에서의 모습과 자존감 상태에 대해 알려 주는 것이다. 4월과 9월에 자존감 검사를 시행하는 것 외에도 나는 아이들의 마음이 어떤지 알아보기 위해 매월 아이들의 발달단계와 상황에 맞춘 마음질문지를 내 준다. 그 외에도 아이의 칭찬쪽지, SOS쪽지 등을 모두 철해 이 자료들을 바탕으로 이야기한다. 아이에 대해 가장 종합적이고 구체적인 논의가 가능한 자리인 셈이다. 한편 학부모에게 배우기도 한다. 어떤 아이들은 부모님은 특별히 신경을 못 쓰고 있다고 하는데도 자존감 지수가 높다. 그럴 때는 집에서 어떤 교육이 이루어지는지 들어 보며 교사도 새로운 것을 알게 된다.

아이에 관한 한 가장 잘 아는 두 사람이 모여 그 아이에게 필요한 습관, 그 아이에게 맞는 칭찬의 방법, 그 아이의 성향에 따른 학습지도 방법 등을 모두 협의하고 고민한다. 그래서 궁극적으로 아이의 자존감을 끌어올리는 방법을 같이 연구하고 공유하며 서로를 격려하는 시간이다.

    교사의 전문성은 이처럼 한 아이를 성장시키기 위해 준비하고, 관찰하고, 노력하는 과정에서 생겨난다. 아이의 장점을 민감하게 관찰하려는 노력, 그 아이만의 발달 스토리를 이해하고 보듬어 주려는 노력, 그 아이만의 성장에 필요한 핵심을 짚어 주려는 노력, 모두 교사만이 가능한 '한 아이의 전문가' 되기 과정이다. 학부모상담은 교사가 그 전문성을 가장 잘 발휘할 수 있는 시간이다.

존중의 맛

"어머니! 제 소개를 할게요. 저는 '우주 최고 선생님! 권영애'입니다. 제가 우주 최고 선생님이라 소개하니 놀라셨지요? 사실은 제가 '우주 최고 선생님 상'을 아이들에게 받았어요. 저도 '우주 최고로 아이들을 존중하는 선생님'이 되고 싶어서예요."

이렇게 말씀드리고 나면 갑자기 서른 명 넘는 우리 반 어머니들의 시선이 조용히 쏠리는 것이 느껴진다.

"여기서의 우주 최고는 다른 선생님과 비교하는 우주 최고가 아니라 '존중'의 우주 최고 수준을 말하는 거예요. 우리 아이들 한 명, 한 명은 이 교실에서 1년간 한 사람의 인격체로서 존중을 받게 될 거예요. 제가 꿈꾸는 것은 바로 우주 최고 '존중의 맛'을 느끼게 하는 거예요."

"'공부의 맛' 뿐 아니라 사람으로, 한 존재로 존중받을 때의 그 맛, 그 찐한 '존중의 맛'을 느끼게 해 주는 선생님이 될게요. 그래서 평생 그 맛을 무의식 깊은 곳에 기억하게 할게요. 그래서 어떤 힘든 순간이 와도 자신을 사랑하고, 자존감이 높은 한 사람으로 살 수 있게 근본적인 힘을 불어넣어 주려고 해요. 지금 주어진 시간이 1년, 1,200시간이나 있거든요."

갑자기 무슨 소리를 하나 하는 표정이던 어머님들의 호기심이 더 올라가는 것을 느낀다. 그리고 내가 지금까지 20년간 대학 졸업할 때부터 지금까지 배운 연수 이수증, 상장을 넣은 클리어 파일을 1분 단부터 돌려 보시게 한다.

3월 셋째 주 모든 학교에서 하는 행사가 있다. 바로 '학교교육과정 설명회'다. 이날은 새 학기를 맞이한 학교의 담임교사와 학부모의 첫 만남이 있는 날이다. 교사들은 이날을 위해 여러 가지 준비를 한다. 보통 2시부터 3시까지 전체 학부모가 강당에 모인다. 각 반 담임교사들이 학년별로 소개되고, 학교의 1년간의 교육과정이 어떻게 이루어지는지 알려 준다. 즉 엄마 오리엔테이션인 것이다. 직장에 다니시는 어머니라도 이날은 대부분 학교에 오신다.

그러고 나면 약 한 시간 정도를 각 반의 교실에서 보낸다. 이때 담임선생님과 학부모의 첫 상견례가 이루어진다. 나도 이날은 제일 예쁜 정장을 입고 학교에 온다. 우리 반의 1년간의 학급 교육과정과 담임 교육관을 알려 드리기 위해 정성 담긴 PPT 자료도 며칠 전부터 준비한다. 중요한 우주 최고 선생님 이력 파일도 추가한다.

"저는 만능 천재가 아니기에 나름 여러 가지 연수도 받고 노력을 해 왔어요. 이걸 보여 드리는 것도 제 스스로 다짐을 하려는 노력이에요. 저도 꾸준히 노력해 나가겠지만 우리 어머님들도 저를 도와주셔야 해요. 제가 '우주 최고 존중교실 선생님'이 되는 데 어머님들이 도와주실 거죠?"

"네!"

어머니들에게 이제 처음의 긴장과 꾹 다문 입은 찾아볼 수 없다. 모두들 기대에 찬 얼굴로 입가엔 미소가 감돌고 나를 향한 눈에 호기심이 반짝인다.

"오늘 이 교실에 입장한 순간부터 우리 반 어머님들은 자동으로 '우주 최고 존중 엄마'로 승격되셨어요. 우주 최고 수준의 존중으로 아이를 대해 주시는 거예요. 이 학교 엄마가 아이에게, 존중받아 행복한 마음을 이만큼 빵빵하게 만들어 보내면, 집 엄마도 잘 유지시켜서 다시 학교로 보내 주셔야 해요. 행복한 마음을 더 빵빵하게 해서 보내 주시는 건 좋은데 바람 빠진 풍선으로 보내시면 안 돼요."

"제가 예쁘지 않아도 선생님이 참 예쁘다고, 좋다고, 훌륭하신 분이라고 매일 아이 귀에 말해 주세요. 저도 이 아이들에게 "너는 미덕 덩어리, 미덕천사야!"라고, "네 안에 보석이 가득해!"라고 매일 말해 줄게요. 우주 최고 존중 선생님인 것을 믿는 아이에게 제 말은 그대로 그 아이 가슴에 보석이 될 거니까요. 그리고 저는 우리 반 엄마, 한 분 한 분을 이 시간부터 우주 최고 존중 엄마로 믿을게요."

이렇게 내 이야기를 하고 나면 얼굴이 좀 빨개지기도 하고, 가슴이 뜨거워지기도 한다. 내 안에 있는 용기의 보석이 나를 매년 학기 초마다 안내하고는 있지만 매번 익숙지는 않은 일이다.

"선생님의 말씀을 듣고 나니 왠지 모르게 올 한 해 제 딸이 이 교실에서 굉장히 즐겁게 지낼 것 같아서 저도 기대가 되요."

"선생님, 부족하지만 우주 최고 엄마가 되도록 저도 아이를 존중할게요."

"선생님의 말씀에 마음이 편해져서 돌아가요. 기분이 참 좋아요."

말은 힘이 있다. 이렇게 내 스스로, 우리 반 엄마들 스스로가 선언한 우주 최고 존중교실 선생님, 우주 최고 존중 엄마, 우주의 보석, 미덕천사인 아이들의 이야기는 말로 시작해 매년 현실이 되었다. 내가 사진을 찍어서 홈페이지에 올리면 우주 최고 엄마들이 우주 최고 수준의 댓글로 따뜻하게 화답해 주었고, 작은 소식을 전해도 뜨거운 마음으로 언제나 따뜻하게 격려해 주었다.

소통이란 무엇일까?

연세대 김주환 교수는 저서 《회복탄력성》에서 '호감'과 '존중감'을 동시에 불러올 수 있는 능력이 소통능력의 핵심이라고 주장한다. 한국, 캘리포니아, 하와이의 대학에서 교수가 학생과 갖는 첫 만남에서 '자기높임'의 말과 '자기낮춤'의 말로 수업을 시작했을 때의 호감도와 존중감을 비교하는 연구를 했다. 그 결과 공통적으로 '자기높임'식 소개에서 '존중감'이 높아졌다. 미국 학생들은 '자기낮춤'에서 호감도가 높았지만 한국학생은 '자기높임'과 '자기낮춤'의 호감도는 차이가 없었다. 결국 한국의 문화는 호감을 주는 사람보다는 존중할 수 있는 사람이기를 바란다는 것이다.

나도 존중을 바탕으로 소통하고 싶어 새 학기 첫날부터 이렇게 용기를 낸다.

내가 상상하는 존중의 맛을 알아 버린 아이는 누가 함부로 자신에게 대할 때 가만히 있지 않는다. 존중해 달라고, 당당히 요청할 힘이 생겼기 때문이다. 존중의 맛을 알아 버린 학부모와 교사도 마찬가지다. 서로의 믿음 안에서 이루어진 관계는 참 따스하고, 평온하다. 그 많은 불편한 순간들의 추측, 고민, 주저함, 망설임들을 순식간에 다 날려 버릴 만큼 힘이 있다.

"선생님, 아침에 아이가 늦잠을 자서 야단 많이 쳤어요. 밥도 굶고 울면서 갔어요."

"선생님, 오늘 아이가 숙제를 못 해서 야단쳤더니 문을 쾅 닫고 갔어요. 아이가 속상해 하고 있을까 걱정돼요."

"어제 가족행사로 늦은 시간에 와 잠을 못 잤어요, 혹시 공부시간에 졸까 걱정돼요."

어머니들이 아침에 보내 주시는 아이 상태에 대한 문자다. 우주 최고 존중 엄마답다. 집 엄마가 꼭 알려야 할 아이 상태를 학교 엄마에게 보내오니 아이의 상태를 바로 점검할 수 있다. 답은 상황에 따라 바로 하기도 하고, 아니면 시간이 날 때를 기다려 하기도 한다.

내 점검은 다른 게 아니다. 울면서 갔다는 아이는 얼굴을 살펴서 웃고 있는지 봐 주고 쉬는 시간에 살짝 곁에 오라고 한 후 모르는 것처럼 아는 체를 하는 것이다.

"밥은 먹고 왔어?"

"얼굴이 어두워 보이네, 무슨 걱정 있니?"

미술시간, 창의적 체험활동 시간 등 여유가 있을 땐 그 아이의 웃는 얼굴을 찍어서 바로 문자 답에 넣어 보낸다. 이런 문자를 편하게 하고, 답이 늦어도 조바심 내지 않을 수 있는 정도의 친밀함은 서로 집 엄마, 학교 엄마이자 우주 최고 엄마, 선생님이라는 것을 믿고 있기 때문이리라.

우주 최고 존중 학부모님께 담임이 드립니다

한 학기의 끝을 맞이하면 언제나 학부모님들께 마음을 담은 편지를 드린다. 작년 방학 때는 이런 글을 드렸다. 평소에 자주 소통하지 못했던 분들에게도 아이들이 어떤 목표로, 어떻게 배우고 있는지, 어떤 모습으로 성장하고 있는지 알려 드리고 싶다. 그렇게 우주 최고 엄마와 선생님 간의 믿음은 한 걸음 더 나아간다.

사랑하는 나의 우주 꿈 반 학부모님들께

한 학기의 끝을 맞이하며, 학부모님들께 깊은 감사의 인사를 먼저 올립니다. 학부모님들께서 보내 주신 다정한 격려와 감사의 말씀은 때로 지칠 때가 있던 제게 큰 힘이 되었습니다. 무엇보다, 제가 학기 초에 드렸던 부탁의 말씀을 잘 이해해 주시고 아이들을 잘 이끌어 주셔서 감사합니다. 고마운 마음, 감사한 마음, 신뢰의 마음이 다 저에게 전달되어 저도 행복했습니다. 아이들을 모두 보낸 교실에 앉아 어머님들께 편지글로 인사를 대신합니다.

제가 이 소중한 어린 영혼 서른 명을 만난 의미는 무엇일까요?

늘 생각합니다. 작게는 1,000시간, 많게는 1,200시간을 이 소중한 아이들과 만나 무엇을 가슴속에 심어 주어야 할지. 교사의 한마디, 한 순간의 격려, 한 해의 따스한 사랑이 아이의 인생을 저는 충분히 바꾸고도 남을 만큼 힘이 있다고 믿고 있습니다.

지난 한 학기 동안 저는 자신이 얼마나 소중한 존재인지, 뭘 잘하고 못해서가 아니라 있는 그대로 소중한 존재임을 아이들 스스로 느끼고, '스스로를 이 우주의 주인공'으로 여기는 자존감이 높은 어린이 서른 명을 꿈꾸고 지도하여 왔습니다. 제가 우주 꿈 반에게 마음 깊이 원하는 것은 바로 자신을 깊이 사랑하는 '행복한 선생님과 행복한 아이들'이 우주의 주인공으로 살아가는 것입니다.

그래서 한 학기 동안 아이들의 가슴에 뿌린 씨앗이 몇 가지 있습니다. 그 씨앗들을 알려 드리며 부모님께서도 방학 동안 그 씨앗에 때때로 물을 주며, 격려와 칭찬으로 키워 주시기를 소망합니다.

1. 〈감사의 주인공으로 살기〉입니다.

행복은 어디에 있는 것이 아니라 지금, 이 자리에 있는 것을 알려 주고 싶었습니다. 자신이 가진 것들, 환경, 모든 경험에 감사하는 마음을 표현하는 과제를 자주 내 주어 아이들이 감사습관을 생활화하고 긍정의 마음근력까지 만들기를 소망하였습니다. 친구를 칭찬하는 습관을 위해 칭찬쪽지함, 홈피 칭찬숙제 등을 강조하였고, 부모님, 친구, 자기 자신을 늘 긍정적으로 생각하는 긍정의 마음근력을 만들어 주고 싶었습니다. 왜냐하면 긍정적 정서의 바다에서는 공부며 꿈에 도전하는 배를 빨리 그리고 멀리 띄울 수 있기 때문입니다.

2. 〈도전의 주인공으로 살기〉입니다.

100번 도전해 한 번 성공한 사람이 열 번 도전해 다섯 번 성공한 사람보다 더 훌륭하다고 강조하였고, 틀려도 절대 야단맞지 않으며 무조건 도전하는 사람이 멋지다고 강조하였습니다. 교실은 그야말로 도전학습장이고, 체험학습장임을 알려 주고 싶었습니다.

수학시간 문제를 풀 때 처음에는 고개만 숙이고 있던 아이들이 뛰어나오고, 동시 외울 때 몇 번 틀려도 도전하고 또 도전하는 모습, 춤을 추지 못한다고 움츠리다가 음악만 틀면 모두 춤을 출 만큼 성장한 용기가 참 좋았습니다.

3. 〈마음의 주인공으로 살기〉입니다.

생각과 감정을 잘 다루어 마음의 주인으로 살아가도록 교육하고, 스스로가 힘이 있는 존재임을 의식하도록 가르쳤습니다.

생각에는 긍정생각과 부정생각이 있으며, 긍정생각을 많이 하면 긍정의 무의식으로 생각창고가 가득 차게 되어 늘 행복과 감사와 기쁨이 끌려오니 누가 보든 안 보든 자신의 행동, 생각, 해석을 긍정적으로 해야 한다고 강조하였습니다. 특히 화, 속상함, 억울함 등의 부정생각이 들면 생각은 달래 주어야 할 손님이기 때문에 '마음보기'를 하도록 가르쳤습니다. 호흡을 하여 일단 진정하고, 그리고 '그럴 수 있지' 하며 스스로를 달래고, 상대방의 좋은 점이나 고마운 점을 떠올리게 되면 부정적 마음이 훨씬 가라앉을 수 있음을 훈련했습니다. 그러면 상대방에게 상처받지 않고 자신의 고칠 점을 깨닫기도 쉽기에 좋은 관계를 유지할 수 있음을 알려 주었습니다.

4. 〈마음 알아차리기의 주인공으로 살기〉입니다.
혹시나 있을 친구 간의 소통의 어려움을 대비해 SOS쪽지함을 만들어 관리하면서 불편한 일에 세 번의 용서를 하며 기다리는 법, 또 남에게 별 뜻 없이 한 말이나 행동에도 누군가는 상처를 받을 수 있다는 것을 배우도록 했습니다. 용서를 구할 때 용서할 수 있는 너그러운 마음의 아름다움, 그리고 언제나 적극적으로 자신의 마음이 어떤지 나를 주어로 하는 아이 메시지 I-message로 표현하는 것의 중요성을 배웠으리라 생각합니다. 그래서 갈등 사실이 있을 때 어떤 피해에 대해 벌보다는 용서가, 화보다는 대화의 힘을 느끼도록 아이들의 이야기를 들어주고 마음을 헤아리는 법을 알려 주려 많은 노력을 하였습니다.

5. 〈꿈을 찾아 노력하는 주인공〉입니다.
한 학기 동안 잘하는 것, 좋아하는 것을 찾는 것이 왜 중요하며, 그것이 꿈이 되어야 하는 이유를 알려 주었습니다. 또 진정한 행복은 남을 돕는 것에 있음도 이야기했습니다. 이번 주에 아이들이 만든 꿈 동영상을 보면서 정말 많이 감동을 받았습니다.

그 외에도 아이들 가슴에 뿌려진 씨앗들이 저와 헤어지고 몇 년 후 어느 순간에 꼭 열매 맺으리라는 믿음을 가지고 아이들 한 명 한 명의 얼굴을 떠올리며 이 글을 씁니다.

많이 안아 주고, 많이 칭찬해 주고, 많이 존중해 주고, 많이 격려해 주고 싶었습니다. 집에 돌아갈 때 매일 안아 주고 머리를 쓰다듬어 주며 하루 마무리 인사를 하는 것이 행복합니다. 제가 늘 꿈꾸는 선생님은 '그 아이만의 한 사람 one caring adult'입니다. 잠깐을 만나 대화하더라도 그 아이에게 집중하고, 눈을 맞추어 주고, 손을 잡아 주고, 마음을 보듬어야 진정한 소통이 아이와 교사 사이에 생깁니다. 그때부터 변화가 시작됨을 믿습니다. 얼굴이 어두운 날 어디가 아픈지 물어보고, 이유가 없이 아픔을 호소할 땐 마음이 아픈 것을 알아차리는 선생님이 되고자 노력하였지만 시간, 일정상 아쉬움이 가득합니다.

스승과 제자라는 깊디깊은 인연으로 이 소중한 어린 영혼 서른 명을 만나 성장의 씨앗을 뿌려 사랑으로 보듬어 가는 가르침의 시간 속에 때로는 마음이 힘들기도 했지만 거의 행복했습니다. 좀 더 밝아지고, 적극적으로 도전하고, 감사하며 안정되는 아이의 마음 변화를 볼 때 오히려 제 영혼이 무한성장의 에너지를 제자들에게 받아서였습니다.

이 소중하고 사랑스런 아이들과 대화와 추억이 가득한 시간으로 방학을 보내시고, 건강하게 개학날 아이들을 만나기를 소망합니다.

부모님 가정에 항상 행복과 건강이 깃들길 기원합니다.

담임 교사 권영애 올림

눈물 속에 피는 꽃

"내가 지나가는데 지용이가……."

"선생님, 지용이가 가만히 있는데 나더러 욕하고……."

3분단에 앉은 우리 반 야구선수 지용이가 오늘 SOS쪽지를 세 장이나 받았다. 평상시 마음이 착하고 정이 많아 친구들에게도 친절하고 공부도 열심히 하는 아이다. 앞에 불려 나온 지용이는 이미 얼굴이 벌겋게 달아올라 있다. 자기 이름이 적힌 SOS쪽지 내용을 하나하나 확인하니 그 내용이 다 맞다고 고개를 끄덕인다. 지용이 말고도 다섯 명의 아이들이 더 불려 나왔다. 한 명씩 불러 거기 쓰여 있는 내용을 나지막이 읽어 주니 이 아이들도 내용이 맞다 고개를 끄덕인다.

"2분을 줄게요. 그 쪽지를 쓴 사람에게 가서 진심으로 미안하다고 사과하고 용서를 받아 오세요. 그럼 이 쪽지는 취소할게."

내 말이 끝나자마자 지용이가 1분단 여학생 은지에게로 갔다. 나머지 아이들도 각자 흩어져 SOS쪽지를 쓴 당사자에게 가서 미안하다고 사과를 한다.

"은지야, 미안해. 내가 욕한 건 잘못했어, 그날 기분이 좀 안 좋아서 그랬어."

"알았어……, 이번 한 번은 용서해 줄게. 이제 조심 좀 해 줘."

모든 아이들이 용서를 받았는지 쪽지를 들고 싱글벙글 앞으로 나온다. 나에게 내민 쪽지를 받아 내 보물노트에 넣는 것으로 우리 반 SOS 마음나누기 시간은 끝난다.

우리 반에는 큰 상자를 나누어 만든 칭찬함과 SOS함이 있다. 상자 옆에는 칭찬쪽지와 SOS쪽지가 항상 비치되어 있다. 친구들의 칭찬을 찾았을 땐 칭찬쪽지에 자세히 적어 그 칭찬함에 넣는다. 반대로 나에게 누군가가 욕하거나 때리는 등 폭력을 휘두를 경우 2회까지는 경고를 한다. 하지만 세 번째로 폭력을 쓴다면 바로 SOS쪽지에 적어서 낸다. (급한 경우는 바로 내 책상에 가져다 놓을 수 있다.) 나는 그 쪽지를 매주 금요일마다 개봉해서 오늘처럼 맞는 내용인지 당사자 확인을 한 후 용서하고 용서받을 수 있는 기회를 준다.

처음에는 과장을 하거나 거짓말을 쓴 아이도 있었지만 시간이 가면 그런 아이들이 없어진다. 진심으로 써도 다 해결되기 때문에 억지를 부리지 않는다. 신기한 것은 친구의 행동에 억울해서 울고불고 난리를 치다가도 이 SOS 마음나누기 시간이 되면 대부분의 아이들이 웃으면서 용서를 해 준다는 것이다.

왜 그럴까 생각해 보니 자기가 억울한 점을 선생님이 일단 알게 되었고, 또 모든 아이들이 있는 곳에서 그 당사자에게 용서를 해 달라는 이야기를 듣는 순간 아이의 억울함이 해소된다. 그 과정에서 혼자 끙끙 앓던 마음을 선생님, 친구들이 알아주었기 때문이다. 마음이 풀어지는 순간 아이는 용서 천사가 된다. 대부분의 경우, 아픔을 알아주거나 공감해 준 누군가가 있다는 사실만으로도 거친 파도 같던 아이 마음은 잔잔해졌다.

이번 주 들어 지용이가 좀 두드러지게 아이들에게 시비를 건다는 느낌이 들었다. 전에 없던 틱 증상까지 보였다. 덩치가 커서 맨 뒤에 앉아 있는 지용이가 시력이 약해서 잘 보려고 깜박인다고 생각했는데 지금 보니 앞에 나와서도 눈을 씰룩거리며 끔뻑이는 속도까지 빨라지는 게 영락없는 틱 증상이다.

아무래도 집에 무슨 일이 있거나, 아이 생활에 뭔가 변화가 있는 것 같았다. 오후에 지용이 어머니에게 전화를 걸어 학교에 이번 주에 일어난 일련의 일들을 말씀드리며 집에서 무슨 일이 있는지 물었다. 어머니께서 학교로 당장 오시겠다고 하셨다.

"선생님, 저 너무 힘들어요. 아이가 운동을 그만뒀어요. 남편은 운동 그만뒀다고 말도 안 하고…… 아이랑 눈도 안 마주치고……."

"저 아파트 13층 사는데 베란다 밑을 내려다보면 자꾸 마음이 흔들려요…… 흑흑흑."

퇴근하는 길, 지용이 어머니의 마지막 말과 흐느낌이 귀에 들려오는 것 같았고 마음이 아팠다. 다음 날 학교에 온 지용이는 친구들에게 또 시비를 걸었고, 과학 교과담임 시간에는 실험하다 싸워 교실이 떠나가게 소리를 질렀다고 한다. 나는 갑작스런 지용이의 변화에 걱정이 되었다. 그래서 청소 후 지용이를 남겨 상담을 하기로 했다.

아이들이 다 돌아간 교실에서 지용이와 마주 앉았다. 지용이는 몇 년을 집중하고 매달렸던 운동을 엄마랑 둘이 상의해서 그만두었다. 그 이유는 여러 가지가 있었지만 단체 체벌을 비롯해 공포스러운 상황이 견디기 힘들었다고 했다. 하지만 아빠는 그것을 이해하지 못했고, 엄마와 아빠가 심하게 다투고 난 후 집안 분위기가 얼음장 같으니 아이가 마음 붙일 곳이 없었다.

"고기를 먹고 싶은데 아빠가 운동 안 할 거면 고기 먹지 말래요."

"엄마한테도 고기 사 주지 말라고 화냈어요. 흑흑흑."

아이는 서럽게 울고 또 울었다. 그런데 엄마는 아빠와 대화를 할 수 있는 힘이 없다. 아빠는 엄마의 일방적 결정에 격분해 각방을 쓰고 있다는 것이다. 지용이는 그 좋아하던 운동을 그만둔 것에 대한 상처를 싸매기도 전, 아빠의 냉정함까지 겹쳐 많이 불안하고 힘들어 틱이 온 것이다. 아빠는 또 어떤가? 나름대로 아들에게 희망을 가지고 몇 년간 뒷바라지한 운동을 아들과 아내가 한마디 상의도 없이 그만둔 것이었다. 아빠도 좌절하고 실망해 가슴 아파하고 있다는 걸 상상할 수 있었다.

내가 지용이를 학교에서 감싸고 위로해 준다고 해도 집에 가면 아빠, 엄마의 영향권에 있다 보니 그 불안감은 다시 증폭될 것이다. 학교에 오면 친구들도 지용이의 어려움을 알지 못한다. 그러다 보니 이 사춘기 아이가 화내고, 폭발하고, 욕하고, 소리 지르며 마음의 독을 내뿜고 있는 것이다. 혼자 그 독을 해독하지 못하니 밖으로 내뿜는 것은 당연했다.

나는 위급한 이 가족을 위해 가족상담을 하기로 했다. 가족상담을 전공한 적도, 트레이닝 받은 적도 없지만 상담을 해야겠다는 결심이 들었다. 어머니와 먼저 상담해 보니 우울이 심한 상태인 것을 느꼈고, 마음이 급해졌다. 일단 아버지에게 전화를 했다. 지용이가 많이 힘들어 하고, 학교생활에서도 어려움이 있으니 나오셔서 상담을 하자고 했다. 하지만 지용이 아버지는 근무 일정상 나올 수 없다며 거절했다. 나는 몇 번 전화를 드려 사정해 보았지만 이렇게는 만나기 힘들겠다는 판단에 솔직한 마음을 문자로 보냈다.

"지용이 아버님, 자기 일 잘하고 성실하던 지용이가 학교에서 수시로 폭발하고 요즘은 1초에 몇 번씩 눈을 심하게 깜빡이며 틱 증세를 보이고 있어요. 몸에서 피가 나면 모두 놀라 달려들어 피를 닦아 주지요. 그런데 마음이 아파서 울 땐 사람들이 잘 몰라요. 제가 보기엔 지용이 마음이 지금 아파서 피를 흘려요. 피를 닦아 주는 게 맞잖아요. 진심으로 지용이 아픈 마음을 싸매 주고 싶어요. 정 아버님이 평일에 학교 오시기 힘들면 제가 주말에 시간을 낼게요. 지용 아버님과 어머님 상담이 동시에 필요합니다. 꼭 좀 만나 주세요. 지용이를 사랑하는 담임 권영애 드림."

다행히 이 문자를 받고 난 지용이 아버지가 일요일 오전에 시간을 낼 수 있다고 답이 왔다. 나는 너무나 기뻤다. 곧 메일 주소를 문자로 물어본 후 상담을 위해 몇 가지 질문을 보낼 테니 편하게 답을 보내 달라고 메일을 드렸다.

지용이 아버지는 그간의 심정을 담은 긴 답장을 주셨다. 예상했듯 지용이 아버지의 편지에서는 아버지는 아버지대로 힘들다는 것이 느껴졌다. 지용이 아버지의 기쁨이기도 했던, 몇 년간 해 온 야구를 한마디 상의도 없이 그만둔 것 자체가 섭섭했던 것이다.

지용이 아버지가 보내 주신 편지를 프린트 하고 또 지용이 어머니에게 받은 손 편지도 준비했다. 나는 이렇게 세 명의 가족과 일요일 오전에 만나게 된 사실이 너무나 신기했다. 사실 같은 학년 선생님들이 옆에서 걱정을 했다.

"선생님이 반 아이들 걱정하는 건 알겠는데 일요일까지 상담하는 건 좀 그래요."

"괜히 보고도 안 하고 일요일에 상담하는 게 맞을까요? 너무 오버 아닌가요?"

남편도 한마디 거들었다.

"네가 아이들 걱정하는 건 알겠는데 일요일까지 상담하는 건 좀 그래."

주위의 걱정스런 말을 들으며 나도 마음이 편치는 않았다. 그래서 이번 주에 상담을 해 보고 지속할지 결정하기로 했다.

만나기로 한 카페에 먼저 나가서 기다렸다. 잠시 후 지용이네 가족이 어색하게 들어왔다. 한 차를 타고 온 듯한데 표정이 딱딱하고 눈을 마주치지 않는 것을 보니 나도 긴장이 되었다. 차를 주문한 후 아버지부터 상담을 진행했다. 아버지와 내가 이야기를 나누는 동안 지용이와 어머니는 내 테이블이 보이지 않는 멀리 떨어진 구석 자리에서 기다렸다.

아버지가 나에게 보낸 답장을 보며 대화한 결과 아버지가 어린 시절의 영향, 꿈, 회한이 지용이에게 거는 야구선수로의 기대로 이어졌음을 보았다. 공부할 것만을 요구하셨던 부모님의 강압으로 자신은 시도해 보지 못한 운동을 지용이가 하고 또 빼어나게 활약할 때 아버지의 마음은 너무나 행복했던 것이다. 그런데 예고도 없이 지용이와 아내가 둘이서 운동을 그만두기로 결정을 하고 통보를 했으니 굉장한 실망과 충격을 느꼈던 것이다. 그걸 말할 수도 없었다. 분노가 극에 달했지만 어디서부터 이야기해야 할지 몰라 아내와 아들에게 화만 내고 입을 닫았다.

지용이 아버지의 냉담함에 지용이 어머니도 입을 닫았다. 각방을 쓰게 되고 엄마는 더 우울해졌다. 13층 아래를 내려다보며 죽음을 생각할 정도로 지용이 어머니 마음에도 피가 흥건해 있었다. 친정 부모님이 돌아가신 지용이 어머니는 힘들 때 아무에게도 도움을 요청할 수 없다고 믿었다. 이제 남편마저 등을 돌린다 생각하니 절망이라 느낀 것이다. 시어머니를 모시며 10여 년을 숨죽이고 살아온 지용이 어머니는 마음을 내보이는 걸 못했고, 뭐가 힘든지 말하지 못했다.

그 사이에 끼어 극도의 불안감에 틱이 온 지용이까지 1:1 상담을 마치고 나서 세 가족과 함께 앉았다.

"지용이 아버님의 편지글 출력한 것, 어머님의 손 편지, 지용이 편지 글을 서로 바꿔서 보려고 해요. 아버님, 어머님 괜찮으세요? 지용아 괜찮니?"

"네……, 괜찮아요."

셋이 앉아서 서로가 써 온 여덟 가지 질문에 대한 답문을 읽었다. 지용이 어머니가 지용이 아버지의 글을 읽는 중간에 눈물을 흘린다.

"어머니, 왜 우세요? 어떤 글에서 눈물이 나셨어요?"

"지용이 아빠가 아들이 운동하는 것을 뒷바라지하는 게 보통 힘든 일이 아니라고 말해 줘서요. 매일 픽업하는 일, 연습경기 따라다니는 일 등 제가 고생을 많이 했다고 하고 못 도와줘서 미안하다고 해서요."

"오늘 지용이 아빠가 이 자리에 나올지 몰랐어요. 지금 이 시간이 믿어지지가 않아요. 어젯밤에 한숨도 못 잤어요. 지용 아빠가 안 간다고 할까 봐요, 흑흑흑."

"지용이 어머니, 그럼 지금 지용이 아버님께 어떤 마음이 드세요?"

"이 자리에 와 줬다는 게 고마워요. 그냥 그게 고마워요, 흑흑흑."

내 눈에도 눈물이 뜨겁게 차올랐다. 나는 일어나서 지용이 아버지랑 엄마를 일어나시게 했다.

"지용 아버님, 지금 지용 어머니 한번 안아 주시면 좋겠어요."

"네……."

지용이 아버지가 지용이 어머니를 힘껏 안아 주었다. 지용이 아버지 눈에도 눈물이 하염없이 흘러내렸다. 나도 울고 지용이도 울었다. 카페 한구석에서 한 가족이 다시 살아나는 순간이었다. 지용이 아버지는 한동안 그렇게 지용이 엄마를 안아 주었다. 그리고 이렇게 말했다.

"선생님, 오늘 정말 여기 오길 잘했어요. 몰랐던 지용 엄마 마음도 조금은 알게 되었고, 지용이가 얼마나 힘들었는지 알게 됐어요. 선생님, 정말 고맙습니다."

당장 월요일부터 지용이의 얼굴은 대번에 밝아졌고, 공부에도 무척 집중했다. 나는 여기서 물꼬가 닫히지 않고 두 분이 서로에게 글을 보내며 속마음을 더 나눌 수 있는 방법을 제안했다. 바쁜 일상 속에서 쉽지 않은 일이었음에도 두 분은 최선을 다해 주셨다. 지용이 어머니도, 아버지도 서로 나아지고자, 회복하고자 하는 마음이 있었기에 가능했던 일이다.

벌써 몇 년이 지난 이야기다. 그런데 작년 스승의 날 즈음, 청소를 마치고 열어 놓은 앞문을 닫으러 가는데 그 문으로 청년이 들어섰다.
"선생님!"
"아니 이게 누구야? 지용이구나."
나는 놀라고 너무 반가워 녀석이 교실로 들어오자마자 안아 주었다. 지용이는 이제 내 머리 한참 위에서 날 내려다보았다.
"선생님, 지난주 스승의 날 왔었는데 안 계셔서 오늘 다시 왔어요."
그날 깨알같이 작고 비뚤한 글씨로 '권영애 선생님, 보고 싶어요. 선생님 안 계셔서 그냥 가요. 이거 드시고 힘내세요.'라고 쓴 쪽지를 비타 500병에 붙여 놓고 연구실 냉장고에 넣어 놓고 갔던 것을 기억했다.
이런저런 이야기를 하다가 예전 이야기가 나오니 지용이가 눈시울이 빨개진다.
"선생님더러 우리 엄마가 우리 가족 은인이래요. 엄마 아빠는 서로 사이좋게 요즘도 잘 지내세요."

"그래 지용아, 선생님도 널 잊을 수가 없어."

지용이가 졸업하던 날 졸업식이 다 끝나고 우리 교실에 지용이와 지용이 어머니가 찾아왔다. 어머니는 졸업식 꽃을 나에게 주며 나를 안고 우셨다.

"선생님, 너무너무 고마워요. 우리 지용이가 선생님 아니었으면 어떻게 6학년 올라가서 부반장까지 했겠어요. 우리 부부 다시 잘 살게 해 주셔서 감사해요."

가끔 생각한다. 가족상담 전문가는 아니라도 그때 내가 상담을 해야겠다고 용기를 내서 다행이라고 말이다. 작은 용기가 불씨가 되어 한 가정이 다시 살아난 것을 생각하면 앞으로도 내 한계를 먼저 생각하기보다 아이의 아픔이 상처로 남지 않도록 손을 내미는 쪽을 선택할 것이다.

교사는 어떠한 돌발 상황이 다가온다고 해도 그 당시의 두려움과 당황스러움 이면에 교육의 타이밍이 있음을 믿는다. 교사는 한 아이의 어려움을 진심으로 만나 줄 지속적인 힘을 가진 존재다. 스스로 자기 내면의 힘을 믿는다면 가르치기 위해 상황에 개입하는 것은 언제든 가능하다.

가르침은 교과서 지식 이전에 아이의 삶 전체를 측은지심으로 바라보는 것이 먼저다. 그 측은지심은 아이에 대한 사랑에서 출발하고 교사 내면의 힘으로 지속된다. 삶에서 일어나는 다양한 상황을 적절한 가르침으로 만들어 주기 위해서 나는 끊임없이 스스로에게 질문해야 한다.

'오늘 내 행동은 적절했을까?'

'그때 아이 마음은 어땠을까?'

'지금 다시 그 순간으로 돌아간다면 어떻게 행동했을까?'

스스로 질문하면서 나의 내면에 있는 자기지식을 알아차리게 된다. 그 자기지식의 자원을 바탕으로 한 아이의 삶에 교육적으로 적절한 개입, 배려를 할 수 있을 것이다.

가장 힘든 순간에 아이에게 그 아이만의 한 사람, 그 가족만의 한 사람이 될 수는 있는 사람이 누구인가? 바로 학교 엄마, 우리 담임 선생님일 것이다. 진심 어린 만남은 기적을 낳는다.

어머니,
울지 마세요

 1학년 꼬맹이, 내 손때가 엄청 묻었던 제자 시은이. 두려움도, 불안함도 많아 한참을 품어 주고 달래 줘야 했다. 아이 엄마의 두려움을 먼저 알게 되어 엄마부터 어루만져 주었다. 착하고 섬세하지만 서투른 초보 엄마, 시은 엄마를 선배 엄마로서, 인생 선배로서 다독여 주고 이야기를 들어주었다.

 "선생님, 시은이가 화장실 무섭다고 못 간대요. 그래서 울어요."
 나는 갑자기 우는 시은이 손을 잡고 온 은지의 말에 놀라서 시은이에게 물었다.

"시은아, 화장실 가는 게 무섭니?"

"……." 시은이가 대답 대신 고개만 끄덕거리며 눈물 범벅이 된 얼굴로 나를 올려다본다.

"그래, 시은이가 학교 화장실이 집이랑 달라서 좀 무섭구나. 선생님 손잡고 가자."

시은이 손을 잡고 화장실로 가니, 아이들 한두 명이 또 내 뒤를 졸래졸래 따라온다.

교직생활 10여 년 만에 1학년 담임이 되었다. 입학식 날 정장을 입고 아이들을 만나러 강당에 가는데 나도 입학하는 아이마냥 가슴이 뛰었다. 10년 정도를 주로 고학년 아이들 담임만 하다 보니 어린 아이를 길러 본 경험을 다 잊어버린 것 같아 걱정도 됐다. 어떻게 이 어린 아기들을 상대해야 하나 하는 마음이었다.

알림장 쓰는 시간에 마구 쏟아지는 질문을 어디까지 다시 반복해서 다시 설명해 줘야 할지, 쉬는 시간 SOS에는 또 어디까지 맞춰 줘야 할지 적정선을 찾고 있었다. 단추가 떨어졌다고 달아 달라고 나오고, 머리끈이 풀렸다며 다시 매 달라고 나오고, 신발 끈이 풀어졌다고 묶어 달라고 하고, 가방 끈이 길다고 짧게 조여 달라, 코피 닦아 주고, 밥과 국 퍼 주고, 흘린 김칫국물 닦아 주고……, 정말 아기 서른 명의 보육사로 쉬는 시간에도 비상 대기조가 된다.

매일매일 나도 좌충우돌하고 있는데 그런 나처럼 시은이도 집과 학교의 차이에 아직 적응을 못하고 있었다. 1교시 쉬는 시간 시은이가 화장실에 다녀온 뒤 정신없이 4교시가 되었다. 시은이가 또 옆짝에게 울먹이며 SOS를 치고 있었다.

"아이고 깜박했네, 시은이 화장실 가야 하는데……, 선생님이 수업이라 그러니 짝이랑 같이 갔다 올래 시은아?"

"……."

시은이는 내 눈도 마주치지 않고 대답 대신 고개만 저으며 울먹거리고 있었다.

어쩔 수 없이 4교시 국어수업을 하다 말고, 받아쓰기 두 개를 칠판에 써 놓고 아이들더러 쓰게 한 후 울먹이는 시은이 손을 잡았다.

"그래 시은아, 선생님이 같이 가 줄게." 화장실에 가서는 큰 용무인지 시은이가 요구사항이 많았다.

"선생님, 밖에서 기다렸다가 같이 가도 돼요?" 내가 시간이 걸리면 금방 가 버릴까 봐 걱정인 시은이 마음이 느껴졌다.

"그래 알았어, 선생님 안 가고 밖에서 기다릴게. 맘 편히 보고 나와."

그날 오후 시은이 어머니에게 전화를 드렸다. 시은이가 학교에서 잘 적응하고 있는 줄 알고 있다가 화장실도 못 간다는 말에 놀라서 달려오셨다. 시은이는 화장실만 못 가는 게 아니었다. 친구들과도 눈을 잘 못 마주치고, 또 사진을 찍으면 고개를 돌려 버렸다. 사진기를 들이대면 아이들 모두 좋아서 얼굴을 내밀고 난리인데 시은이는 고개를 밑으로 내리거나 다른 곳을 보는 행동으로 절대 사진을 찍지 않겠다는 무언의 거부를 했다. 그래서 3월 환경정리 나의 꿈 코너에 개인 사진을 시은이 것만 붙이지 못했다. 생활기록부에 넣을 사진도 당연히 못 찍었다. 발표는 고사하고, 아예 입도 못 열고, 짝과 눈도 마주치지 않고 있는 시은이. 혼자의 섬에서 두려움에 떨고 있는 형국이었다. 1년간 이 아이를 어찌 하오리까?

내 연락에 학교로 뛰어온 시은이 어머니는 놀라서 토끼눈을 하고 있었다.

"선생님, 어떻게 해요? 아니, 왜 아이가 이런 행동을 해요."

엄마도 시은이가 왜 그러는지 전혀 모르고 있었다.

"주변 상황의 변화에 대해 불안이 심해요. 유치원 때나 더 어려서 새로운 변화가 심하게 있었던 적이 있나요?"

"……아니요."

처음에는 전혀 없다고 하시다가 시간이 가니 짚히는 게 있다고 했다.

"유치원 때 영어학원을 다녔는데 단어를 못 외워 가거나 하면 아이가 힘들어 했고, 하루는 안 간다고 울었어요. 전 영어는 꼭 해야 한다고 생각해 우는 아이를 영어학원에 직접 들여보냈어요." 그 말을 하고는 큰 눈에 눈물을 보이며 울먹이셨다.

"선생님, 지금 생각해 보니 아이가 얼마나 불안했으면 학원에 안 간다고 절규했을까요. 제가 아이를 망쳤어요."

시은 어머니는 자책감에 눈이 빨개지도록 우셨다.

"선생님, 이제 어떻게 해야 해요? 좀 도와주세요."

"일단 아이가 마음이 평온해야 하는데 자기 마음의 90퍼센트를 불안을 해소하는 데 집중하고 있어요. 나머지 10퍼센트 가지고 공부하고, 운동하고, 악기 하는 데 쓰고 있으니 아이가 얼마나 힘들겠어요. 학교 환경도 변하고, 친구들도 다 변했으니 아이 입장에서 생각해 보세요. 어머니와 제가 당분간 시은이 속도에 맞춰 기다려 줘요."

아이가 스스로 시도하려는 마음이 들 때, 그때가 아이의 적기다. 시은 어머니도 1학년, 아이도 1학년이었다. 아이의 속도에 맞출 수밖에 없는 것이다.

어느 날 교통봉사를 하고 들어서다 시은이 손을 잡아 횡단보도 앞에까지 와서 아이와 함께 건너는 시은 어머니를 보았다. 나는 교실에 들어와서 시은 어머니께 전화를 했다.

"시은 어머니, 시은이가 많이 걱정되시지요?"

"네, 학교 끝날 때도 학교 앞에서 기다렸다가 데리고 와야 마음이 편해요. 그래서 낮에 시은이 시간에 맞추느라 정신이 좀 없어요."

시은 어머니의 일상은 시은이 등하교에 맞추어져 있었다. 그러고 보니 시은이가 준비물을 안 가져왔을 때 어머니가 복도에 오신 것을 몇 번 본 기억도 났다.

"시은 어머니, 위험하다고 생각해 계속 데려다주는 것이 사랑일까요? 아이가 스스로 잘 건너갈 거라고 믿으며 건널 기회를 주는 것이 더 큰 사랑일까요? 한번 생각해 보세요."

하지만 그 후에도 시은 어머니는 불안을 못 이기고 수업이 마치기도 전에 또 아이를 데리러 교문 앞까지 출동하고 있었다. 어머니의 마음이 먼저 편안해져야 했다. 나는 시은 어머니의 불안한 마음을 먼저 어루만져 주기로 했다.

오후에 학교에 오시게 한 후 시은이 키운 이야기, 요즘 육아 고민 등을 들으며 친밀감을 높여 갔다. 내가 딸아이 키우며 겪은 좌충우돌 육아기를 들려주기도 했다.

일주일이 지나 시은 어머니가 아이를 집에서 배웅했다. 나는 그 이야기를 듣고 전화로 어머니를 격려해 드렸다. 신기한 것은 엄마가 배웅을 집에서 한 이후 아이가 스스로 화장실에 혼자 갔다는 것이다. 나는 시은이 어머니에게 이 사실을 알려 드렸다. 어머니는 전화기 너머로 울먹이며 좋아하셨다. 시은이가 조금씩 세상 밖으로 나오는 듯했다.

"시은아, 친구 왜 때렸어?"

쉬는 시간 시은이가 때렸는지 남자아이가 울면서 나에게 왔다. 시은이는 입을 다물었다. 끝까지 아무 말도 안 했다. 옆에 있던 아이들이 거들었다.

"선생님, 시은이가 먼저 은빈이 때려서 은빈이도 시은이 책 찢었어요."

"그랬구나, 시은이가 뭔가 속상했으니까 그랬겠지. 은빈이도 속상해서 그랬을 거구. 서로 많이 속상했구나?"

내 말이 끝나자마자 시은이가 어깨를 들썩이며 운다. 은빈이도 서럽게 운다. 말을 하지 않고 울기만 하는 시은이에게 은빈이가 먼저 사과를 했다. 은빈이에게 먼저 사과해서 멋지다고 칭찬하고 다시 수업을 시작했다. 시은이는 자기 자리에 들어가서 한참을 또 엎드려 울었다.

수업을 마치고 시은이를 남게 했다. 나는 긴장하고 있는 시은이를 내 무릎에 앉히고 백허그를 한 상태에서 노래를 나지막이 불러 주었다.

"엄마가 섬 그늘에 굴 따러 가면…… 아기는 혼자 남아 집을 보다가 바다가 불러 주는 자장노래에 팔 베고 스르르르 잠이 듭니다."

노래가 끝나고 나서 시은이 눈을 보니 아까보다 한결 부드러워져 있었다. 마주 보게 몸을 돌린 후 나는 의자에 앉고 시은이도 의자에 앉았다. 눈과 턱을 내리깔고 아래만 보는 아이가 고개를 들게 해 눈을 마주쳤다.

"시은아, 선생님은 네가 참 좋아. 그래서 너에게 관심이 많아. 네가 좋아하는 것이 뭔지 선생님은 자세히 알고 싶어. 시은이가 무엇을 좋아하는지 말해 줄래?"

"……."

"말하기 싫으면 안 해도 돼. 그럼 그냥 안고 노래 불러 줄게."

오늘도 나 혼자 떠들다 시은이 안고 동요 몇 곡 부르니 회의라 호출이다. 어쩔 수 없이 시은이를 보냈다. 그런 만남을 몇 번 한 어느 수요일 드디어 시은이가 입을 열었다.

"선생님은 딸이 하나 있어. 그런데 가끔 선생님 속을 썩인다. 컴퓨터 한 시간 하기로 해 놓고 몰래 세 시간 하다가 들켰어. 그래서 어떻게 책임질래? 했더니 가족들 신발 일주일 닦겠다는 거야. 그래서 그거 가지고 부족하다고 했더니 딸이 스스로 한 달 용돈도 줄이고……."

"히히히……." 시은이가 웃기 시작했다.

"근데요. 선생님 우리 동생이 내 책에다 낙서를 해서 저도 속상해서 동생한테 소리를 지르고 화를 냈어요. 그런데……." 조금씩 시은이의 입이 열렸다.

눈을 아예 마주치지도 못하던 녀석이 이제 내 눈을 보면서 말을 한다. 나는 시은이랑 이야기할 때는 꼭 손을 잡아 주고 눈을 맞추었다. 재미있으면 과장해서 웃어 주기도 하고, 속상한 이야기를 할 때는 같이 속상해 했다. 나도 아이와 이야기를 하는 것이 점점 재미있어졌다.

그 사이 교실에서 시은이의 많은 것이 달라졌다. 화장실도 3월 내

내 혼자 못 가고 줄넘기 한 번을 넘지 못해 체육시간에 가만히 구석에 쪼그리고 앉아 있던 아이, 앞에 나와 발표 한 번을 하지 못하던 아이가 화장실에 혼자 가겠다고 했다. 처음 혼자 화장실에 다녀온 날 남겨서 엄청나게 안아 주고 칭찬해 주었다. 그 후 화장실은 혼자 다녔고 다시는 나를 찾지 않았다.

한번 못하는 것이라고 생각하면 아예 시도조차 하지 않았던 시은이의 모습을 보면서 셀리그먼의 학습된 무기력을 떠올리지 않을 수 없었다. 자신이 어떤 일을 해도 그 상황을 극복할 수 없을 것이라는 무기력이 학습되면 비슷한 상황에서 포기부터 하게 되는데, 시은이가 바로 그랬다.

나는 오후에 시은이와 만나 이야기 주제를 '속마음 말하기'에서 '도전'으로 바꾸었다.

"시은아, 원래 사람들에게는 보이지 않는 '큰 나'가 있어. 그 '큰 나'는 눈에 보이는 '작은 나'가 불러 주면 선물을 준대."

"선생님, 그럼 그 '큰 나'는 어떻게 불러요?"

"응, '도전'으로 부르지. 네가 하고 싶은 일이 있으면, 시작하는 게 '도전'이야. 물론 처음엔 잘 안 될 수 있어. 하지만 '큰 나'가 도와줄 거고, 계속 도전하면 이루어질 거야. 그게 '큰 나'의 선물이지."

시은이는 눈을 반짝이며 내 이야기를 들었다.

"아주 작은 일이라도 '큰 나'를 믿고 하루에 한 가지씩 도전을 하자!"

"네, 선생님!"

새끼손가락을 걸고 약속을 하고, 시은이를 꼬옥 안아 주었다. 그 다음 날부터 학교에서 시은이가 종이접기를 성공하거나 소소한 그림을 그리면 나는 그 순간을 포착해 아이들 앞에서 조금 과장되게 목소리를 높였다. "시은이는 나비 날개를 아주 실감나게 그렸네. 나비들이 날고 있는 것 같아. 선생님이 감동해서 꼬마 나비화가라고 부르고 싶네!"

4월 초 '줄넘기 급수제 심사를 한 달 후 한다.'라고 알림장에 써 주었다. 체육시간에 배운 것을 집에서 한 달간 연습해 '30번 앞으로 뛰기'를 통과하는 심사를 보는 것이다. 며칠이 지나서 시은이가 집에서 저녁마다 줄넘기 연습을 하고 있다는 시은 어머니의 전화를 받았다.

"선생님, 줄넘기 한 번을 못 넘는 아이가 급수를 따고 싶다고 저러고 있어요. 저러다 아예 한 번도 못 넘고 실망할까 봐 걱정이에요." 아이 가슴에서 시작된 동기, 욕구, 열정의 씨앗이 드디어 스스로 싹을 틔우고 있었다.

한 달 후 급수 심사가 다가온 날, 그동안 시은이가 해 온 연습과 노력을 알기에 나도 기대가 되었다. 시은이 차례가 되었다. 줄넘기 시간마다 구석에서 혼자 눈치 보고 있던 시은이의 모습에 익숙하던 아이들 앞에서 시은이는 보란 듯이 줄넘기 급수를 따냈다. 중급에 머물렀지만 아이들은 놀랐고 나도 시은이가 자랑스러웠다. 교실에 들어와서 나는 우리 반 모두에게 연습하느라 고생했다고 아이스크림을 한 개씩 사 주었다. 아이들이 좋아서 난리다.

"이 아이스크림은 너희들이 선생님을 감동시켜서 사 주는 거야. 특히 한 번도 못넘던 줄넘기를 서른 번이나 넘을 정도로 시은이가 매일 저녁마다 줄넘기 연습을 한 달이나 했대. 정말 시은이의 노력이 선생님은 너무너무 멋지고 자랑스럽구나. 도전하면 안 될 일은 없다는 것을 오늘 시은이가 보여 줬어. 고맙다, 시은아. 우리 반 모두에게 감동을 줘서."

그리고 며칠 뒤 나는 한 통의 편지를 받았다.

스승의 은혜란…….
선생님. 요 며칠 정말 덥네요. 일교차도 나는 것 같은데 감기 조심하세요.
오늘 시은이가 학교 다녀와서 내일 선생님께 드릴 거라고 편지지에 뭐라 뭐라 적는 모습을 보니 기특하면서도, 정말 표현할 수 없는 기분이 들었어요. 이 아이와 몇 달밖에 알지 못하셨는데 어떻게 이렇게 마음을 나눌 수 있을까……. 아이는 물론 성인인 저도 선생님께 모든 걸 내려놓고 이야기할 수 있다는 게 참 신기합니다. 선생님. 이게 뭘까요? 뭐가 이렇게 만든 것일까요?

방에서 문까지 잠그고 한참을 편지 쓰던 시은이가 다 썼는지 들고 와선 예쁘게 접어 달라 합니다. 행여나 제가 볼까 옆에서 살피기까지 하네요.

내용이 정말 궁금하기도 하고, 맞춤법도 봐 줘야 될 거 같은 생각에 한번 보여 달라 하니 절대로 안 된답니다. 자기가 선생님한테만 쓴 것이기 때문에 보여 줄 수 없다나요.

살짝 섭섭한 맘에 몰래 볼까 생각하다 그러지 않기로 했네요. 그리곤 아이들을 다 재운 지금 저도 이렇게 저만의 편지를 씁니다. 살면서 스승의 날을 수차례 보냈지만, 이렇게 뜻깊게 다가온 해는 처음인 것 같아요. 내 자식의 스승이지만, 저의 스승인 것만 같은 느낌이랄까요. 잘은 몰라도 보통의 선생님으론 하실 수 없는 일을 하고 계시는 것이 분명한 것 같아요. 저는 선생님과 말씀을 나눌 때마다 꼭 선생님 같은 엄마가 되고 싶었어요. 고맙습니다.

권영애 선생님.

항상 '선생님'이라고만 부르다 오늘은 꼭 한번 선생님 성함을 부르고 싶어요. 저와 제 아이가 기억해 갈 이름입니다. 제 아이의 선생님이 되어 주셔서 고맙습니다. 꽃도 좋고, 선물도 좋지만, 선생님께는 약소하나마 제 마음을 담은 선물을 보내고 싶었어요. 그래서 이렇게 편지를 드려요.

시은 엄마

꼬맹이 시은이가 보여 준 줄넘기의 기적, 그것은 아주 작은 시작이었다.

2학기 때 시은이는 학교 도서실에서 책을 제일 많이 빌려 간 아이로 선정되어 독서왕상을 받았다. 독서록을 제일 정성 들여 잘 쓴 아이로 아이들이 뽑아 주어 또 독서록 상도 받았다. 아이는 시시때때로 변신을 해서 나를 놀라게 했다. 가장 구석에 쪼그리고만 있지 않았으면, 중간에 나와서 섞여만 주었으면 했던 내 마음에 아이가 여러 가지 기적으로 화답했다. 선물도 그런 선물이 없었다.

'시은아, 선생님이 널 가르친 게 아니라 네가 선생님을 가르쳤어. 정말……, 조금만 손 잡아 주고, 조금만 안아 주고, 네 눈에 내가 들어가면 된다는 것을……. 네 마음에 내가 들어가기만 하면 된다는 것을 말이야…….'

가르친다는 것이 무엇인지 다시 생각해 본다. 세월이 아무리 흘러도 그 아이만의 한 사람으로 만나 주는 일은 변함없이 뜨겁다. 그 사람만의 한 사람으로 이야기를 들어주고, 정성을 다해 그 아이의 마음을 만나 주는 일, 그 사람만의 한 사람으로 진심으로 공감해 주는 시간의 힘은 강력하다.

선생님,
어떻게 참고 계셨어요?

"선생님, 이 쪽지 쓴 아이들이 다 용서해 준대요."

자기 이름이 적힌 SOS쪽지 두 장을 내 앞으로 내미는 민영이. 나머지 다섯 명의 아이들도 다 용서를 받아 나에게 종이를 내민다.

나는 아이들이 받는 칭찬쪽지와 SOS쪽지들을 '스토리 보물노트'에 모아 놓는다. 이 노트는 어머니와의 정기상담 시간에 좋은 상담 기초자료가 된다. 아이 이름이 적힌 곳을 열면 왼쪽에는 그 아이가 지금까지 받은 칭찬쪽지가 철이 되어 있다. 대부분의 어머니들이 자기 아이 것을 보고 나면 다른 아이들 것을 궁금해 한다. 더 이상 자리가 없을 정도로 빼곡하게 붙은 칭찬쪽지를 보시고 기뻐하시는가

쓴 날짜	11월 15일	나의 이름	서 화 연
항목	내용		
언제	11월 15일		
어디서	교실에서		
누가	박준성이		

무엇을 어떻게 왜 하였나요? (횟수, 지속적인지? 단체인지?)

영어수업에 가려고 복도에 줄을 서 있을 때 뒤에 있던 박준성이 갑자기 욕을 했다. 살짝 뒤돌아보는데 나하고 주희를 보며 "뭘 꼴아보냐? 이 '등신', '병신', '쩐따'."라고 말했다. 그 땐 경고를 주지 않았지만 그 후에도 세 번 넘게 위에 적은 말을 했다.

그때 어떤 점이 잘못되었다고 생각하나요?

우리에게 '등신', '병신', '쩐따' 라고 하고 "눈깔아." "나가 뒤져." 라고 한 점, 우리를 깔보는 듯한 말투가 잘못된 점이다.

그때 나의 마음은 어떠하였나요?

기분이 나쁘고, 짜증이 나고, 화가 났다. 때리고 싶었다.

그 사람에게 어떤 사과를 받고 싶나요?
예) 사과 편지, 명심보감, 선생님 상담, 기타 등등

사과 편지를 받고 싶다.
만약 사과해도 진심이 안 느껴지면 사과를 받아 주지 않겠다.

• 5학년 아이들의 쪽지 중 발췌

하면 다른 아이가 적어 준 칭찬에 눈물을 글썽이시는 분도 있다.

"집에서 말썽을 많이 부려 늘 걱정인데 학교에선 그래도 착한가 봐요."

"어머니가 말썽을 부린다고 느끼실 만큼 아이한테 집이 편하니 거기서 힘 얻어 학교에서 잘하는 거겠지요?"

그 칭찬쪽지 오른쪽에 바로 이 SOS쪽지가 차곡차곡 붙는다. 간혹 용서를 할 수 없을 정도로 마음이 아파서 다른 반응을 해 주어야 하는 아이의 SOS쪽지도 있다. 그럴 때는 선택한 내용으로 상대방에게 책임을 물을 수 있다. 사과 편지를 받거나, 명심보감을 쓰게 하거나, 그 외에도 직접 사과를 하게 할 수도 있으며 학부모나 선생님과 상담받게 할 수도 있다.

스토리 보물노트(이하 보물노트) 한 장을 넘기면 그 왼쪽에는 이 SOS와 별개로 다투거나 갈등이 있어 상담을 한 아이의 반성문, 반성 편지 등이 붙는다. 1년이 지나면 이 노트가 한 뼘 정도의 두께로 두꺼워진다. 아이들의 칭찬쪽지가 늘어 가기 때문이다.

이 선생님의 보물노트는 그야말로 보물같이 소중한 결과를 가져온다. 4월, 10월 학부모상담을 할 때 이 보물노트를 보여 드리는 것도 좋았다. 교사의 의견이 아닌 교실에서 일어난 사실에 근거한 상담을 할 수 있어서 선생님을 더 믿게 된다.

오늘 우리 반 준호 엄마가 오셨다. 준호는 학기 초에 아이들에게

SOS쪽지를 자주 받다 보니 금요일 창의적 체험활동 시간마다 아이들에게 사과를 했다. 그런데 한 아이가 절대 사과로는 안 된다고 했다. 그 아이의 주장은 부모님께 준호의 잘못을 알려 드려서 집에서도 가르쳐야 한다는 거였다.

어쩔 수 없이 준호 어머니께 전화를 드렸다.

아무리 아이가 속을 썩이고, 힘들게 해도 학교에 어머니를 오시라고 하지 않는 것이 일반적이다. 엄마 입장에서도 당황할 것이고, 교사도 웬만해서는 직접 지도하는 것으로 끝낸다.

'우리 아이를 특별히 안 좋게 보시는 건 아닐까?' 어머님들이 오해를 하시는 경우도 있기에 전화가 간다는 것은 아이 행동이 심각하다는 뜻일 것이다.

"선생님! 우리 준호가 아이들을 때렸나요?"

나는 내 의견을 먼저 말하지 않고 이 보물노트를 먼저 보여 드렸다. 100퍼센트 아이들의 소리가 들어 있기에 어머님이 나에게 오해를 하실 일이 없다. 사실에 근거해 부모님과 대화를 하면 부모님도 쉽게 이해하고 공감을 해 주신다. 그래서 담임과 어떤 오해나 갈등 없이 아이 문제를 서로 풀어 나가기 용이하다.

만약 이 보물노트 없이 내 의견에 근거한 상담을 했다면 부모님은 완전히 수긍하실 수 있을까? 내 아이를 놓고 역지사지해 보면 답이 나온다. 어쩌면 내 앞에서는 미안해 하는 마음이 들었다가도 집에 가서 가만히 생각해 보면 선생님 개인의 느낌일 수 있다고 생각할 수 있는 것이다. 내 아이에게 그만큼 관대한 게 부모다. 그래서 나는 잦은 분쟁과 다툼이 많은 고학년 담임을 할 때는 반드시 아이들의 마음창고 스토리 보물노트를 만든다. 또 이 보물노트는 학교폭력이 발생했을 때 선생님의 생활지도 자료와 근거가 된다. 평소 했던 그대로 모아 두면 되므로 따로 시간을 낼 필요도 없다. 칭찬쪽지, SOS쪽지, 반성편지, 반성문, 자아존중감 검사지, 학습동기 검사지, 월별 설문지 내 마음은 이래요 등을 차곡차곡 철하기만 하면 되는 것이다.

"선생님! 어쩜 이렇게 많은 잘못을 하고, 친구들을 불편하게 했는데 연락을 안 하셨어요?"

"선생님, 어떻게 이걸 다 참으셨어요? 선생님, 죄송해요." 준호엄마도 그렇게 말씀하셨다.

때로는 말보다 글이 더 진심을 전하는데 용이하다. 특히 아이에 대한 정서나 생활지도에 관계된 내 진심을 전할 때 특히 그렇다. 내 의견을 말하게 되면 주관성을 배제할 수 없다. 하지만 학급 규칙, 약속에 근거한 아이들 상호 간의 칭찬쪽지, 상호 간의 SOS쪽지 등에는 고개를 끄덕이지 않을 엄마가 없다.

믿음도 사실자료를 바탕으로 한다. 그것도 교사가 작성한 자료가 아니라 아이들이 서로에게 작성한 자료일 때 더 받아들이기 쉽다. 오랜 학부모상담에서 터득한 결론이다. 이런 믿음을 주기 위해 교사가 조금 번거롭더라도 보물노트를 준비한다면 아주 쉽게 학부모와 신뢰 관계를 만들고 유지해 갈 수 있다.

  이런 믿음이 유지될 때 두 엄마는 한 아이를 사이에 두고 좋은 동지가 될 수 있다. 그 믿음으로 교사는 학교 엄마로 집 엄마와 진심 어린 소통을 시작할 수 있다. 엄마들이 나에게 먼저 손을 내밀기 어려움을 나는 안다. 나도 아이가 학교에 다닐 때 같은 교사이면서도 선생님이 어려웠다. 어쩌다 명랑하고 친절하여 먼저 아이에 대해 이야기를 해 주는 선생님이면 만나서 대화하기도 편했지만, 과묵한 선생님은 상담할 때도 어려웠다. 내가 먼저 집 엄마에게 손을 내밀어 주고, 마음을 나누어 주는 여유를 가져야 하는 이유다.

아빠, 벼랑 끝에
제가 있어요

초등학생 대부분이 평소 아빠와는 대화를 하지 않는 것으로 나타났다. 최근 아이스크림 초등학습연구소가 초등생 2만2,819명을 대상으로 설문조사를 했다. 응답자 85퍼센트가 "엄마와 주로 대화 한다."라고 답했다.

15퍼센트 아이만이 아버지와 대화를 많이 한다고 답한 것이다.

내 아이가 남자아이이고, 초등학교 고학년이라면 이 15퍼센트는 어떤 의미를 지닐까?

지난주 학교폭력 업무로 가해자, 피해자 조사와 서류결재 등을 처리하느라 나는 정신이 없었다. 그러던 중 다른 학년 부장선생님이 한 아이와 그 부모를 상담해 달라는 긴급 부탁을 해왔다. 부장님의 옆 반 선생님이 그 아이 때문에 많이 힘들어 한다고 했다. 아이들 가르치는 게 힘들어 앞으로 학교를 계속 다닐 수 있을지 두려움에 빠져 있다는 것이었다. 듣고 보니 나도 걱정이 되었다.

부장선생님의 부탁은 주변 아이들을 매일 괴롭혀 반에서 왕따 상태가 된 그 아이와 엄마를 만나 달라는 것이었다. 처음엔 거절했다. 내 반 아이도 아니고, 그 반 담임이 부탁하는 것도 아니어서였다. 하지만 얼마나 심각한 상황인지, 곧 무슨 일이 날 것 같다고 몇 번을 찾아오셔서 한 번만 상담해 주기를 희망하셨다. 그래서 다음 날 오후에 바쁜 시간을 쪼개어 상담을 해 주기로 했다. 내 교실에서 처음 보는 덩치가 큰 남자아이와 엄마를 만났다.

먼저 엄마와 1:1로 상담을 했다. 아이의 담임이 아이가 교실에서 하는 문제행동에 대처하는 방식에 섭섭함을 토로했다. 아이가 아무리 잘못된 행동을 했어도 담임이 아이를 많이 미워하는 것 같다고, 속상한 마음도 내비친다. 하도 학교에서 욕하거나 다른 아이들을 때리는 일이 잦으니 얼마 전 상담실에서 종합검사와 상담을 했다고 한다. 검사 결과 ADHD도 아니고 정서적으로 심각한 문제가 있다고 보이지도 않는다는 것이었다. 그런데 왜 우리 아이는 학교에서 선생님이 싫어하는 부적응행동을 하고 아이들이 싫어하는 짓을 자꾸 하는지 모르겠다는 거였다.

한참 아이 엄마의 이야기를 듣고 난 후 하나하나 되돌아보기 시작했다. 아이와 가족 관계, 특히 아빠와의 관계를 제일 먼저 짚어 나갔다. 아들에게 초등학교 3학년부터의 아빠와의 관계는 학교생활을 좌우한다.

아이의 아빠는 영업직, 감정노동자로 집에 오면 입을 거의 열지 않았다. 또 일주일간 출장을 다녀와도 아들을 만났을 때 반겨 주는 표현이 없었다. 평소 놀아 준 적이 거의 없을 정도로 아이와 소통하지 않았다.

엄마가 아이와 '놀아 줘라, 대화해라' 하면
"더 열악한 환경에서도 잘 크는 아이들이 대부분이다."
"돈 벌어 오는 것도 힘든데 아빠로서 뭘 더 하라는 거냐."라고 대답했다고 한다. 한마디로 양육자 역할에 대해 관심이 적은 아빠였다.

한 시간 동안 엄마와 상담한 후 아이가 들어왔다.
"준서야, 준서는 아빠랑 많이 놀고, 대화도 많이 하고 싶었을 거 같은데 그동안 그게 잘 안돼서 많이 외로웠겠네?"라는 나의 첫마디에 아이가 갑자기 눈 주변이 그렁그렁해지며 눈물을 주르륵 흘렸다.
"네, 아빠 때문에 힘들어요."
나는 놀랐다. 덩치가 큰 6학년 사내 녀석이 처음 만나는 나의 한마디에 바로 눈물을 쏟는 거였다. 그야말로 넘실거리던 보가 터진 것처럼 줄줄 눈물을 흘리고 있었다. 그리고 나서 나에게 쏟아 낸 말들은 내 가슴을 아프게 했다.

"제주도로 2박 3일 여행을 가려고 오랫동안 계획했는데 아빠가 마지막에 돈 없다고 안 간다고 해서 엄마랑 둘이 갔을 때 슬펐어요."

"일주일에 네 번 이상 술 드시고 12시 넘어 오실 때 속상했어요."

"아빠가 옆에 있으면 마음이 불안해요. 뭐라고 화내실까 봐요."

"아빠는 집에 계시면 하루 종일 TV만 봐요."

"아빠랑 운동해 본 적이 없어서 같이 운동할 때 어떤 마음인지 잘 몰라요."

"게임 많이 했다고 용돈을 확 줄여서 속상해요."

"전에 아빠가 새로 산 의자 망가진다고 몸을 젖히며 앉지 말라고 소리 질렀어요. 근데 다른 날 또 나도 모르게 몸을 젖히며 앉았더니 아빠가 소리 지르면서 손으로 제 어깨를 때렸어요. 새로 사려면 돈 든다고……."

아이는 특히 그 말을 할 때 어깨까지 들썩이며 흐느꼈다. 아이는 아빠가 새 의자가 오래오래 튼튼하길 걱정하기보다 아이가 편한지 관심 가져 주길 바랐을 것이다. '아빠는 나보다 돈이 중요하구나.' 싶었을 것이다.

엄마를 다시 상담하며 아이의 속마음을 말해 주니 눈물을 흘리신다. 아이가 여태까지 그렇게 상담실에 여러 번 갔어도 한 번도 자기 마음을 자세히 털어놓은 적이 없어서 이 정도로 마음이 슬픈지 몰랐다고 우셨다.

아빠와의 소통의 부재로 아이 가슴에 큰 구멍이 뚫려 있고 그 구멍을 메우는 데 아이 에너지가 집중되어 있다고 말해 드렸다.

즉 이 아이에게는 자기 삶을 관리하는 데 쓸 에너지가 없다. 원래 가진 에너지가 100이라면 그중 아마도 80 이상을 아빠와의 관계의 상처를 메우거나 그 상처를 방어하는 데 쓰고 있었을 가능성이 높다. 아들이 아빠에게 당연히 받아야 할 사랑, 인정, 존중을 못 받으니 자신에 대한 확신, 자신감, 사회성이 부족하다. 아이는 받지 못한 관심을 끌기 위해 남들이 싫어하는 행동이라도 하는 것이다. 방법은 틀렸지만 이 아이의 무의식적 이유가 분명히 있다. 아이의 돌출행동은 '내 마음이 아파요', '나 좀 사랑해 주세요!'의 또 다른 표현이다. 이렇게 존재를 확인하는 데 에너지의 대부분을 쓰고, 남은 것으로 학교를 다니고, 숙제를 하고 친구를 만난다. 당연히 아이 일상에 문제가 생길 수밖에 없는 시스템이다.

어려서부터 아이 아빠가 양육에 비협조적인 것이 이 정도로 아이를 힘든 상태로 만들 줄 몰랐다며 엄마는 울고 또 울었다. 에너지를 쓰지 않아야 할 곳에 쓰고 있는 이 아이에게 어떤 도움이 필요할까?

"준서의 변화, 긍정행동을 위해 아빠의 사랑이 제일 중요합니다."

"지금까지의 아빠를 원망하지 말고, 이제라도 지혜롭게 양육에 동참시키는 방법을 찾아봐요."

전문상담기관에서 아이와 상담을 받으며 지금까지 아이가 받은 상처를 치유한다고 해도 아빠와의 소통이 없으면 근본적 해결이 아님을 정확히 알려 드렸다.

"이제 길을 찾은 것 같아요."

"오늘 선생님과 상담하길 참 잘했어요. 선생님, 늦은 시간까지 감사해요."

다음 주에 한 번 더 상담해 주기로 하고 마무리를 했다. 세 시간의 상담을 마치고 나니, 어느새 날이 어둑어둑해졌다. 상담에 마음을 집중하다 보니 입에서 단내가 나고 절임배추처럼 몸도 푹 쳐졌다. 그래도 한 아이가 이제 아빠의 사랑을 받고 제자리로 돌아갈 길을 기대하며, 마음은 행복했다. 그 후 정말로 아이의 아빠가 상담을 받으러 다니시게 되었다고 들었다. 그리고 아이도 전과 달리 안정되어 가고 있다는 것이다. 처음 나에게 와서 울먹이던 담임선생님의 표정도 달라졌다.

아버지와 아들이 마음이 통하지 않으면 아이 마음에는 비바람이 몰아친다. 학교에서도 집에서도 마음 누일 곳이 없어진 아이가 갈 곳은 어디일까? 아들은 6학년 때까지 아버지와의 소통에서 받은 힘으로 사춘기 강을 건넌다. 사춘기 아들에게 엄마의 한마디에 비해 아빠의 한마디는 열 배 이상의 영향력을 가진다. 아버지와 아들의 관계가 친밀할 때 아이는 사춘기라는 혼돈의 시기도 아버지가 준 힘으로 당당히 지날 것이다.

나는 대한민국 아빠께 부탁드리고 싶다. '내 아들은 자기 에너지

100퍼센트 중 부족한 아버지의 사랑을 메우는 데 몇 퍼센트를 쓰고 있는지?' 자고 있는 아들의 얼굴을 찬찬히 들여다보며 스스로 점검해 보시라고 말이다.

팍팍한 경쟁사회 대한민국에서 남편, 아빠로 사는 것도 쉽지는 않다. 하지만 아들이 보이지 않는 아빠를 찾느라 다 소진된 에너지로 좌충우돌 크는 것도 쉽지는 않다. 내 아들 가슴에 당연히 있어야 할 아빠가 없이 사는 것, 참으로 쉽지 않다.

대한민국의 남편, 아빠께 다시 묻고 싶다.

아이랑 대화하는 15퍼센트 맞으시죠?

선생님, 벼랑 끝에 제가 있어요

이렇게 아이에게서 가정의 상처가 보일 때 교사의 역할은 무엇일까? 우선 그 아이의 아픔과 만날 줄 알아야 한다. 아이의 필요가 무엇인지 들여다볼 수 있어야 한다. 어떻게 해야 그럴 수 있을까? 따뜻한 민감성을 길러야 한다. 아이를 볼 때 멈추어 서서 자세히 볼 수 있어야 한다. 아이가 하는 말, 아이가 관심을 가지는 것들, 아이의 일기장 글 너머의 느낌을, 아이의 입장에서 바라볼 수 있어야 한다. 그래서 궁극적으로는 아이 영혼의 변화를 읽을 수 있어야 한다.

레베카 커딜의 동화 《호주머니 속의 귀뚜라미》를 읽다 보면, 동화에 등장하는 교사의 따뜻한 민감성과 공감 능력, 그리고 배려심에 놀라게 된다.

교실에 한 아이가 귀뚜라미를 들고 와 계속 가지고 있겠다고 고집을 부린다. 교사는 귀뚜라미를 풀어 주라고 하지만 아이는 듣지 않는다. 그러자 교사는 아이에게 지금 잠시 귀뚜라미를 풀어 주었다가 다시 찾으면 어떻겠냐고 제안한다. 하지만 아이는 여전히 듣지 않는다. 이때 교사의 반응이 놀랍다.

"제이야, 그 귀뚜라미가 네 친구니?"
제이가 고개를 끄덕였어요.
"그렇구나."
선생님이 말했어요. 선생님은 천천히 교실 앞쪽으로 갔어요.
"여러분, 앞으로 우리 1학년 수업에서는 날마다 '보여 주고 말하기'라는 걸 할 거예요. 뭔가 특별한 걸 갖고 있는 사람은 누구든 그걸 학교에 가져와도 좋아요. 다른 친구들에게 보여 주고 설명하는 거지요. 오늘 아침엔 제이가 귀뚜라미를 교실에 가져왔어요. 특별한 귀뚜라미지요. 제이의 친구랍니다. 제이야, 교실 앞으로 나와서 다른 친구들에게 네 귀뚜라미를 보여 줄래? 이 유리잔에 넣어서 보여 주면 되겠다."

동화 속에서나 가능한 일이라 할 수도 있다. 하지만 가상이라도 이 교사의 귀뚜라미가 친구냐는 질문은 깊은 울림이 있었다. 피곤할 수 있는 상황에서도 교사가 아이들의 마음을 먼저 생각했을 때 가능한 일이기 때문이다.

교실에서는 무수한 사건사고가 벌어진다. 교사들이 언제나 그 상황을 아이의 입장에서 바라보고 가르침과 만나는 순간으로 바꾸기는 어려운 현실이다. 하지만 하루에도 수시로 반복되는 돌발 상황이 한 아이의 무의식에 평생 해결해야 할 수치심으로 기억될지, 평생 간직하고픈 아름다운 존중의 추억이 될지는 교사의 선택에 달렸다.

이때 그 선택을 좌우하는 것이 나는 따뜻한 민감성이라 본다. 일상 속에서 지치지 않고 아이의 마음을 읽고 배려하는 것은 교사의 마음 또한 민감하고 열려 있을 때 더 쉽다. 수업을 방해하는 귀뚜라미가 이 아이에게 의미가 있는 소중한 친구일 수도 있을 거라는 교육적 안목과 공감하려는 마음이 생길 것이다.

나는 느낀다. 사춘기 남자아이에게는 영혼의 격려자, 아버지와의 관계가 잘 연결되도록 따뜻한 민감성으로 깊게 만나 주는 것이 사랑이다.

세 번째 이야기

내 아이를 위해
기도하지 마세요

선생님,
왜 차별하세요?

 벌써 15년 전 일이다. 그날은 교육청에 출장이 있었다. 2시부터 집합 연수였다. 아이들에게 급식을 나누어 준 나는 점심도 먹는 둥 마는 둥 입에 음식을 몇 수저 구겨 넣고 반장을 불렀다. 5교시 과학, 6교시 체육 두 시간 다 교과담임수업이다. 알림장과 청소표 등을 알려 준 후 학교에서 40분 거리의 교육청으로 차를 몰았다.
 연수 1교시가 끝나 쉬는 시간, 아는 선생님들과 차를 마시려고 나갈 때였다. 학년 부장선생님에게 전화가 왔다.
 "권 선생님! 그 반 현준이가 다쳤어요! 우리 반 아이가 수업 마치고 집에 가는 길에 장난으로 줄넘기 줄을 돌렸는데 그 나무 손잡이가 옆에 있던 현준이 무릎을 쳤나 봐요."

"아이가 쓰러져 우니까 아이들이 보건실에 데리고 갔대요. 보건 선생님이 현준이 엄마 오시라고 해서 지금 병원에 데려갔어요."

6교시 체육 교과담임 시간을 마치고 집에 가기 전에 일어난 일이다. 교과담임 선생님이 운동장에서 인사를 하고 아이들에게는 교실로 들어가라고 했다고 한다. 아이들이 더 놀고 싶어서 운동장에서 미적거리고 있을 때 몇몇 1반 아이들이 하교하다가 운동장으로 온 모양이었다. 그중 한 명이 자기 줄넘기의 줄을 잡고 빙글빙글 돌리다 우리 반 현준이가 무릎을 맞은 거였다.

나는 너무 놀라 받던 연수를 중단하고 상황을 설명한 후에 다시 학교로 차를 몰았다. 학교에 오며 현준이 어머니께 전화를 드리니 전화를 받지 않았다. 병원에 가느라 경황이 없으신 듯했다. 그래서 문자만 남겼다. 교육청 출장 중이어서 바로 현준이를 데리고 병원에 같이 못 갔다는 설명과 죄송하다는 내용이었다.

그다음 날 현준이는 학교에 나오지 않았다. 오전에 학교에 늦는 건지 못 오는 건지 연락이 없어서 현준이 어머니께 전화를 했더니 받지 않았다. 다음 날 현준이를 같은 아파트에서 본 우리 반 아이들이 소식을 전해 줬다. 현준이가 무릎에 깁스를 했고 절뚝이며 돌아다니더라는 것이었다. 현준이를 만난 아이들이 물어보니 어제 병원에 가서 여러 가지 검사를 했다고 한다. 그 결과가 며칠 후에 나온다는 것이었다.

나는 즉시 현준이 어머니께 전화를 했다. 현준이 어머니는 무척 격앙되어 있었다. 아이가 다쳤는데 선생님도 학교에 없었고, 가해자 엄마는 연락도 없는 데다가 아이 성장판에 문제가 생길 수도 있다고 의사가 말했다는 것이다. 만약 아이 성장판에 문제가 생겨 왼쪽 다리가 더 자라지 않는다면 현준이는 후천적인 소아마비로 장애인이 될 수 있다는 거였다. 울먹이던 어머니는 마지막에 외쳤다.

"만약 현준이가 성장판에 문제가 생기면 가해자를 가만두지 않을 거예요!"

나는 전화를 끊고 나서 걱정이 많았다.

'아, 정말 현준이가 성장판을 다쳤으면 어쩌지?' 하는 생각에 나도 밤새 잠을 못 잤다. 그다음 날도 현준이는 학교에 나오지 않았다. 그렇게 여러 날이 지나고 드디어 현준이가 학교에 왔다. 나는 반가운 마음에 현준이에게 달려갔다.

"현준아, 무릎 괜찮은 거니? 검사 결과 나왔어?"

"네, 선생님. 성장판은 비껴갔대요."

"그래, 정말 정말 다행이다!" 현준이 손을 잡은 내 눈에 뜨거운 눈물이 어렸다.

"우리 현준이가 그만하길 다행이야. 앞으로 더 조심하라는 뜻인가 보네."

반가운 마음에 현준이 어머니에게 전화를 했다. 어머니는 내 마음과는 달리 차가운 목소리로 말했다.

"1반 은성이 아버지가 경찰서장이라면서요. 걔네 엄마가 왜 그렇게 기가 살아 있나 했더니 경찰서장 빽 믿고 그랬네요. 선생님도 그러시는 거 아녜요? 우리 현준이는 회사원 아들이라서 차별하고 은성이는 경찰서장 아들이라서 더 신경 쓰고, 걔 야단도 제대로 안 친 거 아닌가요? 선생님 왜 은성이 야단 안 쳤는데요? 내가 참 억울해서……." 혼자서 따발총처럼 쏟아붓는 원성의 말에 내 가슴도 방망이질을 치고 또 쳤다.

이 엄마가 무슨 말을 하는 건지 도통 알 수가 없었고 내가 뭐라 말해야 할지 나도 정리가 안 되었다.

"현준 어머니, 뭔가 오해가 있으신 거 같은데 내일 학교에 잠깐 나오실 수 있으세요?"

"제가 학교에 뭐하러 가요? 그 아이하고 부모가 현준이 하고 저한테 사과 제대로 할 수 있게 해 주세요. 만약 안 그러면 교육청에 아이 차별 대우했다고 민원 내고 그것도 안 되면 청와대 신문고에 낼 거니까 그리 아세요."

"현준 어머니……!"

"뚜…….'

전화가 끊겼다. 격앙된 현준 어머니의 심장 소리가 내게 들리는 것만 같았다. 무엇이 이 엄마를 이렇게 화나게 한 건지 난 도통 알 수가 없었다.

당장 1반 부장선생님에게 뛰어가 이 사실을 전했다. 부장선생님도 전혀 이해를 못 하셨다. 그날 부장선생님이 은성이를 불러 이야기를 들으니 은성이가 별생각 없이 줄을 돌리다가 현준이 무릎에 맞아서 아이도 굉장히 당황했다고 했다. 아이의 부주의로 인한 실수였다. 그래도 다친 아이 입장이 있기에 은성이 어머니더러 사과나 배상을 해야 한다고 말씀은 드렸다고 했다. 은성이 어머니도 이에 동의해 은성이를 데리고 현준이네 집에 찾아가서 사과와 배상책임을 말했다는 거다. 그런 상태에서 은성이를 부장님이 또 야단을 친다는 게 옳지 않은 것 같다고 하셨다. 나는 이 엄마가 뭘 오해한 건지, 중간에서 어떻게 해야 할지 답을 찾을 수 없었다.

며칠 후 금요일 오후 현준 어머니가 흥분해 벌건 얼굴로 학교에 왔다. 평소에 얌전하게 두 손을 모으고 늘 뒤에서 말없이 봉사하던 그 엄마가 아니었다. 아주 작게 천천히 말하던 그 목소리는 딴 사람의 것 같았다. 교장, 교감선생님을 만나 따질 때는 카랑카랑한 목소리가 교무실에 울렸고, 우리 교실에 온 부장선생님에게도 큰소리로 따질 때는 한번 울리면 말릴 수 없는 꽹과리 같았다.

'경찰서장', '차별 대우'라는 말로 퍼붓자 그 과정에서 부장선생님이 폭발했다.

"현준 어머니, 말씀이 지나치시네요. 어머니야말로 너무하시네요." 이에 현준 어머니는 "교사들이 아이 차별한다고 교육청에 당장 민원을 내서 본때를 보여 주겠다."라고 말하며 우리 교실 문을 박차고 나가 버렸다.

나는 갑자기 머리가 아프고 구토가 났다. 내가 교사인 것이 그토록 자랑스러웠는데 이날은 그 모든 자부심이 우르르 바닥으로 곤두박질하는 느낌이었다.

학부모님들 중에 자기 아이에게 아주 작은 일이라도 생기면 완전히 돌변하는 사람들이 있다는 것을 익히 들었고 어느 정도 봐 왔다. 하지만 이건 가만히 앉아서 돌을 맞는 기분이었다. 교사의 기본적인 권리는 고사하고 인간으로서도 어떤 항변의 기회도 없이 최소한의 존중을 받지 못한다는 느낌마저 들었다.

'학교를 계속 다녀야 하나? 그만두고 다른 일을 할까?' 별별 생각이 다 들었다.

다음 날은 토요일이어서 수업이 오전에 끝났다. 부장선생님도 얼굴이 푸석푸석했다.

"권 선생님, 내 생각인데 오늘 현준이네 집 근처에서 현준이 엄마 불러내 사과하러 가려고 해요. 같이 갈래요?"

"왜요? 부장선생님. 잘못한 게 없는데 왜 사과를 하세요, 무슨 사과를……."

"그래도 그 엄마가 자격지심이든 뭐든 우리 반 아이가 가해자구, 우리 반 아이 때문에 일어난 일이니까 내가 사과하는 게 맞을 거 같아요. 그리고 계속 평행선으로 가서 교육청 시끄럽게 하면 잘못한 거 없다고 밝혀지긴 할 거지만 괜한 불협화음 만드는 거구요."

결국 부장선생님 설득에 현준이네 아파트 근처에 가서 현준 어머니께 연락을 드렸다. 놀이터에 스산한 바람이 불었다. 현준 어머니가 나왔다. 서늘한 얼굴로 부장선생님께 소리를 지르며 독설을 퍼부었다. 부장선생님은 얼굴이 빨개지면서도 참고 듣기만 했다. 그 모습을 옆에서 지켜보는 내 가슴도 답답하고 조여 오는 느낌이었다. 잠시 후 달려 나온 현준이 아버지가 이 광경을 보았다.

"지금, 어디서 선생님들한테 큰 소리야! 제정신 맞아? 빨리 들어가!" 남편이 소리를 치자 처음에는 듣지 않던 현준 어머니였지만 세차게 잡은 현준 아버지의 손에 끌려 슬금슬금 아파트 안으로 들어갔다.

"선생님, 죄송합니다. 현준이 아빠인데 정말 죄송하게 됐습니다. 제가 학교 가지 말라고, 일부러 그런 것도 아니고 우리 현준이도 다른 사람 본의 아니게 다치게 할 수 있는 거라고……, 그렇게 말렸는데……, 현준 엄마가 선생님들께 무례하게 한 거 압니다. 죄송합니다."

현준 아버지가 나와 부장선생님 앞에서 깊게 머리를 숙였다. 부장선생님과 헤어져 집으로 돌아오는 순간부터 '가르치는 일을 계속 할 거니?'란 물음이 내 안에서 그치지 않았다. 가르침에 정을 붙여 가던 어느 해 가을 일어난 줄넘기 소동은 내 교직 정체성의 뿌리를 한동안 흔들었다. 절대 흔들리지 않을 것만 같았던 내 마음, 굳세고 당당했던 내 교실 속 자존감도 그때는 쓰러져 일어나지를 못했다. 그 후에도 얼마간 얌전한 어머니, 말소리가 조용조용한 어머니를 보면 내 가슴에는 작은 방망이질이 일어나곤 했었다.

　세월이 흘러 그 시간으로 다시 돌아갔다면 지금의 나는 어떻게 행동했을까? 가만히 생각해 본다. '경찰서장의 아들'이라는 말이 내면의 상처와 만나 혼자만의 스토리를 만든 현준 어머니, 현준 어머니의 거친 행동이 내 내면의 상처와 만나 또 혼자만의 스토리를 만들어 힘든 시간을 보낸 그때의 내가 보인다. 두 사람이 주고받은 상처가 그리 다르지 않다. 지금 그때 일이 벌어진다면 조금은 다른 선택을 할 수도 있었을 것이다.

　유난히 거칠게 나오는 어머니, 갑자기 예측불허의 행동으로 놀라게 하는 어머니가 있다면 그 어머니 안에 신뢰감에 상처 입은 한 소녀가 있음을 기억할 것이다. 그 소녀의 손을 먼저 잡아 주는 용기가 나에게 있기를 소망한다. 다시 그때로 돌아간다면 현준 어머니에게 달려가서 그 내면의 신뢰감에 상처 입은 소녀를 조금은 더 만나 주지 않았을까?

　때로 교사는 아이 어머니 안의 어디로 튈지 모르는 사춘기 소녀와도 용기 있게 만나야 한다. 어쩌면 그 소녀도 '그 아이만의 한 사람'을 만나지 못해 어느 순간이면 튀어나오며 '나 좀 봐 달라'고 악쓰고 있는 것인지도 모른다.

　어렸을 때 부모님에게는 누구나 '이 세상에서 가장 소중한 사람'이다. 하지만 그런 지지를 충분히 받지 못했을 때 우리의 마음은 어떻게 될까? 마치 구멍이 숭숭 뚫린 컵처럼 아무리 채워도 채워지지 않는 상태가 된다고 한다. 성인이 되었음에도 마음은 어린아이 상태로 머무는 것이다. 이를 심리학적으로는 '내면아이'라고 한다. 분노의 이면에는 상처받은 어린아이가 있다.

　어린 시절 꼭 받아야 할 사랑과 돌봄을 받지 못하고 거부당하고 통제당했던 내면아이는 자신은 보잘것없는 존재라는 생각에 스스로를 가두게 된다. 그리고, 자신이 받은 부정적인 경험을 다른 사람에게 그대로 행사하는 것이다. 그중 하나가 지나친 분노행동이다. 결국 한 사람의 지나친 분노는 그 사람의 내면아이의 상처를 말해 준다.

　인생에서 최초의 발달과제는 기본적인 신뢰감을 형성하는 것이다. 우리 모두는 다른 사람들, 아버지, 어머니가 신뢰할 만하고 믿을 만한 가치가 있는 사람들이라는 것을 배워야 한다. 이것이 가장 기본적인 감정이다. 그 감정에서 자신을 신뢰하는 법을 배울 것이다. 하지만 모두에게 그런 기회가 주어지지는 않는다.

　내면아이의 상처에는 진심이 약이다. 누군가가 진심 어린 공감을 해 줄 때, 또 손잡아 줄 때 치유는 시작된다. 다시 그 시간으로 돌아간다면 현준 어머니의 마음속에 소녀가 있음을 알아차렸을 것이다. 내가 현준 어머니의 상처까지 돌봐 주지는 못했을 지라도 그 소녀가 내뱉은 분노와 독설에 내가 베이진 않았을 것이다. 오히려 측은지심의 눈빛을 보냈을지도 모른다.

인생은 뒤돌아보면 언제나 지금 생각한 것을 그때는 깨닫지 못했던 것투성이다. 지금 내가 알고 있는 것이 다가 아님을 늘 기억해야 할 이유다. 유달리 화를 내고 과도하게 반응하는 누군가가 내 옆에 있다면, 오히려 그 사람 안의 아이를 측은히 생각해 줄 것이다.

내 아들 위해
기도하지 마세요

"선생님이 경찰이에요? 왜 우리 아들을 녹음해요? 그 녹음 뭐에 쓰려는 거죠?"

"아, 네 어머니 그게 아니고…… 반성문 대신……." 성현 어머니는 내 이야기를 듣지 않았다.

"선생님이 우리 아이 집중력 검사 받으라고 해서 ADHD라는 진단 받았죠. 왜 그런 말을 해서 나를 힘들게 해요? 모르면 넘어갈 수도 있는 걸……, 4월 한 달간 선생님 때문에 잠도 못 자고……, 그리고 우리 아이가 선생님 매일 속여 먹는데 모르지요? 아니라고 우기고 끝까지 거짓말하면 다 믿어 준다면서요? 선생님이 뭔데 녹음을 해요?" 성현 어머니의 말이 점점 거칠어졌다.

"어머니, 뭔가 오해가 있으신가 봐요. 그 녹음이 맘에 걸리시면 당장 지울게요. 그런 의도가 아니라……, 반성문 대신 말로 약속을 한 거예요. 그리고 다행히 성현이가 절 많이 좋아해요. 제가 앞으로 더 사랑해 주고 더 신경 쓸게요." 나는 일단 어머니를 달래 대화를 통해 마음을 나누고자 했다. 하지만 성현 어머니는 부정적 감정의 홍수에 빠진 듯 그 어떤 따뜻한 위로나 공감도 들리지 않는 듯했다.

"무슨 소리……, 성현이는 선생님 싫대요. 착각하지 말라고요. 누가 좋아해? 그리고 우리 아들 위해 기도한다는 말 듣기도 싫어요. 기가 막혀! 왜 우리 아들이 선생님 기도받는 아이가 되어야 하는지 나 참, 이해할 수가 없네."

나는 손이 벌벌 떨리고 목이 메고 눈물이 흘러 아까부터 참고 참던 울음이 터져 버리고 말았다. 아무 소리도 안 들렸다.

"어머니, 알겠어요. 저는 성현이가 저를 그래도 잘 따르고 좋아해서 어떻게든 희망적으로 생각하고 있었는데 아이가 절 싫어한다니 많이 섭섭하네요. 맘이 아파 더 이상 전화를 못 받겠어요. 나중에 다시……." 말을 잇지 못하고 수화기를 내려놓았다.

바로 얼마 전 미술시간에 가장 좋아하는 동물을 그리고 소원을 쓰는 말주머니 카드를 만들었을 때 성현이가 쓴 소원이 생각났다.

"선생님이 조아요. 2, 3, 4, 5, 6학년 때까지 매일 가르쳐 주세요."

그런데 이 어머니는 자기 아들이 나를 싫어한다고, 착각하지 말라고 소리소리를 지른다. 나는 전화를 끊고 한참을 눈이 퉁퉁 붓도록 울었다. 지금까지 보지 못한 진심이 통하지 않는 어머니를 보면서 그 얼음장 같은 가슴에 놀랐다. 사람에 대한 믿음이 산산이 깨지는 것 같은 충격이었다. 자기 자식에 대한 기본적인 애정이 있는 엄마라면 이럴 수는 없었다. 내 어린 자식을 진심으로 돕고 싶다고 사랑한다고 말하고 그 어린 자식이 나를 좋아하고 있으니 어떻게든 교실에서 아이를 도와주려 한다는 그 마음을 어떻게 밀어내는가? 그리고 기도하지 말라고? 왜 기도의 대상이 되어야 하냐고? 제자 위해 기도하는 그 진심조차 밀어내는 이 엄마는 친엄마 맞을까? 별별 생각을 다 하게 되었다. 그리고 이 아이는 내가 앞으로 어떻게 가르쳐야 하나? 어머니에 대한 섭섭함과 앞으로의 교육에 대한 걱정으로 퇴근시간이 한참 지날 때까지 교실을 나서지 못했다.

학교에서 가장 기피하는 학년이 있다면 몇 학년일까? 아마 6학년과 1학년일 것이다. 6학년은 머리가 커서 속을 썩이고, 1학년은 어리고 미숙해서 속을 썩인다.

10년 만에 1학년을 맡고 보니 나도 미숙한 아이처럼 1학년 담임으로서 좌충우돌하고 있었다. 3월 첫날 강당에서 입학식을 하는데 한 아이가 눈에 꽉 들어온다.

계속 뒤를 돌아다보고, 옆 사람과 장난을 치고, 입학식에는 전혀 관심이 없다. 마치 이리저리 움직이는 모터가 등에 달린 것 같았다.

나는 기어이 첫날 이 골든타임에 맞물려 있는 주인공을 알아차리고 말았다.

첫날부터 우리 반 골든타임 주인공으로 내 마음에 들어온 성현이를 4주간 추가로 자세히 관찰을 했다. 왜냐하면 부모에게 민감하고, 때로 받아들이기 힘든 사안이기 때문에 나도 신중을 기하는 것이다. 다행히 아직까지 한 번도 예측날씨가 틀린 적은 없었다.

드디어 첫 상담의 날 평온하게 미소 지으며 들어온 성현이 어머니에게 이런저런 이야기 끝에 말을 꺼냈다.

"어머님! 한 달간 신중히 관찰했는데 아무래도 집중력 검사를 받아 보시는 게 좋겠어요."

"집에선 전혀 안 그러는데 왜 공부시간에 돌아다니지요? 유치원 때는 안 그랬는데……."

"죄송한데 제가 선생님 말씀을 믿을 수 없는데 교실에 CCTV 설치해서 보여 주시면 안 되나요? 아니면 복도에서 제가 1주일간 들여다보면 안 되나요?"

어머니가 전혀 모르는 일이라는 듯 놀라서 말씀하신다. 이럴 때 참 당황스럽다. 입학 첫날부터 눈에 띌 정도로 산만한 아이를 '집에서는 전혀 그렇지 않다'고 하시고, '유치원에서는 안 그랬다'고 하신다. 게다가 내 말을 믿을 수 없다고 하는 성현 어머니 말에 조금 섭섭한 마음도 들었다. 그래도 또 한편으로 어머니 입장에서 생각해 보면 얼마나 마음이 무너져 내리는 일일까 싶고 또 병원이나 상담실에 가서 검사를 받는다는 것 또한 받아들일 시간이 필요할 것이다. 그래서 성현 어머니의 손을 잡고 진심으로 말했다.

"어머니, 제가 성현이 담임하는 1년간 많이 도와주고 사랑해 줄게요. 그리고 제가 일요일마다 교회에 가는데 성현이 위해서 기도 많이 하고 있어요. 어머니, 제가 학교에서는 성현이 엄마예요. 어떻게든 도와줄게요. 힘내세요."

검사를 받을 상담실과 병원 등의 정보를 주고 자세히 안내를 해 드렸고 예약 후 검사일은 언제로 잡혔는지, 검사 결과는 어떤지를 알려 주기로 했다. 2주 후 성현 어머니에게 전화가 왔다.

"선생님, 세 군데 가서 검사했는데 ADHD 약을 먹어야 한대요. 그런데 전 약은 안 먹일 거예요. 당분간 한약을 먹이기로 했어요."

"네, 알겠어요. 약은 어머니가 결정하신 대로 하시구요, 어머니와 제가 성현이 더 많이 신경 쓰고 돌봐 줘야 한다는 거 아시죠? 한 달에 한 번 학교 나오셔서 상담해요. 저도 더 많이 사랑해 줄게요."

아이 엄마가 신경을 쓰고 한약이라도 먹이고, '이제 좀 안심이다' 싶은 것도 잠깐, 성현이가 전보다 더 예민해지고 크고 작은 폭력행동이 심해져 아이들의 원성이 잦았다. 조금이라도 화가 나거나 하면 갑자기 달려들어 아이들 배를 발로 차거나, 주먹으로 머리나 얼굴을 때리기도 했다. 공부시간에 돌아다니거나, 자기 멋대로 화장실에 오가는 것은 일상이었다. 그럴 때마다 쉬는 시간에 아이를 불러 타이르고 설명을 해 주었지만 그 행동은 계속되었다.

나는 1학년 1학기 알림장에는 집에 갈 때 그 아이가 그날 한 활동을 한 줄 적어 주는 것이 원칙이다. 발표, 모둠활동, 도전, 운동, 친구 관계, 봉사 등 작은 것이라도 적어 보낸다. 그럼 이 알림장의 내 글 밑에 엄마의 답글이 적혀 오기에 서로 소통하기도 좋다. 처음 입학해서 학교생활이 행복하고, 즐거워야 하는 1학년이기 때문에 그 한 줄 칭찬으로 부모님과 소통하고 부모님도 아이를 이해하도록 돕기 위해서다. 성현이는 아무리 바빠도 매일 세 줄 이상을 적어 주었다.

집에 갈 때 우리 반 인사는 체온 나누기다. 고학년은 손을 잡아 주거나 머리를 쓰다듬어 주고, 저학년은 안아 주기다. 성현이가 어쩌다 돌아다니지 않는 시간엔 머리를 쓰다듬어 주었고 집에 갈 땐 다른 아이보다 더 길게 안아 주었다.

어느 날 점심시간 성현이가 놀이터에서 갑자기 옆 반 아이 배를 차서 그 아이가 보건실로 가는 소동이 났다. 불려온 성현이가 더 씩씩거리고 있었다. 자기는 때린 적이 없다는 거였다. 아이들 몇 명이 몰려와서 때린 것을 봤다고 말하니 겨우 "배를 조금 쳤어요." 한다.

이런 일이 벌써 서너 번인데 그때마다 자기는 '때린 적이 없다'고 하고 '억울하다'고 운다. 그때마다 폭력은 절대 안 된다고 알려 주고, 또 무엇을 잘못했는지 반성문을 쓰게 했다. 이번에 또 주먹질을 하면 집에 알리기로 했기에 아이가 보는 데서 전화기를 들었다.

아이가 자지러질 듯 울면서 "선생님, 전화 안 하면 안 돼요? 전화하면 저 맞아요." 한다.

엄마가 학교에서 산만하다는 소리나 돌아다닌다는 소리를 한 번만 더 들으면 가만 안 둔다고 매를 들었단다. 그리고 집에서 한 시간씩 앉아서 공부하는 훈련을 밥상 펴 놓고 한다는 거다.

"그럼 반성문 써도 자꾸 폭력을 쓰니까 오늘은 반성문 대신 말로 녹음하려고 해."

조금 더 아이에게 책임감이 들도록 하려는 아이디어였다. 그래서 휴대폰 녹음기를 가운데 놓고 따라서 말하게 하며 약속을 했다.

"저는 오늘부터 아이들을 때리지 않을게요. 아이들과 사이좋게 지낼게요. 아이들에게 화가 나면 선생님께 먼저 SOS를 칠게요. 한 달간 잘해서 선생님께 칭찬 많이 받을게요."

그런 약속을 하고 다시 성현이에게 기회를 주기로 했다. 당연히 성현이가 두려워하는 엄마에게 알리지 않았다. 오히려 너를 믿는다고 꼭 안아 주었다.

통화 다음 날 아이를 보는데 별생각이 다 들었다.

'나를 싫다고 했다고? 진짜 성현이 마음은 아니겠지.' 하면서도 '거짓말하면 다 넘어간다'고 했다는 말에 아이가 달리 보였다. 신경이 너무 쓰여 하교 때 아이를 안아 줄 수가 없었다. 그래서 그날은 우리 반 아이들에게 "선생님이 아파서 오늘은 안아 주기 인사 못 한다."라고 했다. 시간이 가니 성현이 어머니가 점점 더 미웠다. 기가 막혔다. 아이의 골든타임을 생각해 어떻게든 올해 아이를 최대로 돕고 싶은 마음이었다. 내가 어머니께 내밀었던 측은지심을 밀어내신 게 슬프기까지 했다. '나는 그 정도로 착한 사람이 아니다. 더 이상 아이를 받아 주기 힘들다'고 생각하며 일주일이 지났다. 그동안 성현이에게 눈길도 주기 힘들었고, 웃어 줄 수도 없었다. 하지만 시간이 갈수록 나도 무거운 짐을 지고 먼 길을 걸어가는 사람처럼 힘들었다.

2주쯤 지났을까, 교회에서 '용서'에 대한 말씀을 듣는데 갑자기 눈물이 앞을 가렸다.

"하나님은 우리에게 긍휼과 은혜를 베푸셨고, 아무 자격도 없는 우리를 기꺼이 용서하셨다. 따라서 다른 사람들에게 소리를 지르거나, 화를 내거나, 비난을 퍼붓지 말라. 그들이 그런 대접을 받아 마땅하다고 생각해서는 안 된다. 하나님은 우리가 다른 사람들을 용서하기를 바라신다."

그 순간 이 말이 바로 나에게 주는 답이라고 생각했다.

월요일부터 다시 마음을 고쳐먹었다. 성현 어머니가 어떻게 나오셔도 내가 아이에게 가르칠 일은 분명히 있다. 그건 성현이 몫의 사랑이다. 성현이는 그 사랑을 받으러 학교에 온다. 사랑을 받아도 변하지 않는 아이를 나는 보지 못했다. 사랑을 충분히 받으면 아이들은 다 기적으로 화답했으니까.

알림장에 다시 편지글을 쓰기 시작했다. 성현이의 하루 일과 중 가장 예쁜 행동, 사랑스런 행동을 관찰해서 적었다. 성현이에 대한 내 마음이었다. 실수할 때는 모른 체하고, 기다려 주고, 작은 긍정행동이라도 보이면 포착해서 더 많이 칭찬하고, 감동해 주었다. 집에 갈 때는 더 길게 안아 주고 귀에 속삭여 주었다.

"사랑해, 우리 성현이. 선생님이 성현이 많이많이 사랑한다."

시간이 가면서 다시 내 마음이 아이에게 정을 붙였다. 아이도 조금씩 달라지기 시작했다. 일단 아이들을 덜 때리고 소리도 덜 질렀다. 돌아다니는 것도 조금 줄었다. 제일 많이 달라진 건 안아 달라고 제일 먼저 달려 나온다는 사실이었다. 전에는 안아 줄 때마다 몸을 활처럼 휘면서 뻣뻣하게 서 있고 어색해서 어쩔 줄 모르던 아이였는데 완전히 폭 안기며 그 순간을 행복해 하는 것이다. "선생님, 내년에도 선생님한테 배울래요."를 아이가 입에 달고 살았다. 나도 성현이 어머니는 잊었다. 아이만 보였고, 성현이가 예쁘게 느껴졌다.

내가 매일 알림장에 정성 어린 글을 적어 보내도 어머니는 묵묵부답이었다. 가끔은 서운하기도 했지만 그래도 성현이가 '내 아들이라면 어떻게 대할까?' 생각하고 많이 사랑을 표현해 주었다. 좋은 선생님이라면 가장 마음이 힘든 아이인 성현이를 가장 많이 사랑해 주어야 한다고 믿었다. 좋은 선생님인 나, 우주 최고 존중 선생님인 나에게 잘했다고 격려했다.

성현이 어머니는 2학기 정기상담도 신청하시지 않으셨다. 기다리다 먼저 전화를 드렸다. '밖에서 일을 시작해서 너무 정신이 없다'는 말과 '시간 만들어 연락 한다'는 답이 돌아왔다. 나는 아이 이야기를 나눌 수 없어 서운했지만 어머님이 작은 가게를 하는 상황을 알기에 긍정적으로 이해했다. 하지만 기다리던 상담 연락은 오지 않았다.

아이들과 헤어질 날이 가까워진 12월 학기 말이 되었다. 퇴근하면서 내가 성현 엄마께 전화를 했다.

"어머니, 어머니가 성현이가 저 싫어한다고 하셨을 땐 서운하고, 맘 아팠어요. 하지만 성현이를 제 아들이라 생각하고 교실에서 더 사랑해 줬어요. 어머니, 저 성현이 많이 사랑합니다. 어머니께 이 말씀드리려 전화했어요."

"선생님, 알아요. 저 다 알아요. 성현이 선생님 진짜 좋아해요. 집에서 매일 선생님 얘기만 해요. 진작 그 말씀을 드리고 싶었는데 못 드렸어요……. 죄송해요, 선생님. 감사하구요……."

올해 3학년이 된 녀석을 복도에서 가끔 만나면 나는 기다렸다 꼭 머리를 쓰다듬어 준다. 엄마가 바쁘니 할머니가 아이들을 돌본다고 한다. 성현 어머니는 아직도 일하느라 정신이 없다고 한다. 지금 생각해 보니 그 당시 갑자기 일하러 나서게 됐는데 학교 선생님은 아이가 ADHD 같다고 하니 성현 어머니도 여러 가지로 가사와 자녀 교육에서 힘든 순간이었을 것이다. 그래서 그 불안함, 두려움에 담임에게까지 소리를 질러 대고 가시 돋친 말을 할 수 밖에 없었을 거라고, 나에게 이해할 여유가 생긴 것이다.

'인생의 강을 건너는 순간이었을 수 있어. 그때 내가 성현이 손을 잡아 준 거구나'라고 해석하고 싶다. 내 서운함, 섭섭함, 화의 열기를 돌려주지 않아서 다행이다. 끝까지 기다려 주고, 아이를 사랑해 주었으니 참 다행이다. 성현 어머니가 평생을 살면서 그래도 조금은 힘을 얻을 기억으로 간직하길 바랄 뿐이다. 힘에 겨워 내뱉은 뾰족한 독설에도 흔들림 없이 우리 아들을 진심으로 사랑해 준 선생님이 있었다고 말이다. 그래서 혹시 힘든 순간이 올 때 주변에 도움을 청하고, 스스로 혼자가 아니라는 믿음을 가졌으면 한다. 내 아이 손을 잡아 일으켜 주는 따뜻한 선생님이 늘 곁에 있다는 믿음을 성현 어머니가 잊지 않기를 바란다.

유난히 부정적인 독설을 마구 퍼붓는 엄마가 있다면 나는 앞으로도 이렇게 해석할 것이다. '내가 모르는 인생의 강 앞에 서 있는 힘든 순간일 수 있다'고 말이다. 벼랑 끝에 서 있어 누가 손끝의 힘으로라도 건드리기만 하면 바로 뛰어내릴 만큼 위태위태한 삶의 여정을 건너고 있을 수도 있다고 생각할 것이다.

많은 것을 해 줄 순 없지만 그 어머니의 아이만큼은 조금 더 배려할 것이다. 엄마가 힘든 만큼 아이는 반드시 받아야 할 사랑과 보살핌에 더 배고플 테니까 말이다. 시간이 가 보면 결국은 내가 몰랐던 것, 지금 이해하지 못했던 것들이 있음을 알아차리는 순간이 또 올 것이다.

화장실 5분!
메시지 5개!

6년의 휴직을 마치고 학교로 복직을 앞둔 나에게 친구들은 입을 모아 말했다.

"지금은 학교가 천지개벽을 했어! 너 6년이면 학교는 강산이 다 변해서 딴 세상이야."

"복직은 무슨……, 학교 오지 마, 너 그렇게 쉬다가 다시 오면 견디지 못할걸."

그 누구도 '잘 왔다', '반갑다'는 환영의 말은 없었다. 모두 학교가 예전과 달라졌다는 말, 겁을 잔뜩 먹게 만드는 말 뿐이었다. 그래서 학교 복직을 앞두고 나도 잠을 설쳤다. '복직을 할 것인가? 말 것인가?'를 잠시 고민하기도 했다. 그래도 난 그토록 그리워하던 아이들 곁으로 결국은 다시 돌아왔다.

 복직 후 나는 신규교사처럼 모든 것이 새로 만나는 것이라 정신이 없었다. 16년 차 교사가 나이스 인증서(교육행정정보 시스템)를 처음 만들었고 매일 이것저것 묻고 다니느라 정신이 없었다.

 "선생님, 출결에 특기사항은 어디서 입력해요?"

 "선생님, 시간표 시수는 어떻게 맞춰요?"

 모든 시스템이 전산화되었다. 결재판도 없어졌고, 만나서 얼굴 보며 회의하던 문화에서 컴퓨터 앞에서 대부분의 업무를 보는 시스템으로 변했다. 이제 아침에 학교에 가면 제일 먼저 하는 일이 컴퓨터를 켜고 메신저를 열어 놓는 일이다. 컴퓨터를 켜자 어제 퇴근 후 선생님들이 보낸 업무 처리 요구사항 메시지 두 개가 나를 기다리고 있다. 잠시 후 선생님들이 출근하는 시간이 되자 각 계에서 처리를 요하는 업무가 속속들이 메시지로 도착한다.

 혹시라도 정신없이 아이들에게 집중하다가 메시지를 놓치면 큰 낭패가 발생한다. 그날은 과학 실험을 두 시간 연속으로 했다. 물을 떠오고, 실험하고, 또 물을 버리느라 아이들과 함께 정신이 없었다. 쉬는 시간에도 실험 자료 준비로 연구실을 오가다 보니 메신저를 확인하지 못한 것이 낭패였다.

 '학원 다니는 아이들의 현황을 확인해서 표에 적은 후 4교시 전에 담당자에게 보내 달라'는 메시지를 놓친 것이다. 국회의원 긴급 질

의사항이라 시간을 다투어 보고해야 한다는 거다.

 부랴부랴 밥과 국을 퍼 놓고 나서, 아이들이 밥을 먹기 시작하는 동안 조사할 것을 출력한다. 아이들이 운동장에 공놀이하러 나가기 전에 조사를 마쳐야 한다.

 "얘들아, 밥 먹는데 미안…… 그래도 급한 조사니 손 좀 들어 줄래?" 양해를 구한 후 시끄러운 교실에서 목청을 돋우며 조사를 시작한다. 인원수가 안 맞으면 다시 손을 들게 하니 아이들도 정신이 없다.

 "학원을 한 군데에서 두 군데 다니는 사람 손들어 볼래?"

 "학원 세 군데 이상 다섯 군데 이하 다니는 사람 손들어 볼래?"

 "집에서 아침 식사 하는 사람 손들어 볼래?"

 "저녁에 10시 이전에 공부가 끝나는 사람? 10시 넘어서 끝나는 사람?"

 모든 항목의 조사를 마치고 나니 10여 분이 흘렀다. 컴퓨터를 열어 조사한 것을 적고 얼른 담당자에게 보냈다. '1등은 몰라도 꼴찌만은 하지 말아야지' 하는 마음이 앞섰다. 마무리하고 나니 점심시간이 15분 정도 남았다. 그 사이 밥도 국도 식었다.

 화장실에도 다녀와야 하는데 시간은 없고 이리저리 휘둘린 나머지 머리에서 김이 나올 것만 같았다. 귀에서는 '윙' 소리가 났다. 너무 정신이 없으니 밥 먹을 기운도 없고 쉬고만 싶었다. 입맛도 없었다. 그래도 안 먹으면 5교시 수업을 할 힘이 없으니 떠들기 위해서

라도 먹긴 먹어야 했다. 겨우 차가운 어묵 국에 밥을 말아 한 수저 입에 떠 넣는 순간, 그 사이 밥을 다 먹은 아이들이 다가와 여러 명이 동시에 말을 걸었다.

"선생님, 잔반은 어디에다 넣어요?"

"선생님, 찬우가 밥 엎질렀는데 아이들이 지나가며 다 밟았어요. 어떻게 해요? 국도 쏟았어요."

"선생님, 수저통 쏟아서 꼴찌로 밥 탄 우석이가 수저 없다고 울어요."

이런저런 급박한 일을 정리하고 내가 다시 식은 밥을 먹기 시작한 건 1시였다. 1시 10분에는 급식차를 3층 복도 엘리베이터 앞에 내놓아야 한다. 그래야 그 후 수업에 지장을 주지 않고 급식차를 정리할 수 있기 때문이다. 급하게 국물을 삼키고 있던 그때였다. 흰 모자에 흰 가운을 입은 급식실 아주머니가 노크도 없이 갑자기 앞문을 열었다. 나는 놀라 눈을 크게 뜨고 쳐다보았고 아주머니는 퉁명스럽게 말했다.

"이 반 급식차만 아직 안 나와서요." 그러면서 안으로 성큼성큼 들어왔다. 그리고 나에게 양해도 없이 아직 식사도 마치지 않은 내 식판을 남겨 두고 우리 반 급식차를 몰고 나간다. 급하게 몰고 가다 보니 문지방에 급식차가 걸려 "쿠르릉 쾅!" 소리를 냈고 나는 그 광경을 일어나서 보고만 있었다. 그 소리에 꾸역꾸역 먹던 밥이 가슴에서 내려가다 놀라서 모두 일자로 멈추어 섰는지 가슴팍이 콕콕 쑤셨다. 먹다 만 식판을 들고 엘리베이터 앞 급식차 모이는 곳으로 달려가 아주머니께 한마디를 했다.

"아주머니, 급해도 교실 노크는 하셨으면 해요. 제가 급한 업무로 밥이 늦었어요. 갑자기 앞문이 열리고 급식차를 빼시니 놀라서 밥 먹다 그냥 식판 들고 왔어요."

교실에 와 보니 컴퓨터 메신저 창에 노란 불이 깜박이고 있었다. 그 사이 여러 선생님이 보낸 업무 전달 메시지 세 개가 또 나를 기다리고 있었다.

"휴우~."

학교에서 아이들을 만나는 순간이 힘든 교사는 없다. 대부분의 교사가 학교에 와 힘든 건 이처럼 여러 업무가 연속으로 요구되어 아이들에게 집중할 수 없는 상황 때문이다. 아침 8시 30분부터 아이들이 가는 시간 2시 40분까지 약 여섯 시간 동안 단 5분의 휴식도 없이 촘촘한 긴장감으로 이어진다. 보통 한두 시간 근무를 바짝 하더라도 10분의 여유가 있어야 다시 긴장을 할 수 있다. 그런데 교사에게는 그 5분의 여유가 주어지지 않는 날이 대부분이다. 가끔 교과담임시간 40분이 생기면 그나마 다행인 날이다. 밀린 공문과 업무를 그 시간에 할 수 있어서 그날은 아이들과 좀 더 눈을 마주칠 수 있으니 그래도 낫다. 그것조차 교실이 비는 수업이 아니면 연구실에서 있어야 해 업무를 할 수가 없다. 컴퓨터가 부족하거나 집중이 안 되는 상황이기 때문이다.

예전에는 업무전산화가 안 되어 있어서 한 업무를 정리하고 수합하는 데 오래 걸렸다. 지금은 그것들을 컴퓨터로 하기에 업무가 빨리 끝난다. 하지만 그 과정에서 교사는 동시다발적 요구에 신속히 대처해야 한다. 효율과 속도는 무척 늘었다. 하지만 빠르게 대처하지 못하면 싫은 소리를 듣거나 남에게 피해를 주는 사람이 된다.

이렇게 늘 메신저에 쫓기는 상황에서는 여유가 없다. 폭격기같이 쏟아지는 메시지들을 제대로 읽지 못하거나 놓쳐서 독촉 메시지가 오면 교사의 힘, 평온함이 사라진다. 아이들에게 줄 평온함을 업무가 앗아 간다. 슬픈 현실이다.

교사가 정서적 만남과 가르치는 일보다 행정업무에 엄청난 에너지를 쓰는 일이 반복된다면? 어느 순간 정서 소진이 일어날 수 있다. 빈대를 잡으려다 초가삼간 태우는 격이다. 업무 요청이 떨어지면 교사의 뇌에서 불이 반짝이며 동시에 에너지가 타들어 간다. 그 시간 아이들은 선생님의 눈에서 멀어진다. 문서 보느라 아이들 마음을 보지 못할 때 교사는 쉬 지친다.

일의 강도가 높다기보다는 가짓수가 많은 일을 아이들을 가르치는 주 업무 사이사이에 해결해야 한다. 그리고 반드시 정해진 시간 안에 끝내야 한다는 게 정말 힘들다. 웬만큼 멀티태스킹 시스템이 몸에 익지 않으면 감당하기 어렵다. 나는 오후에 아이들이 간 후 귀에서 '윙' 하는 소리가 들리고 머리 뒷부분과 귀 양쪽 끝이 화끈거리는 경험을 자주 한다.

중견교사인 내가 이렇게 힘든데 신입이나 경력이 짧은 교사들은 얼마나 힘들까? 경력이 쌓여 나름대로 교사로서의 멘탈이 어느 정도는 강한 편이라고 자부하는 내가 이렇게 힘든데……. 그런 생각을 하면 교사는 내면 에너지에 대한 스스로의 관리가 필요하다는 것을 격하게 절감한다.

자구책으로 2015년부터는 아이들이 집에 가고 나면 불타는 머리와 몸과 마음을 잠재우기 위해 10분 명상을 하기 시작했다. 또 자연 힐링 동영상을 시간별로 만들었다. 5분짜리, 10분짜리, 20분짜리…… 내가 찍었거나 좋아하는 자연사진, 내가 평소 들으면 맘이 평온해졌던 음악, 행복감을 느꼈던 문구 등을 넣어서 나만의 동영상을 만들어 듣고 있다. 달리던 머리, 몸, 마음, 손, 가슴을 멈추어야 한다. 그렇게 하지 않으면 다음 날 내 에너지가 모두 소진되어 아이들을 만날 힘이 없기 때문이다.

김현수 박사는 《행복한 교실을 만드는 희망의 심리학》에서 교사들은 일반적으로 세 가지 피로를 경험한다고 말했다.

첫째는 '수업피로 lesson fatigue'다. 교사는 수업에서 아이들과 소통하고 교감하며 배움을 이끌어 낼 때 행복하고 보람을 느낀다. 그런데 아이들의 정서적 여유가 없어진 상태에서 교감 자체가 쉽지 않고, 사교육으로 수준이 다른 아이들을 가르치는 일도 쉽지 않다. 간혹 정신지체 아동을 일반학급에 배정하면 그 아이를 보살피는 동시에 각기 수준이 다른 일반아이들도 다 가르쳐야 한다. 균형을 잡다 보면 피로가 쌓일 수밖에 없다.

둘째, 교육청이나 소속된 학교의 여러 가지 행정 업무에 대한 '기관피로institute fatigue'에 시달린다. 아이들을 위해 꼭 필요한 일이라면 그 자체가 의미 있기에 피로감을 느끼지 않는다. 하지만 꼭 필요하지 않은 업무, 내가 아니어도 누군가 할 수 있는 업무로 모든 에너지를 소진하는 날은 정말 지친다. 공문 작성 때문에 정작 아이들 일기장 한번 못 읽고, 아이들 눈도 제대로 못 맞추고 집에 가는 날이면 교사로서의 정체성에 대해서 고민하게 되고, 천근만근 기관피로가 내 맘을 짓누른다.

셋째가 '공감피로compassion fatigue'다. 수업피로와 기관피로로 지친 상태가 지속되면 교사의 마음 에너지는 고갈 상태가 된다. 온갖 피로를 견디느라 대부분의 에너지를 쓰고 나머지 20퍼센트 정도로 아이들을 만나는 것과 같다. 20퍼센트의 힘으로 아이들과 눈을 마주칠 수 있는가? 마음을 들여다볼 여유, 민감하게 알아차리는 따스함이 있겠는가? 공감은 고사하고 그저 주어진 수업과 업무를 소화하기도 힘겨운 상태가 된다. 뮌헨 의과대학 교사건강 연구소가 교사들의 신체적, 정신적 질환을 연구한 결과 심혈관계 질환이 가장 많았다. 이 질환의 근원이 마음이다. 즉 스트레스에서 온다.

교사인 나는 지금 어떤 피로에 시달리는가? 내가 나를 알아차리는 게 급하다. 알아야 처방도 나올 것이다. 교사의 마음이 행복해야 진심 어린 만남이 있다. 내 에너지 90퍼센트를 행정업무에 쓰는 날은 물먹은 솜이 되어 집에 오자마자 쓰러진다. 집에서 쉬어도 쉰 것 같지가 않다. 학교폭력 업무를 처리하던 한 달간 나는 아침에 학교에 가기가 싫었다. 이런 저런 공문을 처리하는 데 에너지를 쓸 생각에 지레 마음이 불편했다.

그러나 아이들이 토론수업이 재미있다며 자청해서 점심시간을 넘기면서까지 토론하는 모습을 볼 때, 아이들을 관찰하며 이런저런 칭찬을 해 줄 때, 아이들이 다가와 하는 이야기에 귀 기울일 마음의 여유가 있을 때……, 내 에너지 대부분을 아이들과의 만남에 쓰는 날 나는 행복하다. 아이들 눈을 보고, 손을 잡고, 아이들 마음을 느끼는 데 쓰는 날은 참 뿌듯하다. 그런 날은 퇴근할 때 맘이 즐겁고 발걸음도 가볍다.

내 소중한 에너지를 아이들에게 쓰고 싶다.

얼음 선생이
아이 손을 잡습니다

나는 집에서 TV를 보지 않는다. 가끔 이슈가 되는 일이 있으면 인터넷 검색을 하는 정도고 세상 돌아가는 일에 민감하지 않은 편이다. 그런 나에게도 민감하게 반응할 수밖에 없는 뉴스와 이슈가 있다. 아침에 학교에 오면 선생님들이 웅성거리며 주고받는 이야기가 있다.

"그 뉴스 봤어? 성남 어디 학교에서 상담기간에 금품을 받다가 감사에 걸렸다고 뉴스에 나오더라. 정말 지금이 어느 시댄데 아직도 그런 선생님이 있네." 모두들 놀라고 또 속상한 마음이 된다.

그러고 또 며칠 지나면, "그 뉴스 봤어? 고등학교 남자선생이 아이들 상습 추행해서 걸렸대. 정말 선생이란 사람이 어떻게 그럴 수가 있지?"

교사의 비리와 추태 소식이 전해지는 날은 괜히 내 가슴도 새가슴이 된다. 그럴 때면 교사로 살아가는 하루하루가 살얼음판 같은 느낌이다.

교사는 내 안에 행복한 마음, 넘치는 사랑을 간직하는 것이 중요하다. 왜냐하면 내 에너지가 결국 아이들에게 가는 밥이 되고, 내 에너지를 통해 아이들에게 거울처럼 무언의 가르침이 전해지기 때문이다. 무엇보다 내가 품는 에너지의 소중함을 믿기 때문에 나는 가능하면 부정적인 이야기를 피하고 비난을 많이 하는 사람 곁에 가는 것을 조심한다.

그래도 뉴스, 특히 교사의 비리에 대한 뉴스는 안 듣고 넘어갈 수가 없다. 그리고 나도 모르게 에너지가 다운된다. 또 어떤 날은 그 비리의 강도가 너무 높아 얼굴이 화끈거리기도 한다. 내가 한 일이 아닌데도 내 가슴이 무너진다. 너무 창피하고 부끄럽고 속상하다. 그러다가 화도 나고, 그 부정적인 소식에 내 마음의 소중한 에너지를 쓰게 된다.

심리학자이면서 노벨경제학상을 수상한 다니엘 캐니만Daniel Kahneman 교수는 사람에게는 '두 자아'가 있다고 한다. '경험자아experiencing self'와 '기억자아remembering self'가 그것이다. 경험자아는 '현재' 경험하는 것을 느끼는 자아다. 기억자아는 '지나간' 경험을 기억하고, 재해석하고 평가하는 자아이다. 이 두 자아는 일치하지 않으며 미래에 대한 예측, 의사 결정 등은 기억자아에 의존한다.

캐니만 교수의 대장내시경 실험은 그것을 잘 설명해 준다. A그룹은 대장내시경 검사 8분을 마치고 바로 내시경을 제거했고, B그룹은 8분의 검사가 끝나고도 24분이 지난 후에 내시경을 빼 주었다. A그룹은 가장 아픈 순간에 내시경을 뺐고, B그룹은 서서히 통증이 줄어드는 긴 시간을 보낸 것이다. 이 두 그룹의 기억자아의 평가는 완전히 달랐다. B그룹이 훨씬 덜 고통스럽게 기억했다. A그룹은 검사가 고통스러운 순간에 끝나서 계속 그렇게 기억하고, B그룹은 고통이 감소하면서 끝났기에 덜 고통스럽게 기억하는 것이다. 이처럼 똑같은 사건이나 경험에 대해서도 경험자아와 기억자아는 전혀 다른 평가를 내린다.

여기서 '기억자아'가 중요하다. 기억자아는 자신의 경험에 대해 끊임없이 의미를 부여하고 자기만의 해석을 한다. 자신이 본 경험, 고난, 사건, 역경에 대해 긍정적인 의미를 부여하느냐, 부정적인 의미를 부여하느냐가 삶의 질에 큰 영향을 끼친다. 또 《회복탄력성》에서 김주환 교수는 이 '기억자아'가 긍정적인 방향으로 스토리텔링을 하는 힘을 가진 사람을 '회복탄력성'이 높은 사람이라고 이야기한다. 회복탄력성은 결국 '긍정해석 습관'인 것이다. '긍정해석'이 나를 살리는 힘이다.

　우리 사회와 언론은 모두 교사에 대해 부정적인 기억자아를 갖고 있다. 행복한 선생님, 행복한 아이들에 대한 미담, 교실의 변화와 기적을 만드는 선생님, 아이들과 만나 주는 선생님, 학부모의 아픔을 어루만지는 선생님 등, 따스한 이야기에는 전혀 관심이 없는 것처럼 느껴진다. 마치 이 세상엔 아직도 뇌물을 받는 선생님, 불행한 선생님, 문제 청소년, 문제 교실, 문제 학부모만 존재하는 것처럼 언론도 사회도 바라보고 있다. 전 국민이 한 방향만 보고 있다. 마치 부정해석 습관으로 '부정자동화'된 느낌이다.

　그런 어두운 기대에 부응이라도 하려는 듯 문제 선생님, 문제 청소년, 문제 학부모가 나타나면 신문의 온 지면을 장식하고, 뉴스가 하루 종일 그 이야기를 떠들어 댄다. 특히 문제를 일으킨 양심 없는 나쁜 선생님의 이야기는 점심의 간식거리가 되고, 저녁의 안주거리가 된다.

　그리고 그 세상의 비난, 욕설을 받는 선생님의 소식을 내 아이가 뒤에서 듣고 보고 영향을 받는다. 그 아이 가슴에 있는 선생님에 대한 '기억자아'가 영향을 받는다. 아이는 그 다음 날 다시 학교에 가서 선생님을 하루 종일 만나고 온다. 1년이면 약 1,000~1,200시간을 아이들은 선생님과 지낸다. 세상이 비난하고 세상이 욕하는 선생님이 우리 아이들의 기억자아를 만나고 있다. 아이들이 선생님을 바라보는 시선에 어떤 영향을 끼칠까? 그 누구도 다른 방향을 보자고,

달리 해석하자고, 기억자아를 관리하자고 하지 않는다. 아무도 이 상황에 문제 제기를 하지도, 새로운 제안을 내놓지도 않는다.

나는 내가 교사이기 때문에 이런 이야기를 하는 것이 아니다. 내가 다른 교사의 비리에 창피함을 느껴서도 아니다. 오직 교육에 대해서만큼은 방향도 해석도 다른 잣대, 다른 눈으로 해야 한다고 본다. 왜냐하면 우리 사랑스런 내 자식들, 내 제자들, 우리 아이들이 보고 있고 직접적으로 그 영향을 받기 때문이다.

선생님이 예뻐서 존경하는 말을 하라는 것이 아니라 선생님만큼은 조금은 더 사랑스런 눈으로, 긍정의 눈으로, 더 따스한 눈으로 보아 주는 게 내 아이를 위한 길이라는 것이다. 진심으로 선생님을 좋아하고, 존경하고, 사랑하면 그 마음이 내 아이에게 그대로 전달된다. 아이 앞에서 선생님을 존경하면 할수록 아이는 교사의 가르침으로 영혼을 물들이고, 배운다. 그 가르침과 배움으로 자기를 품어 주고, 다른 사람을 품어 준다. 아이는 그 힘으로 세상을 품을 만큼 넓고 깊은 진짜 어른으로 자랄 것이다.

천 명, 만 명 중 한 선생님의 잘못된 행동에 집중해서 부정적인 말과 비난으로 세상을 새까만 에너지로 물들이는 동안 우리는 너무나 많은 것을 잃어만 간다.

그 다른 방향에서 아무도 알아주지 않아도 교실에서 고통당하는 한 명의 아이를 살리기 위해 늦은 시간까지 부모님께 편지글을 쓰고 있는 선생님, 그리고 아이들을 잘 가르쳐 보겠다고 고민하고 노력하고 있는 선생님 등 무수한 교사들의 가슴이 무너지는 소리를 나는 매일 듣고 있다. 그게 너무 답답하고 마음이 아프다. 이런 환경에서 교사로 임용될 때 품었던 교사로서의 첫 마음, 사명감을 지켜 내기가 어렵다.

가르치는 일은 아이 영혼을 보듬는 일이기에 정성이 필요한 일이다. 정성은 눈에 보이지 않는다. 오직 교사의 마음으로부터 시작된다. 눈에 보이는 교육과정 너머, 교사라는 존재가 가진 힘, 그 내면으로부터 나오는 암묵교육과정의 힘을 나는 믿는다.

하지만 학교 업무는 점점 더 정량적인 것을 중심으로 늘어난다. 담임이 아이들 마음과 만나는 시간은 줄고, 창의적 체험활동시간 법적시수 채우기도 벅차다. 해가 갈수록 지쳐 간다. 거기다가 사회의 교사를 향한 시선은 더 어두워졌다. 스스로 불을 밝히며 아이들 영혼을 끝까지 보듬어야 하는 교사라는 길은 쉽지 않은 길이다.

매년 말 정량적 평가에서 정성평가를 했으면 하는 마음이다. 즉 수업 몇 회, 상담 몇 회, 연수 몇 시간 등 횟수 중심적 평가에서 벗어났으면 좋겠다. 올해 내 반 아이 중에서 가장 많이 자기 스스로 긍정하는 힘이 향상된 아이, 남을 더 많이 배려하고 공감을 하게 된 아이, 자존감이 향상되어 도전습관이 삶이 된 아이……, 그런 변화를 만들어 낸 아이는 누구인지, 그 아이들의 어떤 변화가 나를 뿌듯하게 했는지, 교사로서 어떤 자부심을 갖게 했는지……, 그런 정성평가는 하기 어려운 걸까? 이렇게 해 본다면 어떨까? 선생님이 새 학기에 아이들을 만나면 우선 한 달간 자세히 관찰한 후, 아이들 각자에게 걸맞는 정성목표를 세우는 것이다. 학기 말이 되면 그냥 정량평가만 했을 때보다 아이들에게 더 많은 변화가 있을 것이다. 뿐만 아니라 아이들에게도, 선생님에게도 그 발전이 더 잘 보이고 와 닿아 감동과 의욕을 불러일으키지 않을까?

난 정성평가의 시스템이 효율적으로 도입된다면 교사들 내면에 오히려 더 큰 에너지가 생길 거라고 믿는다. 교육은 보이는 것 너머 보이지 않는 것을 볼 수 있고, 그 곳에 에너지를 쓸 때 변화를 불러온다.

2016년 1월 1일 〈인성교육실천을 위한 교사, 학부모, 전문가 회의〉가 열렸다. 나는 이 회의에서 한국 버츄 프로젝트의 김영경 박사님과 함께 해외프로그램 인성교육 실천우수사례를 공동 발표했다. 현역 국회의원 쉰여섯 명으로 구성된 국회인성교육 실천포럼과 교육부가 공동주최하고 초중고 교사, 학부모, 인성전문가 등 150여 명이 참석했다. 회의에서는 기업, 뮤지컬, 연극, 해외프로그램, 학부모, 학교 등 여섯 개 분야의 인성교육 우수사례들을 발표하는 시간이 있었고, 이어 제도적 보완점 시행방안 등을 제안, 질의하였다. 모든 발표가 끝나고 종합토론 시간이 이어졌다.

나는 그때 '교사의 자존감'에 대한 제안을 했다. 나는 우리나라의 많은 선생님들이 인성교육 프로그램이나 방법을 몰라서 인성교육에 어려움을 겪는다고 생각지 않는다.

인성교육은 '따스함 교육'이라 생각한다. '자신에 대한 따스함, 다른 사람에 대한 따스함, 세상에 대한 따스함'을 가진 사람을 교육하는 것이다. 그래서 인성교육은 '행복교육'이다. 가슴이 얼음처럼 차가워진 선생님이 따스한 가슴을 가진 아이, 행복한 아이를 만들 수 있겠는가?

"선생님이 따스한 가슴으로 사랑이 가득할 때, 즉 행복할 때 아이들에게 행복을 줄 수 있다고 봅니다. 교사들이 행복하고, 자존감을 가질 수 있도록 이 사회, 정치권, 언론이 교사들의 마음 환경에 더 관심을 갖고 배려해야 합니다."

"저는 힘든 아이들이 회복될 수 있도록 노력하고 있습니다. 매년 다섯 명씩, 20년간 백 명의 아이를 다시 세우겠다는 목표를 갖고 있습니다. 그러한 소명을 자존감으로 품고 있습니다. 사회에서 교사에 대해 뭐라고 비난하든, 제 목표를 되뇌며 자존감을 잃지 않으려 애쓰고 있습니다. 하지만 정말 쉽지 않습니다." 말하다 보니 괜히 눈물이 핑 돌았다.

"지금 이만큼이나마 아이들을 지켜 온 것은 온갖 편견 속에서도 조용히 분투하며 아이들을 사랑한 선생님들이 있기 때문입니다. 교사들의 교실 속 자존감, 교실 속 행복에 대해 사회적 관심과 제도적 지원이 필요합니다."

수많은 선생님들이 세상의 부정적 인식에 얼마나 힘든지, 지금 지쳐 있는지……, 인성교육을 하기 앞서 어렵게 데워진 가슴에 아침마다 찬물을 맞고 바닥에 쓰러진 선생님들을 본다. 안타깝다.

보도방식에 대한 고민이나 교육계에 미칠 영향력에 대한 철학도 없이 언론이 온통 1퍼센트 비리 선생님을 찾아내 매일 비난한다. 교사가 알게 모르게 전 국민의 타도 대상이 되어 가는 현실이 너무나 마음 아프다. 그 뒤에 서 있는 우리 아이들 보기도 괜히 부끄럽다.

그래도 회의를 마치며 인성전문가, 자문위원님들, 학부모대표, 등의 많은 분들이 한 목소리로 말씀하셨다. "아이들을 사랑하는 교사, 열정적인 교장선생님 한 분이 얼마나 많은 아이들을 살려 낼 수 있는지 오늘 봤다. 감사하다." 그나마 다행이다. 그나마 희망이다. 따스한 온기가 아직 여기저기 남아 있어서 다행이다. 그 작은 온기를 뜨거움으로 바꾸길 소망한다.

1퍼센트 부정적인 사건사고에 집중하지 말고 행복한 선생님, 행복한 아이들, 행복한 교실의 미담을 찾아 세상에 알리길 제안한다. 우리가 좀 더 감동해 주고, 좀 더 공감해 주고, 좀 더 격려해 주자. 그래서 작은 온기가 세상 구석구석을 다 데우도록 에너지를 늘려 나갔으면 한다. 한 선생님의 따스함이 열 아이를 데우고, 세상의 차가운 기운을 다 몰아가고도 남을 정도로 말이다. 세상에 그런 훌륭한 선생님이 얼마나 많은지 눈을 뜨고 찾아내 주자. 그 온기가 우리 모든 아이들의 마음을 다 데우도록 말이다.

지금도 구석구석 학교 현장에서 아무도 알아주지 않아도 묵묵히 인성교육을 위해 뛰고 있는, 아이들을 사랑하는 교사들을 나는 진심을 다해 응원한다. 아무도 알아주지 않지만 우리 양심이 알고, 우리 아이들이 안다고 말이다.

나는 아이들에게 마음속으로 이렇게 말한다.

'얘들아, 세상은 어두운 밤만 있는 건 아니지, 밝은 낮도 있잖아.'

'밤에는 눈을 감고 깊이 잠을 자다오, 낮의 햇살을 더 마음에 담아 다오.'

'세상이 아무리 차가워도 선생님은 뜨거운 가슴으로 묵묵히 너희들을 데워 줄게.'

얼음이 하늘에서 쏟아지는 것 같은 날에도 아이들을 안아 줄 따스한 체온을 유지하려 오늘도 귀 막고, 눈 막고, 하늘을 받치며 홀로 뛰어간다.

네 번째 이야기

생애 가장
따뜻한 만남

내 인생의
세 가지 만남

내 인생에는 세 가지 중요한 만남이 있다.
'내 겉마음'과의 만남
'내 속마음'과의 만남
'아이들 속마음'과의 만남이다.

좋은 선생님이 되고 싶었지만 교실은 시행착오의 연속이었다. 아이를 가르칠 때 사랑과 원칙을 적절히 안배하는 법을 알지 못했다. 너무 차갑게 대하면 아이들이 상처받을까 걱정되었다. 나아가 나쁜 선생님, 불친절한 선생님이란 소리를 듣는 건 더 싫었다. 다정한 선생님이 되고 싶었으니까. 하지만 아이들은 그 다정함을 오래 지속할 수 없는 상황을 곧 만들어 냈다. 내가 여유가 없는 날일수록 그런 일은 더 자주 생겼다.

어떤 날 급한 공문이라도 있어 아침부터 교무실과 연구실을 분주히 오가다 보면 할 일은 많고, 머릿속에서 김이 나며 이맛살이 찌푸려졌다. 수업시간에 누군가 딴청이라도 피우면 결국 참고 있던 불길이 한꺼번에 쏟아져 폭격을 퍼붓는 것처럼 무섭게 화를 냈다. 아이들은 예상치 못한 선생님의 모습에 당황하고 놀랐다. 아이들은 그 불길에 폭격 맞지 않으려고 내 눈치를 보기 시작했다. 아이들과 내 사이는 점점 멀어졌다.

언젠가부터 아침에 교실에 들어가면 웃으며 인사하는 아이보다 눈을 마주치지 않는 아이가 더 많아졌다. 더운 여름날 5교시 수업을 하는데 아이들의 무미건조한 표정과 반응 없는 얼굴이 눈에 들어왔다. 그리고 그때 가르치는 일이 너무 힘들다고 느꼈다.

어디서부터 잘못되었는지 모르는 순간이 왔다.

아이들 가르치는 것이 힘들다고 솔직히 토로하고 뭐라도 교육을 받든지 해야겠다는 나에게 동료가 5박 6일 감수성 훈련을 알려 주었다. 결과적으로 그 5박 6일은 내 인생을 바꾸어 놓았다.

훈련장에는 처음 만난 열여섯 명의 어른들이 있었다. 별칭으로 서로를 부를 뿐 직업도, 나이도 알지 못했다. 그런데도 솔직하게 자신의 어려운 점, 아픔을 털어놓았을 때, 이들은 진심으로 서로 위로해 주고 공감해 주었다. 그런데 정작 나는 위로도 공감도 어려웠다. 뭔가 이상했다. 그날 나는 내가 가진 그림자를 처음 느꼈다. 아니 나의 실체, 나의 본 모습을 처음으로 들여다본 듯했다. 그야말로 충격이었다.

뭔가 내가 아는 나의 '겉마음'과 다른 내가 있었다. 겉마음 한 켠에 숨겨진 '속마음'이 느껴졌다. 그 속마음은 이해심이 깊지도, 공감을 잘하지도, 착하지도 않았다. 나는 태어나서 처음으로 내 엄청난 '마음의 그늘'을 보았다. 내가 모르던, 내 자아 뒤의 어두운 그림자를 목격한 것이다.

자기 잘못으로 인해 남편과 사이가 멀어졌다고 고백한 한 여자분이 있었다. 그런데 나는 그 분의 마음에 다가갈 수 없었다.

'자기가 먼저 잘못했잖아? 그런데 왜 자기에게 위로를 먼저 해 달라는 거지?'

'위로는 남편이 받아야 하는데.'

'여기 있는 사람들은 조언을 왜 안 하지?'

내 마음속에서 도덕적인 잘못에 대한 조언, 판단이 먼저 올라왔다. 그러다 보니 여기 이 자리에 있는 사람들과 내가 다른 세계에 있는 것 같았다.

'나는 앞에 앉은 이 사람의 행동이 공감이 안 돼. 싫고 미운데 다른 사람들이 진심으로 울어 주다니…….'

'왜 나만 다른 감정이지?'

그런 생각을 하다가 정작 내 자신의 아픔과 고민은 털어놓지도 못하고 5박 6일이 끝났다. 마음이 아파서 온 한 사람이 말했다.

"살면서 이렇게 사람이 사람을 안아 줄 수 있다는 것을 여기 와서 느끼고 갑니다."

"사람에게 받은 상처 역시 답은 사람에게 있군요."

"내 마음에 공감해 주어 고맙습니다."

"여러분이 나를 위로해 주며 눈물 흘릴 때 내 분노가 힘을 잃고 내 안에서 멈추었습니다."

'이 느낌은 뭐지? 내가 살면서 느껴 보지 못한 이 느낌은 뭘까?'

실제의 나, 이상적인 나의 차이를 보면서 갑자기 내가 누구인지 궁금해졌다. 내 안에 비집고 있는 상처, 열등감, 그림자, 핵심 감정 등이 궁금해졌다. 내가 느끼지 못하고 만나지 못했던 나를 더 깊이 알고 만나고 싶어졌다.

그 간절함으로 찾은 것이 두 번째 만남인 '속마음 들여다보기' '나' 공부였다. 10여 년간 집단상담, 개인상담, 교사상담 프로그램, MBTI, PET, NLP, 에니어그램 등 심리 연수와 여러 차례의 감수성 훈련, 대학원 공부 등의 심리 트레이닝을 통해 나를 만났다. 내가 숨기고 싶은 그림자와 열등감이 줄줄이 드러났다. 열등한 나와 만나는 두려움, 친밀감에의 두려움 등 여러 가지 깊은 두려움에 빠져 있다는 것을 깨닫게 되었다. 겉마음 안에 있는 것들, 내면아이와의 만남 등을 통해 조금씩 나를 알아 갔다.

나는 '되고 싶은 나' '실제의 나' '해야만 하는 나' 사이를 뛰어다니며, 매일 뒤죽박죽 살아왔다. 나이 서른이 넘어 아이 엄마가 되어서야 그동안 '몰랐던 나' '있는 그대로의 나'를 만나기 시작한 것이다. 내 안에 있는 여러 자아를 만났고, 아직도 만나는 과정에 있다. 있는 그대로의 나를 만나는 과정에서 실수투성이인 나, 부족함덩어리인 나를 만났다.

그 부족한 점을 있는 그대로 바라보며 편안해질 때까지 긴 시간이 걸렸다. '의지'로 꽉 죄었던 삶을 내려놓고 '자기 공감'으로 느슨하게 풀어 주었다. 작년 초부터는 명상을 하게 되었다. 아직 명상을 깊이 있게 하지는 못한다. 달려가다가 잠깐 멈추어야 함을 겨우 아는 정도다. 명상을 하고 나를 공부하며 삶의 모든 것들이 다 나에게 필요한 부분임을 깨닫고 있다. 고통은 고통대로 메시지가 있었다. 큰 고통은 더 큰 배움이 있었다. 그러면서 점점 삶에서 주어지는 모든 것들을 있는 그대로 용납하고, 조금 더 허용하게 되었다.

내가 내 부족한 모습조차 나의 한 부분으로 받아들이고 진심으로 안아 주니 정말 많은 것이 변했다. 그 전에 교실에서 아이들을 만날 때 미처 보이지 않던 것들이 보이기 시작했다. 그것은 아이들의 '속마음'이었다. 모든 아이가 다 저마다의 특별함으로 다가왔다. 부족한 나이지만, 그래도 내가 용납하고 '아끼는 나'인 것처럼 아이도 그런 존재로 이 세상에 왔다는 사실이 가슴 저렸다. 아이 한 명, 한 명을 볼 때 소중함으로 다가왔다. 그 아이가 공부를 잘하든 못하든, 키가 크든 작든, 발표를 잘하든 못하든, 재능이 있든 없든……, 정말 그런 것과 상관없이 그 아이 '속마음'이 느껴지고 보였다.

그게 세 번째 만남인 '아이들 속마음'과의 만남이었다.

숨겨져 있던 아이의 소중한 마음이 보이니 내가 참 편해졌다. 아이들은 시시때때로 마음이 다칠까 봐 불안에 떨고, 누군가 함부로 할까 봐 두려워하고, 상처 안 받으려고 더 화를 냈다. 꼭 나와 같았다. 예전 나의 축소판인 존재들이었다. 이전에는 아이의 행동과 말을 유연하게 다루지 못했다. 문제행동 이면에 있는 아이의 속마음, 욕구를 제대로 몰랐기에 이해해 주지 못했다. 자신의 숨겨진 속마음을 들여다볼 줄 모르니 남의 마음을 이해하지도 느끼지도 못했다. 그러다 보니 어느 순간 의지적으로 다정하다가 불시에 분노가 몰아닥치면 강제적인 권위로 아이들을 통제했고 교실 분위기는 엉망이 되기 일쑤였다.

부족하고 실수 많은 나를 있는 그대로 만나는 과정에서 '아이들 속마음'을 보게 되니 내 교실에서는 정말 내 인생의 선물 같은 기적이 여러 번 일어났다.

서훈이는 작은 체구에 있는 듯 없는 듯 조용한 아이였다. 하지만 3월 초 시행한 학습진단평가 결과 학년에서 꼴찌를 해, 학습 부진 아로 판정되었다. 전 과목 평균 12점이었다. 학년 평균이 75점인 상태에서 다른 반 꼴찌도 50점은 넘었는데 12점이라니 충격적이었다. 부모님을 모셔 대책을 마련하고 싶었지만 부모님은 바쁘다며 오지 않았다.

일단 가지고 있는 검사지로 학습진단 검사를 했고, 남겨서 공부를 가르쳤다. 아이는 4년간 엄마와 아빠의 바쁜 생활 틈에서 외톨이로 지내 와 자존감이 바닥이었고 아무런 의욕이 없었다. 어머니를 설득해 집에서 관심을 가지고 돌봐야 할 것들을 세세히 알려 드렸다.

그때 멘토멘티 프로그램을 만들어 처음으로 시행해 보았다. 멘토멘티로 도와줄 것은 공부보다 먼저 떨어진 자존감을 끌어올리는 것이다. 그런데 아이들이 마음을 열어 서훈이에게 관심을 주고, 배려를 보이자 4년 동안 교실 구석에서 쪼그려 앉아 있던 아이가 조금씩 말을 시작했고, 살아나기 시작했다. 어느 순간이 되니 그 꺼졌던 신호등에 불이 켜졌다. 웃음, 눈물이 돌아왔다. 말이 없던 서훈이가 아이들에게 입을 열었고 '고맙다'고 하기 시작하자 멘토 아이들도 보람이라는 기쁨을 맛보았다. 아이들과의 관계를 회복하면 그 따스해진 마음을 바탕으로 학습도 회복되리라 보았다. 그래서 나는 우리 반 아이들에게 수시로 장담했다.

"서훈이는 지금은 이래도 2학기 되면 70점 이상 맞을 거야. 이렇게 친구들이 도와주고, 사랑해 주는데. 암, 당연하지. 그리고 그날은 우리 반 친구들이 모두 같이 온 마음으로 사랑해 준 결과니까 선생님도 고마워서 피자 파티 쏜다!" 4월 멘토멘티 활동을 시작할 때도 그렇게 말했다.

아이들은 한 아이를 위한 온 마을이 되어 주었다. 쉬는 시간마다 서훈이의 생활도우미 멘토들이 옆에서 서훈이를 도와주었고, 공부 시간이면 각 과목 멘토 아이들이 서훈이를 눈높이 지도해 주었다. 서훈이에게는 친구 멘토, 상담 멘토, 놀이 멘토까지 있었다. 그야말로 우리 반은 서훈이를 위한 또래상담실이 되어 준 것이다.

마음이 회복된 서훈이가 공부를 시작했고 그해 가을 중간평가에서 70점을 맞았다. 나도 울고 우리 반도 울었다. 왜냐하면 우리가 상상했던 기적이 현실이 되었기 때문이다. 아이들이 얼마나 놀라고 좋아했는지……. 나는 서훈이를 업고 교실을 한 바퀴 돌았다. 덩치 작은 내가 서훈이를 업고 한 바퀴 돌 동안 힘든 줄을 모를 정도로 내 맘도 붕붕 날았다. 아이들도 서로 앞다퉈 서훈이를 손가마 태워 준다고 난리였다. 그날은 서훈이 축하의 날로 행복하게 자축하였다.

무엇보다 아이들의 반응이 놀라웠다. 누군가를 진심으로 도와주고 그 아이가 눈앞에서 변화한다는 것이 얼마나 큰 감격인지 체험한 것이다.

"선생님, 서훈이 도와준 게 너무 좋아요. 서훈이가 저를 국어 멘토로 뽑아 준 게 고마워요."

"친구를 도와주고 그 도움으로 좋은 결과를 얻은 걸 보는 게 이렇게 보람 있는 일인지 처음 알았어요."

"앞으로도 힘든 사람 도와줄 거예요. 나도 힘들면 도와 달라고 말할 거예요."

그 순간 아이들의 영혼과 자아가 수직상승으로 성장하는 것을 봤다. 내 가슴이 기쁨으로 부풀어 올랐다. 내가 가르치고자 했던 것보다 더 많은 것을 우리는 서로에게 배웠다. 나는 그 엄청난 배움의 순간을 평생 잊을 수 없을 것이다.

그 이후에도 아이들의 반복되는 변화를 보며 나는 답을 찾았다. 그건 기적도 우연도 아니었다. 필연적인 결과였다. 좌충우돌하는 아이들을 참다가 몰아서 화내고 냉랭해진 분위기에서 악순환을 하던 내 교실이 달라졌다.

그때부터 나는 기적을 일상적으로 기대하는 겁 없는 선생이 되었다. 그건 내 속마음이 품은 것들이 가르침과 중요하게 연결되어 있다는 것을 깨달았기 때문이다. 전에 내가 아이들을 가르칠 때는 내 속마음이 원하는 것, 품은 것을 몰랐다. 그래서 놓치고 헤매고 쓰렸다. 하지만 나는 이제 안다.

내가 내 속마음을 아는 것, 그 마음 깊은 곳의 소리를 듣는 것이 가르침의 시작임을 시간이 가서야 나는 깨달았다. 내가 진짜 원하는 진정한 가르침은 내 속마음 안에 다 들어 있었다. 속마음을 끄집어내 '그 아이만의 한 사람'으로 만나는 것, 그게 가르침이었다. 내 안에 힘이 있었다. 답이 있었다. 그 힘은 아이들을 성장시켰고 나를 다시 성장시켰다. 가르침은 배움이었다.

아이들은 교실에서 수업내용보다 선생님을 있는 그대로 배운다. 교사의 지식, 지혜뿐 아니라 진심을 통해 전달되는 속마음을 그대로 받아들임을 나는 이제 확실히 안다. 존중을 가르치려면 먼저 내 속마음 안에 존중의 말, 행동, 눈빛이 가득 차 넘치는 상상을 한다. 내가 속마음을 존중으로 가득 채워 흘러넘치게 하면 되는 것이다. 내 속마음이 아이 속마음이 된다. 내 말과 행동에서 나오는 존중이 아이를 절로 적실 것이다. 오늘도 나는 가르치는 방법을 찾아다니기보다 내 속마음 안에 무엇이 넘치고 있는지 들여다본다.

내가
나를 만난다는 것

"네 인생의 목소리를 들어 보아라."

―파커 J. 파머

   20~30대, 내 인생의 화두는 '의지'였다. 나의 친구는 내면의 목소리가 아니라 죽을 만큼의 피나는 '노력'이 모인 '의지'였다. 마음만 먹으면 '의지'는 친구가 되어 무엇이든 다 해결해 주었고, 다 이겨 낼 것만 같았다.

   교대에 입학해 2학년이 되어 네 명씩 짝을 지어 지도교수님과 상담하던 날이었다. 그때 나는 난생처음 겪는 강렬한 불쾌함을 느꼈다. 우리 넷 중에는 열세 개 과의 전체 수석인 이연희가 있었다. 한 시간 이상 진로상담을 하는 동안 교수님의 눈길은 이연희에게만 향했다. 나를 포함한 셋은 들러리 같았다. 투명인간이 따로 없었다.

'내가 성적이 바닥인 건 맞는데 그렇다고 이 정도 대접을 받는 건 기분이 나쁘다.'

상담을 마치고 나오며 나는 결심했다.

'내가 공부를 안 해서 그렇지, 하면 이연희보다 못할 게 뭐야?'

그날부터 난 완전히 달라졌다. 도서관에서 하루 여덟 시간 이상을 엉덩이를 붙이고 공부를 했고, 맨 앞자리에만 앉았다. 옆에 앉은 이연희가 필기를 하면 나도 필기를 하고, 교수님을 향해 웃으면 나도 옆에서 웃었다. 공부하는 방법을 모르니 일단은 따라쟁이가 되기로 했다. 결국 2학년부터 300명 중 열 명에게만 주는 성적장학금을 받았고, 졸업 때까지 한 번도 장학금을 놓치지 않았다. 졸업논문도 최우수로 뽑혀 대학신문에 내 논문이 실리기까지 했다. 그때 우선 나에게 가치는 성적이었다. 그리고 그 가치에 물을 준 것은 '의지'라는 노력이었다.

한번 그렇게 몰두해서 다른 사람의 시선을 받고, 선망의 대상이 되는 느낌은 다른 세상으로 나를 안내했다. 일인자의 대접은 너무나 달콤했다. 연구실에 가면 전에는 눈도 안 마주치시던 지도교수님의 눈빛이 달라졌고, 언제나 대환영이었다. 의지 하나만 잡고 달리면 인생에는 어떤 기적도 일으킬 수 있는 것처럼 느껴졌다. 이 세상에 맘만 먹으면, '의지'만 세우면 안 되는 것이 없다는 것을 믿게 되었다.

시간이 지나 2000년, 야간 교육대학원에 입학을 했다. 막상 시작하니 도저히 교사, 엄마에 학생까지 병행할 수 없었다. 결국 대학원을 중단했다. 그해 나는 좌절된 배움에 대한 열망을 잠재우려고 전국현장연구대회에 참여했다.

현장연구대회는 한 해에 전국에서 2만 명이 응모하는 최고의 연구대회다. 시, 도, 전국단위 입상작을 추리고 그 단계에 따라 승진에 필요한 연구점수가 부여되는 대회로 당연히 경쟁이 치열하다. 모두들 나에게 연구사, 장학사, 현장연구전문가의 도움을 받아서 논문을 써야 입상이 가능하다고 했다. 하지만 당시 나는 승진에 관심도 없었고, 점수보다 대학원을 붙어 놓고도 포기할 수밖에 없었던 아쉬움을 잠재우려고 연구대회에 참여한 것이기에 입상에 별 관심을 두지 않았다. 그래서 누구의 도움도 받지 않았고, 심지어 논문의 기본 틀만 지키고 나머지는 내 마음대로 자유롭게 작성을 했다.

당시 6학년 아이들을 담임했는데 연구주제에 맞는 3단계 프로그램을 기획해 1년을 꼬박 실천했다. 토요일마다 학교에 늦게까지 남아 아이들과 집단상담을 한 것만 몇 달이었다. 연구결과를 겨울방학에 논문으로 작성했는데 한 달 가까이 하루에 한두 시간씩 자며 마무리했다.

"문 열면 쓰러져 있을까 봐 걱정이다. 잠 좀 자면서 해라." 남편이 걱정이 많았다.

  결과는 기적이었다. 연구전문가의 지도를 받지 않으면 시 대회 통과도 쉽지 않다고 했는데 전국대회 본선에 진출했다. 본선 결과는 더 놀라웠다. 대통령상 바로 밑 국무총리 겸 교육부장관상을 받았다. 2만 명 중에 2등을 한 것이다. 누구의 도움도, 지도도 받지 않은 투박하기 그지없는 내 연구를 세상이 주목해 준 것이 신기했다. 그리고 내 생각대로 밀고 나간 나의 끈질긴 '의지'에 스스로 박수를 치게 되었다. 앞으로도 삶에 이런 기적이 생길 것이며, 의지가 나를 잘 이끌어 줄 거라고 믿게 되었다.

  하지만 친구로 오래오래 손잡고 갈 줄 알았던 '의지'는 거기까지였다. 갑작스레 남동생이 위암 진단을 받았다. 전화기 너머에서 엄마는 오래도록 울었다. 소화가 계속 안 된다고 소화제만 먹다가 위내시경을 했는데 위암 3기라는 거였다. 아직 결혼도 안 한 남동생, 하나밖에 없는 우리 집 귀남이의 발병은 엄마를 절망에 빠뜨렸다. 자랄 때 딸 넷보다 늘 먼저 챙겼던 우리 집 기둥, 그 기둥이 쓰러졌으니 엄마는 하늘이 무너지는 듯 아프셨을 것이다. 우리 집안에 먹구름이 몰려온 것 같았다.

  항암치료를 몇 차례 하고, 병원에 입원을 하면서 잘생기고 살집도 있던 동생은 대꼬챙이처럼 말라 갔다. 정말 손을 잡으면 가죽만 남았다는 말이 뭔지 느껴질 정도로 손에 있던 살이 다 빠져 나갔다. 음식 만드는 것을 좋아해 늘 이것저것 요리해 주던 동생이었다. 그 미식가 동생이 위를 거의 다 잘라 내고 죽만 먹었다. 동생의 신경이 예민해졌다. 엄마는 그 투정을 다 받아 가며 동생을 돌봤다.

위암 수술 후 희망이 잠시 오기도 했다. 암에 좋다는 것들을 열심히 구해다 먹이고, 그 힘들다는 항암치료를 잘 이겨 내 점점 나아질 것 같았다. 하지만 갑자기 암이 임파선까지 전이되어 동생은 응급실에 실려 가는 일이 많아졌다. 극심한 통증에 모르핀 수준의 주사를 맞고도 밤새 소리를 지르기 일쑤였다. 결국 암은 온몸으로 전이되었다. 여러 합병증이 왔고 복막염으로 구급차를 타고 이송되던 중 동생은 떠나갔다. 2년 반의 투병 끝이었다.

동생을 보내고 나서 어렵게 구해 준 산삼 세 뿌리 중 두 뿌리를 발견했다. 아껴서 천천히 먹는다고 남겨 놓은 것이다. 그 산삼 두 뿌리를 앞에 놓고 온 가족이 울었다. 그 후 엄마는 하늘을 보지 않으려 하셨다. 하지만 그 일은 우리 집에 찾아온 먹구름의 서막이었다.

동생이 하늘로 떠난 지 1년, 한 통의 전화가 걸려 왔다. 친정아버지가 음주 뺑소니차에 치이셨다는 것이다. 나는 갑자기 앞이 캄캄해 병원으로 정신없이 달려갔다. 아버지는 저녁 식사를 마치고 어머니의 감기약을 사러 시장에 다녀오던 길이었다. 언덕 위에서 차 한 대가 질주해 내려와 아버지를 덮쳤다. 아버지는 차 앞창에 먼저 부딪치고 곧 아스팔트 바닥에 머리를 부딪치셨다. 취해 있었던 운전자는 당황해 길에 쓰러진 아버지를 버리고 도주를 했다. 마침 지나가던 사람이 아버지를 발견하고 119에 신고해 병원으로 이송될 수 있었다. 만약 조금만 늦었다면 아버지는 더 큰 화를 당하셨을 거였다. 다행히 병원에 도착하자마자 뇌수술을 해 일단 생명의 위기는 넘겼다. 현장에 가 보니 아버지의 구두 한 짝이 저쪽 인도 너머로 날아가 구겨진 채 나뒹굴었고, 안경은 다 깨져서 아스팔트 바닥에 아무렇게나 널브러져 있었다.

불과 1년 만에 또다시 감당하기 어려운 아픔이 찾아왔다. 청천벽력이 바로 이런 것을 두고 하는 말인 듯했다. 아버지는 처음 1~2년간은 간간히 이런저런 말씀도 했고, 엉금엉금 화장실도 다녀오셨다. 그런데 점점 혀가 굳어 말을 하지 못하게 되었고, 침까지 흘리셨다. 걷는 건 고사하고 일어나 앉지도 못하셨다. 씹지 못해 목에 구멍을 뚫어 영양소를 넣어 주었는데 그 구멍이 곪고 호흡기에 문제가 생겨 직접 위에 구멍을 뚫고 관을 연결하게 되었다. 그러다 합병증이 몇 개나 생겨 간병인이 상주해야 했다. 뇌수술을 두 번이나 받으셨지만 그 후유증이 커서 외상성 치매가 찾아왔고 결국 뇌병변 1급 장애인이 되셨다.

아버지를 치고 달아났던 운전자는 곧 잡혔고, 감옥에 갇혔다. 감추어 둔 승용차를 찾아내 보니 앞창이 거의 산산조각이 나 있었다. 운전자의 어머니가 아들을 용서해 달라고 매일같이 병원에 찾아왔다. 시골에서 농사를 짓다 급하게 올라온 듯했다. 아무렇게나 걸친 색 바랜 재킷, 꼬질꼬질한 바지와 흙이 여기저기 묻은 낡은 단화를 신은 칠순 노인은 다리를 절고 있었다.

하루 종일 엄마 근처를 서성대며 "아들이 돈이 없다. 내가 아들을 잘못 키웠다. 노름을 해 재산을 다 탕진해 월셋방에서 산다. 부인도 살다 살다 포기하고 아들만 데리고 집을 나갔다." 등 신세한탄을 했다. "돈 없는 사람 영창 살리면 뭐하나?"라고 일주일을 매일같이 찾아와 울고불고 매달렸다. 한 번만 용서해 달라는 것이었다.

엄마와 딸만 넷인 집, 맏딸인 내가 결정을 해야 했다. 나는 돈으로 보상이 될 일이 아니라고 생각했지만, 매일 찾아오는 애끓는 모정에 측은지심이 들었다. 심사숙고하다 그 정도 선에서 용서해 주기로 결정했다. 엄마도 내 의견을 따라 탄원서와 합의서를 써 주었다. 칠순 노인은 "반드시 은혜를 갚겠다. 잊지 않겠다."라고 했다.

그러나 그것으로 끝이었다. 그 후 그 노인과 아들은 단 한 번도 찾아오지 않았다. 점차 아버지 병세가 악화되면서 그 노인과 아들이 밉고 섭섭해졌다. 그렇다고 이미 합의한 이상 번복할 수는 없었다. 엄마는 힘들 때면 내게 전화하셔서 속상하다고 우셨다. "왜 용서해주라고 했냐?", "억울해서 자다가도 벌떡 일어나게 될 정도로 화가 난다."라고 말씀하시며 우셨다.

그럴 땐 내 마음에도 비가 온다. 가슴이 막히고 답답해진다. "그 당시 사람이 갇혀 있었고, 용서는 우리가 할 수 있는 최선이었어. 아마 다시 그 시간이 와도 엄마랑 나는 같은 결정을 했을 거야."

"엄마, 판단, 심판은 하나님 몫이야 울지 마, 엄마."

"엄마, 그렇게 생각해도 많이 힘들지?"

그럴 때 엄마는 "그래 네 말이 맞다." "고맙다." 하시면서 금세 또 우신다.

중간에 아버지가 잠시 정신을 차리셨을 때가 있었다. 그때 아버지는 병원에서 주는 수면제를 모아 두셨다가 한꺼번에 수십 알을 드셨다. 그날따라 깨우지 말라는 아버지의 부탁이 이상해 살피다 약병을 본 어머니가 119를 불러 아버지를 응급실로 옮겼다. 그 이후 아버지는 사람을 알아보지 못하셨고 약을 드시지도 못했다.

만 12년이란 시간을 투병하며 고생하신 아버지는 올 6월 말 하늘나라로 떠나셨다. 긴 병에 효자 없다지만 우리는 좀 달랐다. 특히 어머니의 정성 어린 보살핌은 그 긴 시간 동안 한결같았다. 그래서 아버지는 쉽게 떠나지 못하셨을 것이고 떠나시는 길도 외롭지 않았을 것이다.

친정에 다가온 어두운 먹구름이 13년째 머무르는 동안 맏딸인 내가 어머니를 돌봐 드려야 했다. 아버지가 다치신 그해 말, 연구점수가 다 차 승진 준비를 할 시기였다. 그때 고심하다 간병휴직을 냈다. 교장, 교감선생님이 많이 말리셨다. 부모님은 다시 돌볼 수 있다고, 나중에 후회한다고 말이다. 하지만 나는 간병휴직을 선택한 그 시간을 후회하지 않는다. 가족의 아픔과 고통을 함께하며 나는 많은 배움을 얻었다.

간병휴직 3년, 연수휴직 3년. 총 6년을 학교에서 떠나 있었다. 복직 이후 엄마가 외로울까 봐 일주일에 한 번씩 집으로 택배를 보냈다. 자주 갈 수 없는 큰 딸이 엄마 옆에 있다는 표시를 해 주고 싶어서였다. 엄마가 좋아하는 영양제, 과일, 오징어, 홍삼부터 휴지 같은 사소한 것도 보냈다. 엄마도 고통 속에서도 나름 의미를 찾아내 오히려 나를 위로해 주실 때도 많았다.

아버지를 12년 동안 간병하시며 옆에서 가슴을 졸이느라 엄마의 마음도 참 많이 바뀌었다. 처음에는 '아버지가 살아서 다행'이라고 '감사하다. 고맙다'고 하셨다. 지극정성으로 간병을 하시다가 또 어느 날은 '화가 난다'고, '억울하다'고 하셨다. 아버지에 대한 고마움과 섭섭함이 수시로 교차했다. 가해자에 대한 마음도 불과 물을 오가며 요동을 쳤었다.

마음이 조삼모사로 바뀌는 투정꾼 같은 우리 엄마의 웃음과 눈물 뒤에는 무엇이 있을까? 엄마의 맨 얼굴은 무엇이었을까? 마음이 힘들 때는 '괜찮아, 그럴 수 있어', '내가 옆에 있어 줄게', '많이 힘들지?' 하는 공감으로 묵묵히 기다려 줄 사람이 필요하다. 가장 따뜻한 위로는 '네 맘을 나는 알아, 넌 혼자가 아니야'다. 대개 상실극복의 과정에서 지속적 공감의 힘은 엄청난 긍정 가속도를 낸다. 엄마 마음의 맨 얼굴을 나는 이제 안다. '엄마만의 단 한 사람', 그 마음을 알아줄 단 한 사람이 필요했다는 것을 말이다.

'내 존재를 만난다는 것'

엄마가 긴 고통의 시간을 눈물로 겪어 내는 동안 그 옆을 지켜 주며 나는 깨달았다. 그 어떤 대상도 존재를 채워 주기엔 너무 불완전한 것이라는 것을 말이다. 내가 가지고 있는 모든 것, 돈, 명예, 지위, 심지어 내 생명까지도 다 유한하다. 하루아침에 변할 수 있고 없어질 수도 있다. 하지만 변하지 않는 것이 하나 있다. 지금까지 내 삶에서 나를 살아오게 한 힘은 어떤 대상이 아니었다. 가장 힘든 때에도 내 인생의 희열은 가슴이 기뻐하는 일을 하는 순간의 '과정'이었다.

삶이 숨 막히도록 버거울 때에도 '선생님'으로서 가르치는 일은 변함없이 나의 가슴을 뛰게 했다. 내가 아무리 힘들고 아파도 학교에는 아이들이 기다리고 있었고, 아이들을 만나면 아이 마음이 보이고 느껴졌다. 가족의 아픔, 고통으로 어려움이 가득한 순간에도 우리 반 아이들에게는 여전히 기적이 일어났다. 그건 언제나 내가 '선택'만 하면 가능했다.

나는 '생각보다 강하고 생각보다 두려움이 없는 존재'라는 것을 깨달았다. 불행이 몰아닥치는 가장 어두운 순간 모든 게 다 무너져도 무너뜨릴 수 없는 것이 있었다. 그건 내가 아무리 불행할 때에도 '가슴 뛰는 순간을 선택'할 수 있는 힘이 있다는 거였다. 그 힘은 힘든 시간 속에서도 내가 소중히 여기는 것을 놓지 않을 힘을 주었다. 반 아이들을 정성으로 만나 주고, 돌보아 주었다. 결국 아이가 엄청나게 성장하는 기적의 결과를 가져왔다는 것이 그렇게 감사하고, 내 스스로가 그렇게 대견할 수가 없었다.

아이의 성장을 만날 때 내 영혼은 수직으로 성장을 했다. 내가 나를 그렇게 칭찬하고, 진심으로 멋지다고 자랑스러워 한 순간이 있을까. 내 자존감이 그렇게 수직상승을 하니 모든 것이 달라졌다. 어떤 어려운 상황이 와도 내 존재를 믿을 수 있다는 확신이 들었다. 그건 삶에서 아무도 대신해 줄 수 없는 어떤 관문을 통과한 후에 느낄 수 있는 것이었다. 이전의 평온한 인생에서 전혀 느낄 수 없었던 확신이 가장 힘든 인생의 터널을 지나고 나서야 느껴진 것이다.

내 존재의 불변하는 힘은 지금 할 수 있는 일 중에서 아주 작은 것이라도 '가슴 뛰는 일을 선택'할 수 있다는 것이다.

이후 나는 두려움이 없는 선생이 되었다. 그 어떤 아이도 있는 그대로, 존재 자체로 사랑해 주고 만나 줄 수 있다는 것을 깨달았기 때문이다. 그건 어려운 일이 아니었다. 새 학기마다 '의지'라는 친구를 불러와 힘들여 펌프질 해야 만날 수 있는 것이 아니었다. '큰 나', '원래의 나'가 주는 저절로 하나 가득 올라오는 내 안의 큰 힘이었다. 마냥 선물같이 주어지는 '따스한 에너지'였다.

내가 나를 믿는다는 것은 '의지'와는 전혀 다른 느낌이었다. 그것은 죽을 만큼의 노력으로 되는 '의지'가 아니라, 내가 행복해서 지속할 수밖에 없는 '정성'의 연속이었다. 내가 좋아서 하는 것은 재미가 있고, 즐겁다.

1학년을 맡은 해, 1년 동안 거의 매일 찍은 사진 1만 장을 한 달에 걸쳐 편집해 DVD로 만들어 주었다. 봄에는 반 아이들과 쑥을 직접 캐서 몇 주일간을 냉장고에 모았다가 쑥절편을 만들어 주고, 가을에는 내가 집에서 직접 반죽해 온 색색의 송편반죽에 네 가지 소를 넣어 송편을 만들어 찌는 추억도 만들었다. 아이들과의 만남에서도 가슴 뛰는 일들의 연속이었다. 내 에너지, 내 손길 닿는 곳에 '어린 영혼의 성장'이 있음을 볼 때 자잘한 교실 일상이 재미가 있었다. 순간순간 기쁨이고 보람이었다.

두려움은 불안한 마음에서 온다. 변하는 것에 삶이 강하게 휘둘려 두 번을 내동댕이쳐지고 보니 답은 이미 내 안에 와 있었다. 돈, 명예, 지위 등은 변하는 것이고 외부대상이다. 변하는 것에 매달려 있는 삶은 당연히 매일을 불안 속에 살 수 밖에 없다. 오늘의 안정이 내일의 안정이 될 수 없다.

그렇다면 변하지 않는 것, 더 근본적인 것은 무엇인가? 바로 내 존재와 만나는 것이다. 그리고 그 만남은 가끔 고통과 함께 찾아오기도 한다. 누구나 행복하기만을 바라고, 나 역시 그랬지만, 찾아온 삶의 파도와 고난은 나를 내 안의 목소리, 존재와 만나게 하는 계기가 되어 주었다. 그때는 몰랐다. 이런 아픔 또한 내 인생에 축복일 수 있다는 것을.

내 존재와 만난다는 것은 무엇인가? 내 안에 있는 '큰 나', '원래의 나'와 만나는 것이다. 아무리 의지가 넘쳐도, 아무리 많은 것을 가져도 행복은 보장할 수 없다. '큰 나'는 흔들림 없는 행복의 길을 알려준다.

윤석준의 책 《왓처》를 보면 '왓처'란 생각과 감정이 걷히면 드러나는 찬란한 태양과 같이 순수한 열정과 기쁨, 그리고 사랑으로 충만한 상태를 말한다. 너와 내가 없고 무한히 넓고 아름다운 마음, 그 큰 마음이 왓처다. 바로 이 '왓처'와 '큰 나', '원래의 나' 는 같다.

'큰 나', '원래의 나'는 누구인가? 그것은 가슴 깊은 곳으로부터 나오는 순수한 사랑의 상태다. 가슴에서 종이 울리는 순간, 내 영혼이 울림으로 나에게 말을 걸어오는 순간에 만날 수 있다. 내 양심, 순수한 기쁨, 열정, 따스함이 발동하는 순간의 '나'이다.

가장 자주 만나는 내 존재, '큰 나'는 어린 영혼에 대한 '측은지심'이 발동하는 순간의 '나'였다. 어린아이들이 유난히 문제를 일으킬 때, 처음에는 황당하다가 나도 화가 난다. 그러다가 어느 순간 아이의 아픈 마음에 대한 측은지심이 생길 때가 있다. 그때 나는 한없이 넓어지고 따스해지며 또 다른 내가 된다. '큰 나'와 만나는 순간은 평범한 내가, 화나고 지친 내가 '어린 영혼의 성장'을 만드는 창조자 모드로 날 데려간다.

'큰 나'로서 선택한 일은 나에게 그 자체로 과정의 기쁨을 준다. 내 스스로 준비하는 정성, 따스한 마음의 과정만으로도 기쁘다. 가르치는 일, 기다리는 일, 말, 행동 등이 참 즐겁다.

'내 안에 답이 있다'는 말, '내 존재와 만나라'는 말을 나는 너무나 좋아하고 사랑한다. 왜냐하면 그게 정답인 것을 지금은 확실히 알기 때문이다. 내 안에 나와 만나는 시간, 내 존재와 만나려는 의지는 나에게 주는 가장 큰 선물이다. 그 시간이 있었기에 내 지금이 있다. 내 존재는 내 영혼이 평온해야 나에게 다가온다.

'어떻게 지내는지?' '오늘은 안녕이니?' 하고 내 안의 나에게 수시로 묻는다. 그래서 '안녕 아닌 날'은 달리지 않고 멈춘다. 내 영혼과 속도를 맞추려고 잠깐 걸음을 멈춘다. 내 영혼이 평온한 날 나는 비로소 내 존재가 느껴지고, 그때서야 어린아이들의 마음과 만날 준비를 마친다.

내 존재로 느끼고, 내 존재로 말하고, 내 존재로 설레는 느낌이 뭔지 안다. 그냥 내 안의 목소리로 사는 것이다. 그건 온리 원only one 이라서 경쟁도 없다. 그래서 더 평온하고 따스하다. 나로 살 때의 에너지는 남으로 살 때의 에너지의 백 배, 천 배로 나를 채운다. 내가 나를 만나 주니 내 존재가 펄떡이며 나를 채운다. 펄떡이는 심장소리, 떨림, 온기, 뜨거움이 매 순간 나와 함께 살아간다. 나는 지금 이 순간 내 안에서 오는 목소리를 따라 살아 있음을 느끼고 있다.

우리는 살면서 어떤 진리와 가치관에 따라 살 것인지 시시 때때로, 알게 모르게 결정한다. 그런데 내 내면에서 말하는 목소리를 자세히 들어본 적 있는가? 내 안의 '큰 나'는 나를 너무나 사랑하기에, 내 영혼이 가야할 길을 안내하려고 나를 멈추게 한다. 나는 가끔 멈추어 내 안의 목소리를 가만히 듣기만 하면 된다. 힘들 때는 나를 안아 주고, 헤맬 때는 나를 안내해 주는 내게서 나오는 목소리를 들으려 한다. 바깥에서 힘들게 찾아다니지 않아도 된다. 그래서 난 혼자지만 혼자가 아니다. 그래서 외롭지 않다. '의지와 노력'보다 '내 존재' 자체가 답인 이유다.

그것이
나에게 어떤 의미일까?

작은 변화를 원하면 하는 행동을 바꾸고

큰 변화를 원하면 보는 관점을 바꿔라.

—스티븐 코비

미국의 기능주의 심리학자이며 철학자인 제임스William James는 '사람이 내면의 태도를 바꾸면 삶의 외면도 바꿀 수 있다'고 한다. '로고테라피logotherapy'(의미요법)라는 심리치료기법을 창시한 심리학자 빅터 프랭클Viktor Frankl도 비슷한 말을 했다. 인간의 가장 큰 힘은 극단적인 괴로움 속에서도 자신의 존엄성을 외부 상황이 아니라 삶의 의미에서 찾으려는 '내면의 태도'라는 것이다.

로고테라피의 세 가지 개념은 '자유의지 freedom of will', '의미를 찾으려는 의지 will to meaning', 그리고 '삶의 의미 meaning of life'이다. 인간은 스스로 선택하고 결정할 수 있는 존재라는 것, 그리고 삶의 의미를 찾아내려는 의지를 가진 존재라는 것이다. 이 의미는 스스로가 부여하는 것이다.

'왜 살아야 하는가?'

빅터 프랭클 박사는 아우슈비츠 강제수용소에 끌려갔다가 살아 돌아온 사람이다. 그는 어떤 인간적인 가치도 상실된 삶의 바닥을 경험했다. 많은 학살의 순간을 직접 보면서 그는 강제수용소에서 살아남는 법을 조금씩 깨닫기 시작하였다. 그것은 바로 삶의 의미를 찾는 것이었다. 수용소에서 사람들이 '의미추구의 의지'를 잃었을 때 곧 죽는다는 것을 발견하였다. 사람을 살아가게 하는 건 의미추구의 의지라는 것이다. 결국 "왜 살아야 하는지 아는 사람은 그 어떤 상황도 견뎌 낼 수 있다."라고 한 니체의 말을 믿게 되었고 이 경험을 바탕으로 '로고테라피'를 만들었다고 한다. 의미는 '왜 why'의 문제다. '왜'는 '내게 주는 의미'다.

나는 지금 왜 이 일을 하는가? 오랫동안 잊고 지냈던, 그래서 어딘가 텅 빈 채 살아온 바로 그 질문을 지금 던져야 할 때다. 무엇을 할 것인지, 어떻게 할 것인지 보다 더 중요한 내 가슴이 뛰게 하고 영감을 품게 하는 바로 그 핵심 질문이 '왜why'다.

삶을 유지하게 하는 월급, 교사라는 직함, 책임과 의무들, 그 밑에서 잠자고 있는 '왜'를 들여다보자. 누군가 선생님께 "무슨 일을 하느냐?"라고 묻는다면, 대부분 어렵지 않게 대답할 것이다. 또 "그 일을 어떻게 해내고 있느냐?"라고 방법이나 노하우를 묻는다 해도, 나름의 좋은 학급경영 아이디어, 수업사례, 생활지도 방법 등을 알려줄 수 있을 것이다. 그러나 누군가가 "선생님은 왜 그 일을 하느냐?"라고 묻는다면? 월급이나 직함, 책임과 의무들, 노하우, 사례 등은 그 답이 될 수 없다. 그것은 그 일을 해낸 결과일 뿐이다.

'왜'라는 질문이 묻는 것은 내가 그 일을 하는 이유, 신념, 목적이다. 왜 하는가, 자신에게 끊임없이 되묻고 생각하는 것이 '그 아이만의 단 한 사람'인 선생님이 되는 핵심이다.

어느 날, 화장실 갈 시간도 없이 바쁜 나에게 묻는다.

너는 '왜' 여기에 있니? 여기 있는 '의미'는 너에게 뭐지?
너는 '왜' 교사가 되었니? 교사가 된 '의미'는 너에게 뭐지?
너는 '왜' 가르치는 일을 하고 있니?
네가 이 일을 하는 '의미'는 뭐지?

사이먼 사이넥의 《나는 왜 이 일을 하는가?》를 읽다 보니 이런 물음이 얼마나 소중한 건지 또 느끼게 된다. 어떤 일의 '방법how'과 '결과, 이익what'보다 그 일을 하는 이유, 즉 '왜why'가 행동을 지속하게 한다는 것이다. '왜why'는 어떤 일의 의미다. 그 의미가 가치 있는 일, 아름다운 일, 소중한 일일 때 우리 영혼이 반응하고, 행복감을 주기에 그 행동이 지속된다.

나도 아이들을 가르치며 힘든 시간이 많았다. 교사로 살아오면서 나름 열심히 살아왔고, 아이들에게도 정성을 다했지만 점점 마음과 몸이 지치고 가르침의 한계에 다다른 느낌이 들 때가 많았다. 원인을 생각해 보니 특히 힘든 것이 관계였다. 아이들과의 관계, 학부모와의 관계는 늘 새로운 숙제를 안겨 준다. 예전과 달리 사회적으로 교사에 대한 존경심은 사라지고, 아이들도 학부모도 여유가 없다. 특히 주인공인 아이들의 삶이 점점 더 여유가 없어졌다. 놀 여유, 책 읽을 여유, 생각할 여유가 줄어들었다. 그렇게 바쁜 아이들이니 교사와 아이들 사이에서도 여유가 없다. 6교시 땡 치고 나면 아이는 1분만 늦어도 불안해 표정이 바뀐다. 바로 학원버스를 타야 하기 때문이다. 좀 남겨서 이런저런 대화를 하며 아이 마음을 돌봐 주려 해도 아이가 선생보다 더 바쁘고, 엄마들은 더욱이 바쁘다. 교사와 학부모 소통의 여유는 더더욱 멀게만 느껴지는 현실이다.

나름대로 아이들과의 대화, 학부모와의 소통문제를 해결하기 위해 비폭력대화, 감정 코칭 교육방법과 원리를 열심히 배웠다. 열심히 배우는 데 집중해 점점 자격증이 늘어나고 지식도 많아졌다. 그야말로 새로운 학습 기법, 새로운 학급경영 방법의 홍수시대, 노하우의 홍수시대다. 인디스쿨, 아이스크림 등의 온라인 연수원에는 정말 엄청난 노하우, 정보가 넘쳐나고 있다. 하지만 배운 만큼 교실에서 변화가 일어나고, 아이들, 학부모와 좋은 관계를 만들어 점점 더 행복한 선생님이 되었는가? 지금까지 좋은 선생님이 되기 어려웠던 것이 지식, 정보, 배움, 노하우 등 방법이 부족해서였을까?

기법을 많이 배운다고 교실에서 행복한 교사가 되지 못한다. 아이들 존재와 먼저 만나야 한다. 그러기 위해서 '왜why'를 품는 것이 먼저다. 그러면 저절로 아이들에게 진심으로 다가설 수 있다. 아이와 만나려면 내 눈도, 내 맘도 아이를 향해 멈추어야 한다. 아이들 존재와의 만남은 내 안에 그 멈출 힘이 있어야 하고, 그 힘은 'what'이나 'how'가 아닌 'why'가 준다. 논리와 이성이 주인인 머리에서 오지 않는다. 그 힘은 가슴이 준다. 감동, 느낌, 영감, 직관이 주인인 가슴에서 나온다.

행복한 교사의 힘은 가슴이 답이다. 가슴은 무의식의 영역, 우뇌의 영역, 신념의 영역이다. 가슴이 반응하지 않으면 아이들 영혼과 만날 수 없고, 지속적으로 가르침을 유지해 나갈 수가 없다. 교육은 가끔 하는 이벤트가 아니다. 매일매일 보이지 않는 콩에 믿음으로 물을 주는 것이다. 모두가 콩나물이 될 날을 상상하면서 말이다.

'왜why'는 희망, 꿈, 가슴, 직관, 영감이 주는 것이다. 내가 누구이며, 교사로서의 신념은 무엇이고, 나의 왜why는 무엇인지가 내 가슴을 떨리게 한다. 내 진심을 담게 한다. 그럴 때 나의 시선은 많이 달라진다. 아이들을 보는 눈, 수업을 보는 눈, 학부모를 보는 눈, 모든 것이 말이다. 점점 늘어만 가는 학교 업무에 치여 아이들을 바라볼 여유가 없어져 슬픈 날이 많다. 하물며 왜why 없이 가다가는 머지않아 정서적으로 소진되어 쓰러질 것이다. 정서적 소진에 내 영혼이 잡아먹히지 않고 웃으면서 이 길을 가려면 내가 누구인지, 내가 왜 이 일을 하는지 내 가슴에게 답을 물어야 한다.

한국심리학회의 '심리학용어사전'(2014. 4)에서는 '소명'의 뜻을 사람들이 일에 대해 가지는 관점이나 태도라고 정의한다. 사람들은 같은 직업을 가져도 다른 관점을 취하기 마련인데, 이는 일을 바라보는 사고의 틀framework이 다르기 때문이다. 로버트 벨라Robert

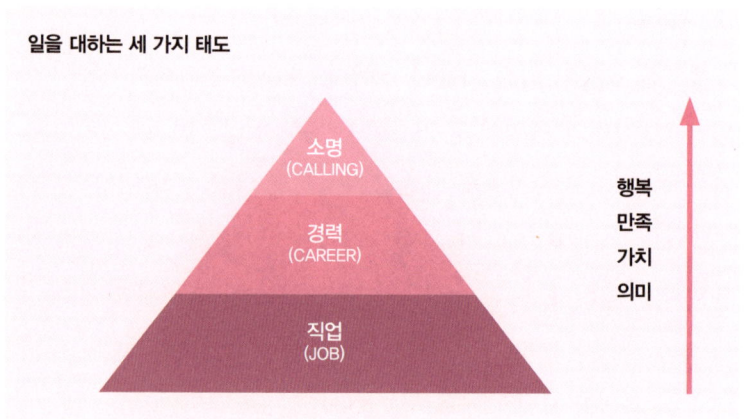

Bellah는 저서 《미국인의 사고와 관습》에서 개인이 일과 관계 맺는 방식을 직업job, 경력career, 소명calling으로 구분했다.

첫째, 자신의 일을 직업으로 보는 사람은 일을 통한 물질적 보상에만 관심을 가지며, 성취감과 같은 다른 보상에는 관심을 갖지 않는다.

둘째, 자신의 일을 경력으로 보는 사람은 일에 개인적인 투자를 많이 하며 조직 내에서 승진을 중요시한다. 일을 경력으로 인식하는 사람에게 일의 목적은 직장 내에서 수입, 사회적 지위, 권력, 명성을 최대화하는 것이다.

셋째, 자신의 일을 소명으로 인식하는 사람은 일을 자신의 삶과 구별할 수 없는 것으로 생각한다. 소명을 지닌 사람에게 일의 목적은 금전적 보상이나 승진이 아니라 일을 통해 깊은 성취감을 얻는 것이다.

뉴욕대학교의 심리학자 에이미 위르제스니스키Amy Wrzesniewski는 이런 직업, 경력, 소명이라는 카테고리에 근거하여 사람들의 직업성향을 연구했다. 그녀는 일의 내용이나 성격에 관계없이 자신의 소명을 따르고 있다고 느끼는 사람이 일에서 더 큰 만족감을 경험하고, 삶에서 더 큰 행복감을 느끼는 것을 발견했다.

자신의 일에 의미를 부여하는 것은 어떤 직업에 종사하느냐가 아닌 개인의 믿음과 태도에 달려 있다. 같은 일을 하는 사람들도 각자의 인식의 틀에 따라 일에 대한 태도가 서로 달랐다. 의사가 자신의 일을 직업으로 인식한다면 돈벌이가 되고, 청소부가 자신의 일을 소명으로 인식한다면 자신의 일이 세상을 더 건강한 곳으로 만드는 데 기여한다고 생각할 수 있는 것이다.

누가 나에게 왜 선생님을 하고 있느냐고 묻는다면?

가르치는 일이 내 삶을 성장시키고, 내 삶에 기쁨을 주기 때문이라고 답할 것이다. 아이 한 명을 살리는 일은 우주를 돌보는 일이다. 사랑으로 누군가의 삶을 성장시키는 일이기에 내 가르침은 의미가 있는 일이다. 그래서 나의 '왜why'는 소명이다.

마음이
뭐라 말하는지 들어 봐

가르친다는 것은 자신의 영혼에 거울을 들이대는 행위다. 만약 내가 그 거울을 들여다보면서 거기에 나타난 풍경으로부터 도망치지 않는다면, 나는 자기지식 self-knowledge 을 얻을 수 있다. 나 자신을 안다는 것은 학생과 학과를 아는 것만큼이나 중요한, 훌륭한 가르침의 필수 사항이다.

만약 내가 나 자신을 모른다면, 나는 내 학생이 누구인지 모르게 된다. 나는 반성 없는 생활의 그림자 속에서 검은 안경을 쓰고 학생들을 보게 된다.

—파커 J. 파머 《가르칠 수 있는 용기》

가르치는 사람은 누구인가? 교사의 가르침은 프로그램이나 지식에서 나오는가? 많은 프로그램을 배우고, 더 많은 교육 방법과 지식을 배울 때 훌륭한 교사가 되는가? 가르침의 가장 소중한 원천은 무엇일까?

파커 J. 파머는 미국의 존경받는 교육 지도자이자 사회운동가로 손꼽히며 나의 내면 스승이기도 하다. 그는《가르칠 수 있는 용기》에서 고백한다. "진정한 소명의식은 교사 내면의 목소리에서 나온다. 나의 진정한 자아를 존중하라." 나의 진정한 자아가 좋아하는 일, 원하는 일, 즐거운 일을 할 때 나는 행복하다. 외부의 기대치, 주변의 상황에 따라 어떤 일을 해 나갈 때 단기적으로는 성공, 성취의 기쁨이 따를지라도, 장기적으로는 나의 자아에 해를 입히게 된다. 내가 나 자신을 해치면 결국 아이들을 해치게 된다.

가르침은 '나의 영혼'과 '아이의 영혼'이 연결되었을 때 시작된다. 내 자신이 '내면의 목소리'에 연결되어 있을 때 아이의 '내면의 목소리'를 느끼고 소통할 수 있게 된다. 진정한 소통은 영혼의 연결로부터 온다. 내 영혼 깊은 곳의 느낌과 목소리에 귀를 기울이는 것이 중요한 이유다. 그 '내면의 목소리'를 아는 것이 진정한 가르침의 시작이다.

아무리 힘든 일을 하고 있어도 그 일이 진정 자아가 좋아하는 일이라면 기쁨이 따를 것이다. 나의 존재 이유, 즉 정체성과 관련이 없는 어떤 일을 계속 하고 있다면 나의 본성은 계속 허기가 질 것이다.

내 영혼을 지치게 만들 것이기 때문이다. 내 자신의 자아의 정체성과 그 정체성에 맞는 일을 하고 있는지? 늘 나에게 묻는다. 내 영혼의 정체성에 일치하는 방향으로 살아간다는 것은 무엇인가? 그것을 알기 위해 내 마음의 소리에 아주 주의 깊게 귀를 기울여야 하는 것이다.

이 세상에 내가 태어난 존재의 이유를 '내면의 소리'는 알려 줄 것이다. 그 존재의 이유가 소명이다. 왜 태어났는지에 대한 답일 것이다. 소명은 어떤 시련에도 흔들림 없이 살아가도록 구심점이 되어 준다. 내가 사는 삶이 나 자신과 일치되기에 힘이 있다. 진정한 권위와 신념이 안에서부터 생겨나 행동으로 자연스럽게 흘러나오게 될 것이다.

이 '내면의 소리'와 일치된 삶을 살게 될 때 자연히 소명의식이 생긴다. 소명은 평생 함께할 주제, 평생 내가 매진할 그 무엇이다. 바로 '그 일이 나에게 주는 의미가 무엇인가?'를 알게 한다.

내면의 소리 듣기

내 영혼이 가장 가슴 설레는 순간은 언제인가?
나는 어떤 것에 의미와 가치를 두고 사는가?
그 의미와 가치가 삶 속에서 실현되었던 순간을 떠올려 보자.
그때는 언제였으며, 그때 나 자신이 어떤 느낌이었나?

내 '내면의 소리'를 들으려 노력하고 귀 기울이면, 내게 이 직업이 주는 의미를 알 수 있다. 그 의미를 먼저 찾는 것이 행복한 교사로서 살아가는 시작이요, 가르침의 시작일 것이다. 프로그램 연수를 열 개 받는 것보다 '내면의 소리'를 느끼고 알아차리는 한 시간이 나에게는 더 소중하다.

에리히 프롬Erich Fromm은 인간의 삶의 방식을 두 가지로 나눈다. '소유'와 '존재'가 그것이다. 소유는 돈, 명예, 칭찬, 인정, 지위, 권위 등을 시간을 통해 소유하는 것에 집중하며, 존재는 삶의 희열, 소명, 삶의 의미 등 시간을 넘어서서 존재하는 것에 집중한다. 즉 내적지향, 신념 같은 것이다. 이 두 가지 삶의 양식은 곧 삶의 목적과 연결된다. 사람들은 소유 양식과 존재 양식 중 어느 한쪽이 좀 더 우세해지는 삶을 살게 된다.

대부분의 사람들은 안정적인 소유 양식을 택하여 재산, 지위, 권력을 늘려 나간다. 실제 사회·문화적 분위기와 주변 환경은 소유 양식으로 사람을 판단하고 평가한다. 정체성의 초점이 외부 요소에서 결정되는 것이다. 그 사람이 만든 어떤 사건, 상황, 대상을 보고 그 사람을 평가하니 돈이 많은 사람, 지위가 높은 사람이 성공한 사람이 된다. 모든 중심이 타인의 평가와 비난에 의지하게 되어 불안과 두려움이 따른다. 많은 이들이 이 과정에서 존재를 잃어 가며 주객이 전도되는 삶을 살기 쉽다. 이 소유 양식의 기차에 올라타면 삶의 속도가 점점 올라가고 어느 순간 몇백 킬로로 달리게 된다. 빠른 이 기차에서 스스로 내리기는 어렵다. 왜 달리는지도 모르며, 달려가는 것이 목적이 된다.

존재 양식은 '나는 무엇을 가졌는가?'가 아닌 '나는 무엇을 하는가?' '나는 무엇이 될 것인가?'에 집중한다. 존재 양식은 '개인의 성장'과 '나누고 함께하는 관계'가 중심이 된다. 보이지 않지만 진정한 내면의 참된 자아와 자신을 동일시한다. 그래서 자신의 현재 모습과 하는 일이 참 자아와 연결되었다고 느낄 때 존재 가치를 확신한다. 참 자아와의 일체감은 느리게 걸어가는 먼 길에서도 행복감을 준다.

존재 양식에 따라 살아가는 사람은 남의 칭찬과 비난에 흔들리지 않고, 우월감이나 열등감을 느끼지 않는다. 상황, 사건, 인간 관계에 좌우되지 않기에 담대한 용기가 있다. 존재 가치는 삶의 희열, 소명, 의미 등 언제나 내 안에서 시작되기에 안정감, 행복감을 느끼기 쉽다. 존재 가치 중심으로 살아가며 얻어지는 소유나, 외부적 이득은 보너스다. 있으면 좋고, 없어도 괜찮다.

멈추어 서서 내 존재가 진정 원하는 가치와 기쁨이 무엇인지 살펴보면 나는 깨닫게 된다. 주목받기보다 주목해 주는 일, 달려가기보다 가만히 자세히 들여다보는 일, 사랑을 베풀고 관심을 베푸는 일이 얼마나 나 자신에게 기쁨을 주었는지를 말이다.

내 '내면의 소리'에 귀를 기울이면 답이 있다. 나는 내가 누군가의 성장을 바라볼 때 얼마나 기쁨이 가득한지 알게 되었다. 내가 기쁜 이유는 나 자신이 그 순간에 영적으로 성장하고 있다는 느낌 때문이었다. 가장 힘든 아이 한 명이 바뀌어 다른 인생을 살아가는 모습을 볼 때, 기쁨이 넘치고 흘렀다. 그 행복감은 내 영혼을 크게 자라게 했다.

내 자아가 기뻐하는 내 자신의 영적성장이 '아이의 성장'을 통해 이루어지는 이 여정이 행복하다. 나누고 함께하는 관계 속에서 기쁨을 얻을 수 있어, 가르치는 일이 너무나 좋다. 만약 내가 훗날 교사라는 역할의 옷을 벗는다 해도 '내 자신의 영적성장'은 내 자아가 기뻐하는 일이기에 다른 역할의 옷을 입고 계속될 것이다. 역할이 아니라 '영적성장'이 중요한 자아의 가치이기 때문이다.

파커 J. 파머는 미국의 공립학교 교사들을 위한 교사양성 프로그램인 페쳐 프로그램의 창립자이기도 하며, '교사들의 교사'로 불리기도 한다. 지성·감성·영성을 하나로 통합하는 그의 교육철학은 가르침과 배움에 대해 깊이 생각해 보게 한다. 파머는 진정한 소명은 "자아self와 봉사service를 하나로 결합한다."라고 말했다. 목회자이자 유명 저자인 프레드릭 뷔흐너 Frederick Buechner 또한 말했다. "직업은 당신의 진정한 기쁨과 세상의 깊은 허기가 서로 만나는 장소이다." 즉 소명의 시작은 세상이 원하는 바가 아니라 내 본성, 내 자아가 기뻐하는 것이 먼저라는 것을 잊지 말아야 한다는 것이다. 나로부터 출발한 기쁨이어야 한다. 그러한 내가 모여 사람과 사람이 연결되고, 진정한 공동체로 하나가 될 것이다.

소명을 행함에 있어 내 자아가 가지고 있지 않은 것을 누군가에게 주려 하지는 않는지 돌아보아야 한다. 내가 가지고 있는 것이어야 흘러넘쳐 상대를 적시고 다시 내게로 온다. 주어도 다시 생겨나는 선순환 시스템이 되어야 한다. 아이들을 가르치는 나도 마찬가지다. 내가 평온하고, 기쁨이 넘치면 저절로 아이들이 보고 배운다. 내가 사랑이 넘치고 친절하면 저절로 아이들이 보고 배운다. 무엇을 가르쳐 주려 하지 않아도 아이들이 배우게 된다. 내 안에 흘러넘치는 것이 무엇인지 관심을 가질 일이다.

나에게 가르침이란 무엇인가? 자아의 기쁨에서 출발한 가르침이 평생의 과제가 된 것이다. 이 가르침은 지식을 넘어서 어린 영혼을 정성으로 돌보는 일이기에 큰 사랑으로부터 나온다. 끝없는 기쁨을 만들어 내는 설레는 일이다. 어린 영혼의 성장을 위해 관심과 사랑을 베푸는 일이다. 베푸는 동시에 자신이 거기서 오는 보람에 감동받고, 그 감동이 내 영혼을 울린다. 그 울림으로 매일 내 영혼이 성장한다. 무엇보다 '내면의 나'가 끊임없이 가치 있다고 말해 주는 존재로 살아가는 삶이다. 저절로 내적 자부심이 회복되는 길이고, 자존감이 나날이 성장하는 길인 것이다.

직업은 단기간이 아니라 평생 가슴을 설레게 할 의미 과제이기에 오늘의 실패가 중요하지 않다. 왜냐하면 실패 자체는 오늘의 과정에 불과하기 때문이다. 평생의 장기 과제 속에 오늘 내가 교실에서 생각보다 수업을 못해도, 아이들의 생활지도에 부족함을 느껴도 괜찮다. 열 번의 실패를 딛고 다시 시도하여 결국은 큰 사랑으로 아이들 손을 잡고 갈 것이기 때문이다. 나의 오늘의 과정은 내일의 내 모습의 방향을 제시해 줄 것이기에 실패도 용납하고 내일 또 웃으며 교실에 들어설 수 있는 것이다. 평생의 업, 나의 존재 가치가 있는 교실이기 때문이다. 이 일은 나의 소명이다.

내가 가르치는 일을 업, 즉 소명으로 받아들이니, 모든 것이 달라졌다. 자아가 춤추는 일이며, 존재 자체가 원하는 일이며 행복의 길이기 때문이다. 자발적 동기, 내적 동기가 생겼다. 모든 가르침의 순간이 나만의 이야기 온리 원 스토리 only one story 가 된 것이다.

내 안에 품은 것을
너에게 준다

언젠가 아이들에게 새 자전거를 타고 놀다 넘어져 자전거는 물론 선물 받은 비싼 바지까지 상하고, 학원도 늦게 된 아이의 이야기를 해 주었다. 아이들에게 너의 어머니는 어떻게 반응할 것 같냐고 물었다. 아이들이 예상하는 엄마의 반응은 하나같았는데, 대략 이런 느낌이었다.

야, 진짜 새 바지랑 자전거 아!! 진짜 악!!!

이 자전거가 몇 만원인데?

지금 학원 늦었는데 자전거까지 고장 내?

한편 아이들이 듣고 싶은 말도 비슷했다.
"엄마는 네 맘이 제일 중요해."
"엄마는 학원보다, 자전거보다, 바지보다 네 마음이 괜찮은 지가 더 중요해."

아이들의 답을 보면서 나도 많은 생각을 하게 된다. 나 자신은 교실에서 실수로 물건을 망가뜨리거나 뭘 쏟았을 때 불안하고 두려웠을 아이 마음을 먼저 헤아려 줬을까? 그런 순간에 내게 가장 소중한 것은 아이의 마음이었을까?

그 아이 마음을 먼저 위로해 줄 수 있는 교사이고 싶다. 아이에게 가르침보다 먼저 진심 어린 공감의 말을 하고 싶다. 감정은 받아 주고 잘못된 행동은 정성으로 가르쳐야 한다. 따뜻한 공감이 먼저 그 아이 가슴을 적셔야 아이가 스스로 행동을 바꾼다. 수치심은 아이를 변화시키지 못한다. 언제나 아이 양심 깨우기가 답이다. 난 어떻게 아이 마음부터 먼저 공감해 줄 것인가? 내게 그 힘은 어디서 올까?

얼마 전 아이들을 향해 평소와 달리 화를 냈다. 그날은 강당에서 스마트절제력 교육이 있었다. 아이들에게 메모를 해야 한다고 충분히 안내를 했지만 전혀 하지 않은 아이들이 많았다.

또 학교폭력 실태조사를 자발적으로 할 것을 믿고 강요하지 않았다. 차일피일 미루고 안 한 아이가 생각보다 많았다는 것에 또 실망했다. 왜 이렇게 믿어 주고 존중해 주는 것에 더 반응이 늦을까?

 엎친 데 덮친 격으로 5교시 사회시간, 아직도 귓속말이 안 돼 떠들기를 멈추지 않는 몇 명의 아이들을 봤다. 순간 속에서 열기가 차오르더니 뜨거운 덩어리로 뭉쳐 가슴을 짓눌렀다. 미덕천사 선생님인 나도 미덕으로 평온하게 안내할 여유가 없었다. 아니 너무 화가 나니 순간 멈추어 미덕을 불러오지 못했다. 아이들을 만난 지 두 달 만에 처음으로 크게 화를 냈다.

 "선생님 지금 너무 속상해!"

 "너희들은 보석이라고, 너희들 안에는 힘이 있다고 그렇게 믿어 주고, 기다려 주고, 존중해 주었건만 어쩜 이럴 수 있니?"

 아이들에게 소리치며 화낸 후 돌아가는 아이들을 배웅하는 시간, 머리를 쓰다듬을 때도 평소와 달랐다. 나도 모르게 웃음이 줄고, 내 맘은 지치고 구겨져 있었다. 집에 와서도 마음이 편치 않았다.

 자리에 앉아 명상음악을 틀어 놓고 쉬었다. 나를 가만히 들여다봤다. 내가 오늘 아이들에게 화를 낸 진짜 이유가 뭘까? 마음에게 물었다. 왜 그랬니? 화를 내게 한 내 안의 괴로움은 무엇일까? 깊은 마음에 무슨 어려움이 있는 걸까? 내가 나를 한참을 토닥여야만 했다. 쉬고 나니 내 안의 속마음이 조금 고개를 들었다. 두려움, 불안이다.

 반복되는 불성실한 아이들의 행동을 보면서 '이 아이는 미덕에 반응이 늦는구나. 존중해 주는 것을 만만히 생각하는 것 아닌가?', '뭔가 제대로 가르치지 못했나?'……. 꼬리에 꼬리를 무는 조급한 생각들에서부터 시작된 두려움과 불안감이 내 안에 웅크리고 있었다. 스스로를 이해해 주고 설득하며 나를 달랬다.

'그 정도 아이들 반응이면 괜찮지.'

'좀 느리면 어때, 그런 아이도 있는 거지. 괜찮아.'

'괜찮아, 좀 쉬어 가며 해.'

'새벽에 중간에 깨기도 했지, 그래서 어제 좀 힘이 들었을 거야.'

'아침 일찍 한 시간을 서서 교통지도를 한 피곤함도 있었잖아.'

'어깨가 많이 아파 내 컨디션이 평소와 달리 다운되기도 했고.'

다음 날 아이들에게 솔직히 말했다.

"선생님이 어제 미덕으로 격려할 여유가 없었어. 화내고 돌아서서 마음이 아팠어. 선생님이 사실은 어제 아침부터 좀 피곤했어. 아침에 한 시간을 꼬박 교통지도를 했더니 다른 날보다 힘들었어. 오후 들어서는 어깨가 좀 많이 아프기도 했고."

"한꺼번에 여러 가지 실망한 일이 겹쳤고, 존중과 미덕에 대한 반응이 늦는 아이를 어떻게 지도하나 하는 걱정도 많이 되어서……." 자세하고 솔직히 말해 주었다.

"만약 어제 몸이 아프지 않았다면 화를 냈을까? 생각해 보니 아마 선생님 속마음을 말하고 너희들의 미덕을 불러오게 했을 거야."

"선생님이 다른 날과 달리 몸이 아파서 화를 먼저 냈구나. 다음엔 미덕을 불러와 말해 줄게. 이렇게 생각해 보니 너희들한테 좀 미안하구나."

그 순간 아이들의 반응이 놀라웠다.

"선생님, 어제 화내셔서 좀 놀랐어요. 그런데 오늘 이렇게 말씀하셔서 또 놀랐어요."

"선생님, 선생님이 우리를 존중해 주시는데 더 잘하지는 못할망정 한꺼번에 많이 실망시켜 드려서 죄송해요."

"선생님, 제가 안마해 드릴게요. 아프지 마세요."

특히 5학년 들어 제일 많이 변한 지원이가 나를 많이 위로해 준다. 무슨 말을 하면 반항부터하고 관심 없는 듯 행동하던 지원이의 변한 눈빛에서 따스함을 본다. 예상과 달리 더 미안하다고 말하는 아이들을 보며, 내 미안함이 이내 고마움으로 변한다. 그리고 나는 아이들에게 또 배웠다.

'내가 진심을 보이면 아이들도 나에게 진심으로 대하는구나.'

아이들이 또 나에게 스승이 되어 준 순간이다.

나는 일부러 아이들의 안마를 피하지 않으며 더 상냥한 목소리로 칭찬해 주었다.

"너희들의 안마에 아픈 게 다 나았네. 고맙다 내 보석들!"

어제는 실망했다고 소리쳤던 아이들에게 오늘은 고맙다고 소리를 치고 있다. 오늘 나는 어제보다 훨씬 더 행복하다. 내가 이 어린 아이들을 가르치지만 이 어린아이들과의 만남 속에서 어른인 내가 오늘도 성장하고 있음을 안다. 아이들이 참 고맙다.

내 안에 피곤함, 아픔, 불안, 두려움이 가득하니 나도 모르게 그대로 아이들에게 내 안에 있는 것을 퍼부었다. 미안함, 소중함, 사랑하는 마음을 품으니 그 역시 그대로 아이들에게 퍼부어 주게 된다. 나도 모르게 그렇게 된다.

교실에서 때때로 상처 입고, 그대로 KO패 당한 선수처럼 쓰러지는 나를 본다. 나도 때때로 내 상처가 더 아파서 아이들 마음이 안 보일 때가 있다. 그때 난 멈추어야 한다. 누구보다 먼저 내가 상처 입은 날 안아 줄 여유를 가져야 한다.

이럴 때 늘 파커 J. 파머의 그 말을 다시 떠올리게 된다. "교사에게 가르친다는 것은 자신의 영혼에 거울을 들이대는 행위다." 파머는 그 거울에 비친 풍경에서 도망치지 않아야 나 자신을 알 수 있다고 했다. 이제 나는 이야기의 진실을 새롭게 깨닫는다.

내 안에 있는 것을 아이들에게 주고, 내 안에 있는 거울에 비추어 아이들을 가르친다. 그래서 나는 내 안에 무엇이 있는지, 내 영혼의 거울을 들여다보는 시간이 때로로 필요하다.

지금 내 모습을 있는 내 스스로를 안아 주고 있는지? 지금 내 존재를 있는 그대로 사랑해 주고 있는지? 나에게 필요한 것은 순간순간 내 내면의 자기지식 self-knowledge 을 알아차리는 일이다.

노력이 아니라
정성

　중학교 2학년 때, 싫어하던 영어를 좋아하게 된 일이 있었다. 모둠 발표 후 영어선생님이 교무실에서 나를 무척 칭찬하고 띄우신 순간부터 내 꿈은 영어선생님이 되었다. 대학에 진학할 때가 되어 나는 서울의 사대를 바라볼 수 있었지만 넷이나 되는 동생들 대학까지 염두에 둔 아버지의 간곡한 부탁으로 지방의 교대로 지원을 했다.
　서울의 이름만 대면 다 아는 대학에 들어가 신촌에서 대학생활의 낭만을 이야기하던 고교 단짝들을 뒤로 하고 오래된 기숙사의 작은 방에서 대학생활을 시작했다. 지방에서 보내는 답답한 학교생활에 흥미를 못 느끼던 나는 1학년이 다 지나도록 학교에 적응하지 못

했다. 언제나 강의실 맨 뒷자리에 앉아서 겨우 출석부에 체크당하지 않는 정도에 의미를 두며 아주 소극적으로 학교생활을 했다.

한번은 이런 일이 있었다. 맨 뒷자리에 앉긴 했지만 〈인간과 심리〉라는 교양과목이 나름 재미있어서 논술형 문항에 빈칸 없이 꽉 꽉 다 채워 답을 써낼 수 있었다.

나는 최소한 A나 B^+정도의 점수는 나올 줄 알았다. 그나마 제일 잘 본 과목이라는 생각에 기대를 했었다. 결과는 정말 아니었다. D가 나왔다. 우리 과에서 나만 D였다. 이상해서 반 아이들을 조사해 보니 답안지를 반도 못 채운 아이도 B^+이 나왔는데 나만 점수가 낮은 거였다.

점수가 잘못된 것 같아서 용기를 내 교수님께 찾아갔다.

"교수님, 제 점수가 이상해요."

"뭐가 이상해?"

"다른 아이들보다 답안지도 더 채우고 열심히 했는데, 다 못 채운 아이보다 점수가 낮아서요."

"당연하지, 너 공부시간마다 맨 뒤에 앉고 내 강의에 별 마음도, 정성도 없었잖아. 인간 심리를 배워서 사람 가르치려고 공부하는데 그 자세는 D도 과분해. 내가 F 줄려다가 D 준 거야."

"……"

나는 아무 말도 못 하고 교수님의 방을 나오면서 부끄러움에 얼굴까지 빨개졌다. '그런 보이지 않는 기준이 있으면 미리 알려 줘야지, 왜 이제 말을 하신담…….' 하는 마음도 생겼지만 이내 수긍하는 마음으로 바뀌었고 그 일은 평생 잊을 수 없는 기억이 되었다.

결과에는 보이지 않고, 점수로 나타낼 수도 없지만, 자리하고 있는 것이 있다. 마음으로 볼 수 있는 것이 엄연히 존재하고 있음을 가슴 깊이 느끼게 된 사건이었다. 교수님은 보이지 않는 과정에 담기는 정성이, 보이는 점수보다 더 소중함을 가르쳐 주셨다.

'정성' 하면 떠오르는 영화 〈역린〉의 한 대사가 있다.
"작은 일도 무시하지 않고 최선을 다해야 한다. 작은 일에도 최선을 다하면 정성스럽게 된다. 정성스럽게 되면 겉에 배어 나오고 겉에 배어 나오면 겉으로 드러나고 겉으로 드러나면 이내 밝아지고 밝아지면 남을 감동시키고 남을 감동시키면 이내 변하게 되고 변하면 생육된다. 그러니 오직 세상에서 지극히 정성을 다하는 사람만이 나와 세상을 변하게 할 수 있는 것이다."

영화에서 정조가 신하들에게 중용 23장을 외울 수 있는지 시험했다. 아무도 대답하지 못하자 내관 상책이 이 구절을 읊었다. 대사의 마지막 구절과 같이, 영화에서 정조는 작은 것에도 들어간 정성들 덕에 세상을 바꾸는 데 성공한다.

굳이 양자역학을 이야기하지 않아도 사람의 마음에는 분명 에너지가 있다. 에너지는 물리적인 것이기에 힘이 있다. 내 마음에 정성이 있느냐, 없느냐에 따라 내게 펼쳐지는 모든 것의 에너지가 달라진다.

사람에게 들이는 정성만큼 아름다운 게 있을까?

사람에게 정성을 들인다는 것은 그 사람이 나에게 의미 있는 존재이자 소중한 존재라는 느낌으로 바라봐 준다는 것, 즉 마음을 더해 만나 준다는 것이다. 정성은 따뜻하다. 정성은 평온하다. 정성은 선하다. 정성은 자연스럽다.

엄마가 아이에게, 선생님이 제자들에게, 친구가 친구에게, 남편이 아내에게, 아내가 남편에게, 살면서 매일매일 만나는 사람들에게, 아이들에게 나는 노력하고 있나? 정성을 들이고 있나?

노력은 의지가 주인공이다. 하기 싫어도 '해야만 한다'. 그래서 하기 힘든 것도 가능하게 하는 힘이 노력이다. 작은 매일의 노력이 모여 엄청난 결과를 가져오는 것 또한 노력이다. 하지만 노력은 쉬이 지치고 힘들다.

정성은 내 느낌이 주인공이다. 정성은 하고 싶어서 한다. 정성으로 하면 과정 그 자체가 즐겁다. 어떤 일을 할 때, 사람을 만날 때 그 의미를 머리가 아닌 가슴으로 느끼는 것이 정성이다. 그 일이 나에게 주는 따스함, 기쁨이 느껴지면 저절로 정성이 간다. 정성은 가장 밝고 따뜻한 내 마음 에너지를 자연스럽게 끌어온다. 그래서 정성은 힘들지 않다.

특히 사람을 만날 때 노력을 들이고 있는지, 정성을 들이고 있는지는 잠깐 멈춰 스스로의 느낌을 관찰하면 바로 알 수 있다. 그 대화가 시간 가는 줄 모르게 재미있고, 즐겁고, 신난다면 노력이 아니라 정성이 들어가고 있는 것이다. 자연스럽게 듣고, 웃고, 공감하고 있을 것이다. 만약 어떤 사람과의 대화, 만남의 시간이 지루하고, 딴생각에 빠지고, 공감도 안돼 집중하려고 애쓰고 있다면 지금 노력하고 있는 것이다. 아무런 노력이 없어도 만나면 좋은 에너지를 주고받는 사람, 저절로 정성을 다하게 되는 사람이 주변에 많으면 행복하다.

아이들을 가르칠 때는 노력이 필요할까? 정성이 필요할까? 모든 엄마와 선생님이 자기도 모르게 매 순간 정성과 노력 중 하나를 선택하고 있다. 아이를 관찰하면, 아이의 기쁨, 아이의 눈물, 아이의 아픔 등 겉마음이 이해되는 순간이 온다. 곧 아이가 바라는 것, 원하는 것 등 아이 속마음에 공감하게 되는 순간이 오고, 시간이 가면 보살펴 주고 싶은 측은지심이 내 가슴을 적신다. 그때의 나는 평소와 다른 사랑이 가득한 '큰 나'가 되고, '원래의 나'가 된다. 그 측은지심으로 나는 그 아이만의 단 한 사람이 된다. 이 아이와 함께하는 지금 이 순간이 나의 삶에 얼마나 소중한지 깨닫는다. 아이를 성장시키는 아름다운 순간이 오늘, 바로 지금 내게 주어진 순간이라고 느껴지고 그때의 내 느낌은 곧 따스한 정성이 된다.

정성을 품고 가르칠 수 있다면 아이를 만나러 가는 순간부터 내 마음에 바로 아이가 들어온다. 그 시간이 즐겁고 따뜻해진다.

다섯 번째 이야기

이 꽃을 받아라,
아이야

의미의 꽃

나를 바꿔 준 너

나를 바꿔 준 너

초등학교에 톰슨 선생님이 새로 전임해 5학년 담당을 맡고 첫날 교실 강단에 섰다. 그리고 반에 있는 어린 아이들에게 거짓말을 했다.

"선생님은 이 반에 있는 모든 학생들을 똑같이 사랑한다."

하지만 그렇게 하는 것이 늘 가능한 일은 아니었다. 특히 맨 앞줄에 앉아 있는 한 아이가 있었는데 크게 신경이 거슬렸다. 그 아이의 이름은 테디 스탈랄드였다.

톰슨 선생님은 그 아이의 학적부를 살펴보았는데, 아이들하고 잘 어울리지 않는다고 기록되어 있었다. 그리고 나서 그 아이의 옷을 보니까 늘 더럽고 목욕도 제대로 하지 않는지 냄새가 났다. 주위에 서성거리는 것조차 즐거운 일이 아니었다.

테디의 학적부에 붉은 글씨로 X 자를 쓰고 'F'란 점수를 줄 수밖에 없는 상황이었다. 문득 전임지에서 모든 학생들의 개인적인 상황을 잘 살펴보고 판단하라는 가르침이 생각났다. 그래서 테디의 경우를 맨 마지막으로 밀쳐 놓고 다른 아이들 것을 먼저 했다. 마지막으로 테디의 가족사항과 그의 모든 학적부를 살펴보다가 깜짝 놀랐다.

테디의 1학년 선생님이 학적부 비고란에 '테디는 아주 명랑하고 웃음을 잃지 않는 아이다. 해야 할 일을 깔끔히 하고 행동이 타의 모범이 된다. 함께하는 것이 즐겁다.'라고 기록해 놓은 것을 발견했기 때문이다.

2학년 선생님은 테디의 학적부에 '아주 훌륭한 학생이고 모든 아이들이 그를 좋아한다. 하지만 그의 어머니가 심각한 질병을 앓고 있어 가정에 문제가 많다.'라고 기록했다.

3학년 선생님은 '어머니가 세상을 떠났기 때문에 커다란 충격 속에 어려움을 겪고 있으나, 최선을 다하고 있는 아이다. 그러나 그의 아버지는 아들에 대한 관심을 별로 표명하지 않는다. 어떤 조처가 취해지지 않는다면, 그의 가정생활에 치명적인 손상을 입을 것이다.'라고 기록했다.

4학년 선생님은 '학교를 자주 빠진다. 공부에 별 흥미가 없으며 친구도 없다. 때때로 공부시간에 잠을 잔다.'라고 기록했다. 테디의 학적부를 꼼꼼히 살펴본 톰슨 선생님은, 선생으로서 아이에 대한 선입견을 가진 것을 미안하게 생각했다.

그해 톰슨 선생님은 크리스마스 때 모든 학생들로부터 예쁜 포장지에 리본까지 붙인 선물들을 받았다. 하지만 그녀의 마음은 찢어지는 듯 아팠다. 테디가 가져온 선물은 식료품 가게에서 음식을 담아 주는 갈색 종이봉투로 둘둘 말은 것이기 때문이었다. 선생님은 예쁜 포장지로 싼 다른 아이들의 선물 상자들을 옆에 놓아 두고, 테디의 선물을 먼저 뜯었다.

선물을 열자 그 안에는 구슬이 몇 개나 빠진 팔찌와 절반쯤 차 있는 향수병이 있었다. 아이들은 배꼽을 잡고 웃기 시작했다. 그러나 선생님은 참으로 아름다운 팔찌라고 소리쳤다. 그리고 향수병을 열어 그녀의 몸에 뿌리면서 아주 냄새가 좋다고 했다.

테디는 그날따라 교실에 맨 늦게까지 남아 있다가 선생님에게 다가가 말했다.

"톰슨 선생님, 저의 어머니에게서 나던 냄새를 오늘 선생님에게서 맡았어요." 톰슨 선생님은 테디를 꼭 끌어안고 한 시간이 넘게 함께 울었다. 바로 그날부터 톰슨 선생님은 읽기와 쓰기, 수학보다 아이들 자체를 가르치는 일을 시작했다. 특별히 테디에게 많은 관심을 가졌다.

선생님이 격려의 말을 하며 용기를 줄 때마다 테디는 더욱 더 빠르게 발전하고 달라져 갔다. 5학년 말이 되었을 때 테디는 그 학년의 우등생이 되었고, 점점 선생님들의 사랑을 독차지했다. 그리고 톰슨 선생님은 이제서야 반 아이들을 모두 똑같이 사랑할 수 있게 되었다고 느꼈다.

1년이 지난 어느 날, 톰슨 선생님의 문 밑에는 쪽지 한 장이 놓여 있었다. 그것은 테디가 쓴 것으로 "선생님은 내 생애에서 만난 선생님 가운데 최고의 선생님이었어요."라고 적혀 있었다.

6년이란 세월이 지난 후 테디로부터 또 한 통의 편지를 받았다. 이제 고등학교를 마치게 되었고, 학년에서 3등으로 졸업을 하였다는 이야기와 함께 "선생님은 제가 만난 선생님 가운데 최고의 선생님 이었습니다."라고 쓰여 있었다.

이로부터 4년이 지난 어느 날, 또 한 통의 편지가 왔다. "지난 4년 동안 힘든 때도 많이 있었으나 있는 힘을 다해 학업을 계속해, 이제 수석이라는 영예를 안고 대학을 졸업하게 되었습니다. 그러나 지금까지도 제가 만난 선생님 가운데 선생님이 최고의 선생님이셨습니다."라고 쓰여 있었다.

다시 4년이 지난 어느 날 또 한 통의 편지를 받았다. 테디는 대학을 마친 후 공부를 계속했노라고 했다. 그런데 이번에는 그의 이름이 조금 길어졌다. 이름 뒤에 의사를 뜻하는 'MD'가 적혀 있었다. 그러면서 "지금까지 만난 선생님 가운데 선생님이야말로 최고의 선생님이셨습니다."라고 했다. 그리고 그의 이름 위에 멋있는 사인을 했다.

이 이야기는 여기서 끝나는 것이 아니다. 그 다음 해 또 다른 한 통의 편지가 날아 왔다. "여자 친구가 생겨 결혼하려고 합니다. 그런데 어머니도 아버지도 이미 세상을 떠나셨습니다. 혹 선생님께서 어머니를 대신해서 결혼식에 참석해 주실 수 있는지요. 간절히 바랍니다." 물론 톰슨 선생님은 즐거운 마음으로 그의 결혼식에서 어머니 자리에 앉았다.

선생님은 크리스마스 때 선물로 받았던 구슬이 몇 개 빠진 팔찌를 끼었다. 또 향수, 어머니 냄새가 났다고 하는 그 향수를 뿌렸다. 그날 이 두 사람은 오랜 시간 서로 껴안고 있었다. 껴안고 있는 선생님의 귀에 대고 그는 이렇게 속삭였다.
"저를 믿어 주셔서 감사합니다. 그리고 내 자신이 중요한 존재라는 것을 느끼게 해 주신 것에 대해 감사합니다. 그리고 나도 무엇인가 할 수 있다는 것을 깨닫게 해 주셔서 감사합니다."
그러자 톰슨 선생님은 눈물을 흘리면서 다음과 같이 말했다.
"테디야, 그런 것이 아니다. 사실은 네가 나를 완전히 바꾸어 놓았단다. 너를 만나기 전까지는 사실 내가 무엇을 어떻게 가르쳐야 하는지를 몰랐단다."

1976년 엘리자베스 발라드가 쓴 이 소설은 그 후 진정한 교육이 무엇인지, 선생님의 역할이 어떤 것인지 생각하게 하는 작품으로 무수히 인용되고 사랑받아 왔다.

"선생님은 내 생애에서 만난 선생님 가운데 최고의 선생님이었다."

나도 내 아이들에게 그런 선생님이고 싶다. 그 아이만의 단 한 사람이 되어 주고 싶다.

행복한 교사의 조건

교육커뮤니티이자 온라인연수원인 에듀니티에서 교사들을 상대로 설문조사를 하나 했다. 주제는 행복한 교사 십계명이다. 현직교사 250명이 참여하여 행복, 신뢰, 소통, 자존감, 소명의식 등 행복한 교사가 되기 위한 조건 열 가지를 뽑은 것이다.

행복한 교사 십계명
1. 내가 행복해야 아이들이 행복하다.
2. 아이들을 믿고 이해하며 사랑하자.
3. 나를 믿고 사랑하는 교사가 되자.
4. 마음을 내려놓고 여유 있는 교사가 되자.
5. 나는 아이를 변화시킬 수 있는 사람이라고 생각하자.
6. 긍정적인 마음을 갖자.
7. 건강을 잘 챙기자.

8. 자주 웃자.

9. 수업을 연구하자.

10. 동료와 함께 나누자.

가장 많이 꼽힌 것이 교사가 행복해야 아이들이 행복하다는 것이다. 자신에게 없는 것을 내줄 수 없다. 행복한 교사는 많은 것을 가지고 있다. 웃는 표정, 친절한 말투, 따뜻한 목소리, 부드러운 손길, 평온한 태도, 안정적인 분위기 등 모든 면에서 아이들에게 줄 것이 많아진다. 교사의 행복한 마음이 아이 내면에 힘을 주고, 자발적 동기를 부여한다. 교사가 행복한 것으로부터 교육은 출발한다.

하지만 아이들을 가르치다 보면 힘든 순간도 많다. 아이들의 상황이 다 다르고, 정서가 다르기에 그 수많은 마음과 소통하는 교사의 감정소모는 당연히 커진다. 교사의 행복한 감정이 소진된 교실에서 아이들은 교사의 눈치를 보고, 보이지 않는 불안한 상태로 지내야 한다.

그렇다면 그 행복한 교사를 지속하게 하는 내면의 힘은 어디에서 올까?

"왜 살아야 하는지 아는 사람은 그 어떤 상황도 견뎌 낼 수 있다." 라는 니체의 말처럼, 사람을 견디게 하는 것은 의미와 가치다. '이 일에서 어떤 가치를 만들어 내는가?'라는 물음은 마음의 눈을 뜨게 한다. 내가 하는 일의 가치에 대해 생각하며 아이들을 바라보면 지금까지 보지 못한 아이들의 마음과 능력이 보인다.

어떤 교사든 자기만의 가치와 신념이 있다. 하지만 마음을 굳게 먹어도 가르치는 길에는 어려움도 실패도 있다. 이런 아픔은 교사의 영혼에 깊은 상처를 남긴다. 그러나 풀을 베면 풀 향기가, 소나무를 자르면 송진 향기가 난다. 아픔이 없으면 향기도 없다. 좋은 향기는 사람을 치유한다. 상처를 의미로 만들면 그때 향기가 된다. 상처로 남느냐? 향기로 남느냐? 세상의 주인공인 내가 할 유일한 선택은 상처보다 향기다. 그럴 때 교사는 이 세상에서 가장 위대한 길, 아름다운 길을 간다.

누구나 그 사람만의 스토리story 혹은 서사가 있다. 내가 교사로, 한 사람으로 살며 나에게도 좌충우돌하는 실패의 스토리들이 있었고 또 가슴 설레는 기적의 스토리도 있었다. 이 모든 스토리들이 어떤 의미인지, 어떻게 해석해야 하는지 정답은 없다. 하지만 그 작은 스토리들이 모여서 내 삶의 큰 서사를 이루고, 내가 전하고자 하는 메시지이며 지키고 싶은 가치가 된다. 나는 매일 행복한 스토리를 만들며 살고 싶다.

내 삶의 스토리는 어떤 특별한 사건이 아니라 아이들과의 일상에 있다. 국어시간 시를 가르칠 때 어떻게 하면 더 상상하고 공감하는 시간이 될지 고민하는 과정도 스토리이다. 교사와 아이들이 교감하며 수업에서 기쁨을 느끼는 순간, 닫혔던 마음이 열리는 과정, 모두가 내겐 하루에도 몇 개씩 펼쳐지는 스토리이다. 사랑이라는 내 가습의 작은 씨앗에서 싹튼 스토리와 그 메시지들은 매일 서른 명 아이들의 마음과 생각에 새로운 씨를 뿌린다. 궁극적으로는 서른 명 아이들의 삶을 바꿀 힘을 나는 줄 수 있다.

나는 내 삶의 가치에 충실해 나만의 스토리를 만들고 싶다. 내가 내 삶의 가치에 가장 충실하게 살 수 있는 곳은 교실이다. 하루에 적게는 다섯 시간에서 많게는 여덟 시간 가까이 만나는 아이들, 아이 한 명이 1년 동안 교실에서 보내는 시간은 1,000시간에서 1,200시간 정도다. 그런데 서른 명이 내 교실에 있으니 나는 얼마나 많은 시간을 책임지고 있으며, 얼마나 많은 기회가 있는가. 이 시간 동안 마음과 몸으로 땀 흘리며 그 자체로 소중한 나만의 스토리를 만든다. 교사에게 행복감을 주는 원천은 시간, 감동, 아픔, 기쁨이 담긴 그만의 스토리이다.

세상이 아무리 변하고 부모와 언론이 교사의 부정적인 면에 더 집중하여 그 누구도 교사의 아픔이나 고통에 공감해 주지 않아도 대부분의 교사는 묵묵히 아이들을 가르치고 있다. 모이면 늘 아이들 이야기뿐이다. 밥을 먹으면서도, 여행을 가서도, 그 누구와 만나도 선생님들은 아이들 이야기만 한다. 참 신기할 정도로 교사의 영혼에는 아이들이 각인되어 있다. 마치 힘들어도 끊을 수 없는 중독처럼 교사의 영혼에는 아이들이 스물네 시간 산다. 모든 선생님에게는 그 선생님만의 스토리가 있다.

'최고'가 아니라 '유일한 나만의 스토리'를 만들 수 있는 장이 교실이다. 내가 우리 학교 최고의 선생님이 아니라 그 아이가 매일 함께 시간을 보낸 유일한 선생님이 나인 것이다. 교실에서 나는 모든 아이에게 단 한 사람이다. 그 이야기가 내 삶을 유일하게 하고 빛나게 한다. 그 이야기는 비교하거나 경쟁할 필요가 없다. 그 아이와 똑같은 기쁨, 아픔의 스토리를 가진 존재는 이 세상 어디에도 없기 때문이다. 그 아이 자체가 이 세상 유일무이한 우주다. 그 특별한 존재와 오늘 내가 만나고 있는 것이다. 그 아이를 품는 것이 곧 나를 품는 것이다. 누가 알아주지 않아도 그 자체로 이미 나는 메시지를 삶으로 실천하는 스토리 두어 story doer 다.

만남의 꽃
마음과 만난다는 것

　3월 첫째 날, 아이들을 처음 만나는 순간 나는 아이들에게 놀랐다. 나를 본 아이들이 눈을 안 맞추고, 인사도 형식적으로 대충하며 교실로 들어오고 있었다. 선생님을 만나는 설렘도 배움에 대한 설렘도 느끼지 못했다. 물론 처음이라 어색하고, 선생님이 어려워서 그럴 수도 있다.

　교실은 가르침과 배움이 이루어지는 공간이다. 교사와 아이들이 만나 가르침과 배움으로 소통한다. 가르침과 배움은 무엇으로 시작할까? 가르침보다 배움보다 만남이 먼저다. 여기서의 만남은 몸의 만남이 아니라 마음의 만남이다.

마음이 만난다는 것은 무엇일까? 만남의 순간에 몸만 만나면 아무런 의미가 없다. 상대방을 존중하는 내 마음을 전해 주어야 한다. 마음을 전해 줄 뭔가가 필요하다.

그 마음을 전해 줄 너무나 간단하고 쓰기 쉬운 도구 중 하나가 '예의'다. 미덕은 우선 그 뜻을 아는 데서부터 출발한다. 예의가 존중의 마음을 몸으로 표현하는 것임을 미덕카드 속 내용으로 자세히 설명해 주었다. 그래서 서로 만나면 상대방에게 반가운 마음을 실어 눈빛을 나누고, 그 상대방에 대해 예의를 다해 인사하는 것이 존중의 시작이라는 것을 알려 주었다.

예의에 대해 설명한 다음, 아이들이 예의를 지킬 때 정말 존중의 마음이 드는지 체험하게 해 주었다. 두 가지 사례를 역할극으로 직접 해 보고, 그 모습을 촬영해서 보여 주었다.

먼저 아이들이 인사를 안 하고 선생님 손길 없이 데면데면 아침에 자리에 앉는 장면이다. 아이들이 열심히 역할극으로 실습을 한다. 그리고 웃음이 터진다. 자기들의 모습을 이렇게 보면서 느끼는 점이 있는가 보다.

그 다음은 오자마자 선생님께 인사할 마음과 몸의 준비를 하고 앞으로 나아가 공손히 배꼽인사를 하는 장면이다. 선생님이 환한 웃음으로 맞이해 주며 얼굴, 어깨를 토닥이며 "어서 와 인아야."라고 따스하게 말해 준다. 아이들에게 두 장면을 체험하게 한 후 느낌을 물었다.

"선생님, 인사를 정성껏 하고 들어오는 게 훨씬 기분이 좋아요."
"존중받는 느낌이 들어요."
"선생님이 웃어 주셔서 너무 좋아요."

가르침은 작은 씨앗을 뿌리는 것이다. 눈에 보이지 않는 싹이 밤새 '배움'으로 자란다. 아이들과 피드백을 하면, 씨앗이 싹을 틔운 것을 보게 된다. 다음 날 아침 일찍 교실에 가 앉아 아이들을 기다렸다. 아이들이 어제 배운 대로 교실에 들어오자마자 선생님 30센티 옆까지 와서 인사한다. 배꼽에 두 손을 마주 겹치고, 공손히 고개 숙이며 눈 맞추고 인사를 한다.

나도 하던 일을 멈추고, 일어나 아이들을 정답게 맞이한다. 의자에서 걸어 나와 수줍은 아이 눈에 내 눈을 맞춘 후 부지런히 걸어온 아이의 차가운 얼굴에 내 따스한 양손을 살며시 대 준다. 머리를 쓰다듬으며 다정히 말해 준다.

"어서 와! 어서 오렴 예지야!"

나 자신도 교실에 데면데면 앉아 있을 때와 아침에 아이들을 한 명, 한 명 정성으로 맞이해 줄 때가 참 다르다. 아이들이 보내는 설레는 눈빛, 수줍은 눈빛, 웃는 얼굴을 맞이하면서 아이 마음과 내 마음이 만나는 느낌이 든다. 아이들을 모두 내 마음을 담아 맞이해 줄 때 훨씬 행복하다. 그 행복한 만남이 교실에서 하루 종일 살아 움직이는 힘이 된다.

오후에 집에 갈 때도 마찬가지다. 아무리 바빠도 아이들을 보낼 때는 업무를 중단하고 아이들을 한 명, 한 명 배웅한다. 일렬로 늘어선 아이들에게 먼저 따스한 눈빛을 보낸다. 웃는 표정으로 그 아이에 대한 개인적인 칭찬, 격려 한마디를 해 준다. 아이들이 이렇게 인사한 지 2주일이 지난 후 물었다. "선생님께 인사를 배운 후 어떤 느낌이니?"

"선생님이 진심으로 나를 대하신다는 것을 느꼈어요."

"인사를 하는 게 존중인 걸 알았어요."

"선생님이 저를 맞이해 줄 때 존중받는다고 느꼈어요."

"이렇게 인사하는 게 좋아요. 아침에 교실에 들어오는 게 좋아요."

집에 보낼 때 아이들과 나눈 대화다.

"은서야, 오늘 국어시간에 남다른 의견을 낸 걸 보고 너의 창의성의 미덕을 봤어."

"선생님, 고맙습니다."

"예지야, 오늘 어떤 수업이 재미있었니?"

"오늘 수업이 다 재미있었어요."

"하브루타 토의할 때 즐거웠어요."

"오늘 가장 기억나는 일은 뭔지 궁금해."

"학교에서 하루 종일 즐거웠어요. 학교 오는 게 좋아요."

"오늘 네 마음이 행복했니?"

"네 많이요. 선생님, 저를 존중해 주셔서 고마워요."
"내일 또 만나서 즐겁게 배우자!"

일상에서 만나주기만 했는데 아이는 나에게 '존중해 주어서 고맙다'고 말한다. 그 말을 하는 아이의 용기를 본다. 존중 느낌을 아는 아이 내면의 힘을 본다.

시간이 가면서 아이들이 점점 변하는 게 신기하다. 아침에 꼭 내 앞에 와서 인사를 하려 하고, 집에 갈 때는 인사부터 하려고 뛰어오게 된 것이다. 나도 변했다. 아침에 조금 늦게 가면 1분단부터 아이들 머리를 쓰다듬으며 다니게 된다.

아이들과 나 사이에 아침저녁 인사는 우리를 연결해 주는 마음이란 전구의 콘센트 같다. 마음이라는 전구에 불이 켜지는 즐거움을 알기에 서로 연결되는 기쁨을 즐기게 된다.

매일 교실에서 많은 시간을 같이 지내는 우리 반 아이들을 생각한다. 오늘 나는 아이들과 마음으로 통하고 만나는 느낌을 주었는지? 아이들이 서른 명이라고 스쳐 지나가는 느낌을 준 아이는 없었는지 더듬어 본다.

가능한 만큼 더 눈을 맞추고, 말 한마디를 건네고, 머리를 쓰다듬어 주어야겠다. 내일은 아이들이 선생님을 마음으로 만나 서른 개의 마음이 따스하게 반응하도록 내 마음을 데워서 가야겠다.

아이가 누군가를 안다는 것은 마음으로 만났다는 뜻이다.

마음과 마음이 연결되는 순간, 아이의 마음이 보이고, 마음의 보석을 쉽게 찾는 내면의 힘이 생긴다. 아이 마음속의 보석을 수시로 불러 주면 아이 마음이 평온해진다. 평온해진 아이는 교사의 '가르침'에 즐겁게 '배움'으로 답한다.

'가르침'보다 '배움'보다, '만남'이 먼저인 이유다.

강점의 꽃
내가 가진 평범한 것

"네 귀는 정말 특별하구나!"

한 눈먼 소년이 있었다. 그 소년은 앞이 안 보이기 때문에 친구들과 뛰어 놀 수 없었고 늘 혼자 지냈다. 그야말로 대단한 약점을 지닌 것이다.

그런데 이 소년의 인생에 큰 전환점이 되는 사건이 일어났다. 교실에 쥐가 한 마리 나타난 것이다. 교실은 순식간에 난장판이 되었다. 쥐를 잡기 위해 선생님과 학생들이 야단법석을 떨었지만 아무도 그 쥐가 어디로 숨었는지 알지 못했다. 그런데 눈은 보이지 않지만 귀가 아주 밝은 이 학생은 쥐가 벽장 속에 숨어 있다는 것을 알아챘고 덕분에 쉽게 쥐를 잡을 수 있었다. 수업이 끝난 뒤 선생님은 눈먼 아이를 불러 이렇게 칭찬했다.

"너에게는 놀라운 능력이 있구나. 네 귀는 정말 특별하구나!"

이 말이 소년의 인생을 바꾸어 놓았다. 소년은 자신의 강점인 밝은 귀를 활용해서 인생을 살아야겠다고 결심했다. 그리고 마침내 위대한 팝 음악가가 되었다. 세계적인 팝 아티스트 스티비 원더의 이야기이다.

-곽숙철 《Hello! 멘토》

참교육, 다양성에 대한 가치를 일깨워 주기에 알맞은 야시마 타로의 《까마귀 소년》이라는 그림책이 생각난다.

한 자폐 증상의 소년이 있었다. 학교에서 따돌림을 당하는 소년은 다른 아이들을 피해 자기만의 세계를 만든다. 소년은 이른 등굣길에 만나는 새와, 풀과, 곤충에 귀를 기울이며 자연과 점점 친밀해진다. 하지만 누구도 소년이 무얼 하든 관심이 없다.

그런데 6학년이 되고 새로 부임한 선생님은 소년이 자연에 대해서는 모르는 것이 없음을 알아본다. 선생님은 학교를 겉돌던 소년을 격려해 교실 안으로 이끌고, 소년은 학예회에서 장기자랑까지 하게 된다. 무대에 선 소년은 갑자기 생생한 까마귀 울음을 운다. 여러 가지 까마귀 소리를 크게 우짖는 아이는 그간의 설움을 토해 내는 것 같기도 하다. 그 울음소리에서 마을의 아이들과 어른들은 혼자 자연만을 바라보며 살았던 아이의 외로움을 느끼고 마음 아파한다.

나는 이 책의 선생님에게 주목했다. 그는 모두가 잊고 있었던 소년을 유심히 지켜보았고, 결국 그 소년뿐 아니라 한 마을의 마음을 흔들고 변화시켰다. 그는 아이들을 관심을 갖고 관찰할 줄 아는 한 사람이었다. 무심코 넘기지 않는 관심과 관찰은 교사의 힘이다.

"선생님, 잘 안돼요."
"지연아, 여기서는 이렇게 접어 봐." 내 말이 끝나기가 무섭게 다시 달려온 지연이가 또 말한다.
"선생님, 그래도 안돼요……."

교실에서 만들기를 할 때 아이들은 세 부류로 나뉜다. 첫째 부류는 설명을 잘 듣고 열심히 시도하는 아이들이다. 이 아이들은 곧 잘하게 되고, 하다 막히면 적극적으로 옆의 아이를 모방하거나 물어보거나 스스로 답을 찾아낸다. 얼마 지나지 않아 다른 아이들을 가르치는 또래 도우미가 된다. 둘째 부류는 열심히 노력하지만 처음에는 잘 따라하지 못하는 아이들이다. 중간중간 교사나 또래 도우미가 도와주면 곧 만들기를 끝내는 아이들이다. 시간이 필요하지만 결국은 만들어 낸다. 셋째 부류는 이미 두려움으로 시작하는 아이들이다. '어렵다', '못 할 것 같다'고 먼저 생각한다. 이 아이들은 돌아서면 달려오고 또 달려오며 계속 선생님과 친구들에게 이것이 맞는지

승인받기를 원한다. 잘 안되면 주저앉아 포기한다. 교사에게 달려 나오지도 못하는 극도로 소심한 아이들은 만들기를 멈춘다.

교사는 교실에서 세 번째 부류의 아이들이 누구인지 잘 관찰해야 한다. 이 아이들은 미술시간뿐 아니라 체육활동, 수업시간에도 거의 비슷한 행동 패턴을 보인다. 작은 도전을 주저하고, 자신감이 부족하며 끊임없이 누군가의 승인을 바란다. 그동안 결과에 대한 평가로 길들여진 아이들일 가능성이 많다. 사랑받을 만한 행동을 했을 때만 사랑을 받아 온 이 아이들은 실패할 행동은 시도하지 않는다. 생각해 봐서 못 할 것 같으면 아예 도전을 안 하는 아이들이다.

이 두려움 가득한 아이들에게는 실수에 대한 가르침보다 우선 아이의 마음이 상처받지 않도록 보듬어 주는 것이 먼저다. 두려운 마음, 걱정스런 마음, 불안한 마음을 읽어 주는 것이 우선인 것이다. 그래서 실수해도 사랑받고 존중받을 수 있음을 이 기회에 제대로 느끼게 해 주어야 한다.

잃어버린 자존감의 회복 타임은 바로 그 아이가 실수하고 좌절했을 때 교사의 격려 한마디다.

"지연아, 열심히 하더니 처음보다 훨씬 잘 만들었구나."
"지연아, 처음엔 잘 안되지? 하지만 너도 곧 만들 수 있어."
"잘 안되어서 속상하구나, 다시 해 보면 될 거야."
"네가 그림일기를 잘 그려 낸 것처럼 이것도 해낼 수 있어."

자존감이 높은 아이는 대부분의 일에 능동적이며 스스로 해결한다. 배워 가는 과정 자체를 좋아하며 현재를 소중히 한다. 실패할 때 인정할 수 있고, 필요할 때 도움을 요청할 수 있다. 도움을 요청하는 것은 자신이 약해서가 아님을 알고 있다. 지연이 역시 시간이 가면서 '무엇을 잘해서', '문제를 해결해 내서'가 아니라, '노력해서' 결과와 상관없이 칭찬받을 수 있음을 믿게 될 것이다. 두려움에서 벗어나 점차 자존감을 회복할 것이다. 있는 그대로의 내가 가진 가치를 믿게 될 것이다.

교사는 아이들 뿐만 아니라 자신의 강점도 매일 바라보고 안아줘야 한다. 그럴 때 만들어지는 자존감은 가르침의 질을 좌우한다. 자신의 특별성과 가치를 스스로 인정하는 것이 출발이다.

'나는 이 세상 유일무이한 소중한 존재다.'
'나의 가치는 다른 사람에 의해 검증될 수 없다. 내가 소중한 이유는 내가 그렇다고 믿기 때문이다.'

—조성희 《뜨겁게 나를 응원한다》

마인드스쿨 조성희 대표의 말처럼, 내 가치는 누군가 평가해서 정해지는 것이 아니다. 존재 자체의 가치를 스스로 인정하고 선언하면 그만이다. 더 나아가 질문을 통해 자신을 바라보는 방법도 있다.

'네가 가지고 있는 모든 것이 소중한 이유는 무엇일까?'
'너는 이 세상 유일무이한 존재인데, 그 이유는 무엇일까?

그럼 우리의 뇌는 사랑스럽게 반응한다. 이미 자신을 소중한 존재, 유일무이한 존재로 인정할 이유를 찾아 데려온다. 뭘 잘해서, 실수를 안 해서가 아니다. 자신의 강점을 알고 있는 교사는 조건을 달아 <u>스스로</u> 평가하고, 비난하고, 차별하는 일을 멈춘다.

나를 인정하는 교사는 아이들도 있는 그대로 사랑받을 존재, 특별한 존재라고 믿는다. 아이들의 부족한 부분에 비난보다는 애정으로 반응한다. 매일 자신만의 가치 스토리를 만들어 가는 교사는 어떤 조건이나 전제 없이 그대로, 존재 자체로 아이들을 바라본다. 자신도 이미 있는 그대로 받아들이고 있기 때문이다. 존재 자체가 아름다운 것이다.

내가 가진 **특별함**은 평범함 속에 있다

얼마 전 폴 매카트니의 부인인 린다 매카트니의 사진전이 대림미술관에서 열렸다. 나는 사진을 잘 모르지만 보는 것은 좋아한다. 다른 모임으로 근처에 갔다가 잠깐 들른 적이 있다. 그 사진전의 이름은 〈생애 가장 따뜻한 날들의 기억〉이다.

가족과의 식사, 따뜻한 말 한마디, 나무와 꽃을 보는 것, 새소리, 바람소리, 빗소리 등 우리를 평온하게 하는 건 일상이다. 이 당연한 아름다움을 포착한 사람이 린다 매카트니다. 사진은 평범했지만 특별했고, 린다의 마음이 따뜻했을 그 순간이 나에게도 느껴졌다.

모두가 비범해야 성공한다고 말한다. 남과 달라야 한다는 것, 특별해야 한다는 것이다. 진정한 특별함은 무엇일까? 내가 가장 많이 가진 것으로 만들어 내는 특별함은 무엇일까? 이 세상을 살아가며 거의 평범한 시간을 보낸다. 그 사진전을 보며 별 다를 것 없었던 나의 오늘 하루, 오늘 아이들과의 순간을 생각해 본다.

내 생애 가장 따뜻한 가르침의 기억을 사진기에 담는다면 어느 순간, 어느 장면에 셔터에 누를 것인가? 우리 반 장난꾸러기 승빈이랑 나눈 대화, 시 수업하던 때, 쉬는 시간 아이들 싸운 이야기 들어줄 때, 체육시간 공놀이를 하다 싸우고 우는 아이 달래 줄 때……, 마음속으로 셔터를 누를 순간을 찾는다. 이 평범한 순간들에서 특별함을 찾을 수 있을까?

주변에는 더욱 특별한 스토리로 다른 선생님에게도 도움이 되는 훌륭한 선생님이 많이 있다. 다양한 학급운영 노하우를 갖고 계신 선생님도 있고, 1학년 기초학습 지도법을 만드신 분도 있고, 아이들의 마음을 흔들 만한 놀이수업을 구성하신 선생님 등 많은 분들이 멋진 스토리와 교수법으로 다른 교사들에게 힘을 준다.

하지만 주목받지 않는 수많은 선생님들이 있다. 20여 년의 교직생활 동안 많은 선생님들을 만났다. 평범해 보이지만 어떻게 하면 행복한 선생님이 될까, 어떻게 하면 좋은 선생님, 단호하면서도 친절한 선생님, 진짜 배움을 끌어내는 수업 잘하는 선생님이 될까 고민하는 분들이다. 그들은 여러 가지 연수를 받고 적절한 나만의 방법, 나에게 더 맞는 방법을 찾아가는 중이다.

이 많은 선생님들은 조용히 빛을 내고 있다. 다문화 아이들의 교육에 헌신하고, 봉사하는 분이 있는가 하면, 토요일마다 지역 아동센터에 강의를 나가 청소년들에게 학습법을 가르치는 선생님, 교실 평화를 위한 노력으로 소모임을 만들어 교실폭력 예방을 위한 수업 사례를 공유해 주시는 선생님도 있다.

세상에는 이렇듯 보이지 않는 단 한 명의 특별한 온리 원 선생님이 훨씬 우리 곁에 많았다. 누가 알아주지 않아도 진심으로 아이들을 만나고 있는 온리 원 선생님이 내 옆 교실에, 우리 학교에 계심을 나는 안다.

아이들이 돌아간 교실에서 오늘을 되돌아보며 수많은 순간들을 포착해 본다.

힘든 순간을 보려 하면 힘든 것만 보인다. 하지만 오늘도 너무나 많은 따뜻한 순간이 나에게 있었다. 이렇게 따뜻한 순간을 잡아 셔터를 누르려니 어느 것을 찍어야 할지 가짓수가 참 많다는 것을 깨닫게 된다.

평범한 내 일상, 평범한 내 교실에 특별함이 있다.

소통의 꽃

내 맘 온도, 아이 맘 온도

 어제 음악시간에 우리 반에서는 한바탕 소동이 났다.
 우리 반은 남녀가 홀수인데 두 명씩 짝을 지어서 노래연습을 하고 가창 실기 시험을 본다는 거였다.
 일단 선생님이 두 명씩 친한 사람끼리 짝을 지으라 하니 모두 동성끼리 짝을 지었는데 남자아이 한 명, 여자아이 한 명이 남았다. 남은 두 명은 우리 반 진현이와 민영이였다.
 지적 어려움을 가진 민영이는 이 일로 음악시간 옆자리에 앉은 자신의 음악 멘토 은서에게 고래고래 소리를 지르고 울었다. 다른 사람의 감정을 역지사지하기 힘든 민영이는 은서가 자신 말고 다른 사람과 짝이 된 것을 받아들이기 힘들었을 것이다. 그 시간에 소변 검사를 하러 보건실에서 간호사가 왔는데 민영이는 그것도 하지 않겠다고 울었다고 한다.

음악선생님이 당황하셔서 눈이 튀어나올 것 같았다고 했다. 선생님의 말끝마다 민영이가 끼어들었고, 화가 난 선생님이 목소리를 높였지만 민영이는 그치지 않았다. 민영이의 분노는 계속 치솟아 급기야 자리에 앉아 있지 못하고 나와서 음악선생님에게 "안 해!" "싫어!"라고 반말로 소리 지르는 상황이 되었다. 짝꿍인 현영이도 보기 싫다고 자기 책상을 뒤로 밀고 옮기는 등 마치 무법자처럼 소란을 떨다 보니 그것을 말리느라 수업이 중단되었다고 한다.

곧 이어진 과학, 영어시간에도 민영이의 분노는 잠들 줄 몰랐다. 음악 멘토 은서의 팔을 꼬집었고, 교실 밖으로 몇 번이나 뛰어나가 소란을 떨었다고 한다.

나를 만난 점심시간에 급식실에서 줄을 서 있는 동안에도 민영이는 음악 멘토 은서를 향해 "은서 미워!" "은서 나빠!"라고 소리 지르고 있었다.

급식실에서 줄을 서 있는 동안 역시 혼자 남았다던 진현이 얼굴을 보니 풀이 죽어 있었다. 민영이처럼 마음을 일탈행동으로 보이지 않고 있을 뿐 진현이의 마음도 평온해 보이지 않았다.

급식을 마치자마자 교실에 올라와 교실 구석에 쪼그리고 앉아 있는 진현이를 불렀다.

"진현아, 오늘 음악시간에 남자가 홀수라서 너 혼자 남았다던데……, 그래서 선생님이 민영이랑 너랑 같이 하라고 했다던데……, 괜찮겠어?"

기다렸다는 듯 눈물을 글썽이며 진현이가 대답했다.

"선생님, 저는 동현이랑 노래하고 싶었는데 동현이가 다른 아이랑 벌써 짝을 해 버려 속상했어요. 그런데 또 모두 남자끼리 하는데 저만 외톨이로 남아서 짜증났어요. 또 나만 여자인 민영이랑 하게 되니까……."

자기가 원하는 짝이 다른 친구와 같이 가 버린 것도 속상하고 외톨이처럼 남게 된 것도 당황스러웠을 것이다. 또 남자끼리 못 하고 여자아이랑 짝을 지어 노래하게 된 진현이는 참았던 울음을 터뜨렸다.

"그래 진현이가 많이 속상했겠구나. 그래도 잘 참고 그 시간을 견뎠네. 선생님이 진현이에게 '인내'의 미덕을 보네."

"남녀가 홀수라서 어차피 한 명씩은 남게 되고, 남은 건 진현이 책임은 아니란다. 짝수였다면 그 친구랑 했을 거잖아."

"내가 원한다고 해도 그 친구가 나를 원하지 않을 수도 있는 거란다. 하지만 우리 진현이가 얼마나 당황하고 속상했을지 선생님이 알 것 같아. 우리 진현이가 마음이 많이 아팠겠다."

진현이 손과 얼굴을 만져 주고 위로해 주었다. 아이 눈에 눈물이 그렁그렁 맺혔다.

5교시 수업이 시작되기 5분 전 아이들을 자리에 앉게 했다.

그리고 모두 눈을 감게 한 후 민영이와 진현이 이야기를 시작했다.

"홀수인원 때문에 누군가는 남자끼리 짝을 못하고, 누군가는 여자끼리 짝을 못 하는 일이 생겼어요. 그 남겨진 사람의 마음은 어떠했을까요?"

잠시 눈을 감고 그 마음을 생각해 보는 시간을 가졌다.

"진현이랑 민영이 마음이 어땠을까요?"

많은 아이들이 손을 들어 말했다.

"선생님, 내 짝을 찾아서 좋다고 생각만 했지 민영이랑 진현이 생각을 못 했어요. 진현이가 혼자 남겨졌을 때 굉장히 슬펐을 거 같아요."

"진현이가 혼자 남았을 때 얼마나 당황했을지 느껴져요. 저라도 화나고 속상했을 거예요."

"민영이가 화낸 것이 이해가 가요. 아무리 민영이가 도움이 필요한 친구지만 감정으로 다 느끼고 있다는 걸 알았어요."

"그럼 시간을 돌려서 지금이 그 시간이라면 그 남겨진 친구에게 나는 어떻게 말할까요?"

또 많은 아이들이 손을 들어 마음을 말해 주었다.

"진현아, 네가 혼자 남은 건 홀수라서 그런 거야. 인기가 없어서 남겨진 게 아니라고 생각해. 네가 혹시라도 외톨이가 되었다고 생각하지 않았으면 좋겠어."

"진현아, 네가 혼자 남아서 나머지 아이들이 편하게 짝을 지은거야. 고마워."

"진현아, 다음번에는 네가 제일 먼저 짝을 찾을 수 있게 내가 양보해 줄게."

"진현아, 너랑 짝을 하고 싶어. 내가 제일 먼저 너에게 달려갈게."

"민영아, 속상했지? 다음번에는 내가 음악 선생님께 말씀드려서 너하고도 짝하도록 할게. 그래서 실기 평가도 잘 하고 동시에 너도 돌봐 주도록 할게. 미안해 맘 아프게 해서!"

"민영아. 아까 너가 너무 소리 지르고 그래서 미웠는데 네 마음이 아파서 그랬다는 걸 알았어. 내가 너였다면 소리는 지르지 않았겠지만 속으로 눈물을 흘렸을 거야."

교실의 온도가 순간 1도 올라간 것을 나는 느꼈다. 아주 잠깐의 시간이지만 우리 모두는 민영이가 되었고, 진현이가 되었다. 내가 누군가를 가슴에 품었을 때 내 맘의 온도도 올라간다는 사실을 우리 아이들이 느낌으로 알았을 것이다. 민영이와 진현이는 서른 명이 품어 준 온도로 차가워졌던 가슴이 순간 뜨겁게 데워졌을 것이다.

나는 이런 순간이 참 행복하다. 내 마음으로부터 나온 1도가 아이들 마음을 데우고, 데워진 아이들 마음으로 누군가를 진심으로 품어 주는 그 순간 내 마음 깊은 곳에서 종이 울린다.

교사인 내 가슴의 온도가 따뜻하면 그만큼 아이들의 마음의 온도를 올려 줄 수 있다.

내 마음이 평온하고 따스할 때 아이 마음이 보인다. 내 마음이 따스해야 차가워진 아이 마음을 민감하게 관찰할 수 있고 느낄 수 있다. 따스한 내 마음은 그대로 아이들을 만날 수 있는 꽃이다. 내 마음의 따스함이라는 꽃으로 아이 마음을 어루만져 다시 따스하게 회복시킬 수 있는 것이다. 내 교실의 온도는 내 마음의 온도다. 내 아이들의 마음의 온도도 내 마음의 온도다.

내 마음 온도는 몇 도일까?

> 훌륭한 교사는 학급 운영에 어떤 식으로 접근하는가? 대답의 핵심은 '희망'에 초점을 맞춘다는 것이다. 반면 보통의 교사들은 규칙에 초점을 맞추고 가장 무능한 교사는 규칙을 어긴 결과, 즉 벌칙에 초점을 맞춘다.
>
> —토드 휘테커 《훌륭한 교사는 무엇이 다른가》

학기 초가 되면 모든 부모는 소망한다. 이런 선생님을 만나게 해 주세요!

'우리 아이가 학교에 가는 것을 좋아하게 만들어 줄 선생님, 열심히 공부할 수 있도록 아이의 장점을 격려해 주는 선생님을 만나게 해 주세요.'

나도 그랬으니까.

'착한 선생님', '따뜻한 선생님', '즐거운 교실을 만들어 주는 선생님', '아이들의 단점보다 장점을 찾아 격려해 주는 선생님', '실수해도 기다려 주는 선생님', '긍정의 말을 해 주는 선생님', '힘들 때 이야기할 수 있는 선생님', '공부를 재미있게 가르쳐 주는 선생님', '체육시간을 정확히 지켜 주는 선생님', '잘 웃는 선생님'……, 아이들과 부모님의 바람은 거의 비슷할 것이다.

교사도 매년 아이들을 만난다. 반복되는 만남이지만 새로운 만남이다. 올해에는 어떤 아이들과 인연이 되어 1년을 보낼지 궁금하다. 학부모님과 아이들이 어떤 담임교사를 만날지 기대하고 설레듯 비슷한 심정일 것이다.

학교의 주기는 1년이다. 새봄 노란 개나리가 기지개를 켜는 교문 옆 담장을 걸어오며 아이들을 만난다. 햇볕 내리쬐는 운동장, 땀을 뻘뻘 흘리는 아이들 입에 아이스크림 하나 물리면 세상에 없는 해맑은 미소를 볼 수 있다. 여기저기 날리는 낙엽을 주우며 아이들의 자람을 느끼다가 흩날리는 첫눈에 강아지처럼 신나 뛰어다니는 아이들을 볼 수 있는 곳, 자연의 변화보다 더 드라마틱하고 때론 가슴 뭉클한 순간이 있는 곳이 학교다.

세상에서 가장 주도적이고, 독자적이고, 예측이 어려운 곳, 그래서 힘들지만 재미있는 곳이 학교가 아닐까 싶다. 매년 새로운 생명, 개성이 뚜렷한 생명을 내가 준비한 꼴을 먹여 기르며 1년을 보낼 수 있는 생명농부의 삶. 그 1년 동안 나는 어떤 생명농부일까? 어떤 먹거리로 아이들을 사랑하고 먹이고, 어떤 뜨거움과 설렘을 가르칠 것인가? 진정한 배움은 사랑에서, 진정한 변화는 따뜻한 만남에서 온다는 것을 믿기에 늘 고민한다.

학교와 교실, 가정과 부모의 상황이 점점 불안정하다. 아이들은 부모와 사회가 불안정한 만큼 마음이 더 외롭고, 힘들다. 교사에게 거는 기대와 책임은 변함없는데 권위와 인정은 줄었다. 스스로 힘을 내어 아이들을 사랑하기에는 교사도 힘든 상황이다. 그러나 언제까지 주변 상황이 개선되기를 기다릴 수가 없다. 한 명의 교사에게 매년 적게는 서른 명에서 많게는 100명이 넘는 어린 생명들이 눈을 초롱이며 다가오고 있다.

답은 자기 자신이다. 가장 쉽게 개선할 수 있는 것은 자신뿐이다. 내 자신이 통제할 수 있는 내부 환경에 초점을 맞추어 가야 한다. 아이들의 1년, 아이들 입장에서 가장 영향력 있는 외부 환경은 교육정책, 학교 프로그램이 아니다. 사실 아이들 입장에서 가장 영향을 많이 받을 수밖에 없는 교실 환경은 '선생님의 마음 온도'다.

인생의 12년 동안 하루에 적게는 네 시간에서 많게는 열 시간을 교사와 함께 보내야 하는 아이들이다. 집에는 집 엄마가 있다면 학교에는 학교 엄마가 있다.

교사는 부모 다음으로 중요한 핵심 환경이다. 아니 부모보다 더 큰 영향을 줄 수도 있다. 교사의 한마디가 한 아이 평생의 방향을 바꾸는 힘을 주는 말이 되기도 하고, 그대로 절망의 나락으로 떨어지게 만드는 힘을 빼앗는 말이 될 수도 있다. 한 생명을 살리는 위대한 존재일 수도, 한 생명을 쓰러지게 만드는 부정적인 존재일 수도 있는 양면적 존재가 교사다.

주어지는 대로 영향을 받을 수밖에 없는 아이들, 그 아이들에게 제1순위로 영향을 미치는 환경이 교사다. 내 자신이 어떤 환경인지 깊이 생각해 보지 않을 수 없다. 최고의 교실 온도는 내 마음 온도, 바로 나 자신이기 때문이다.

'나는 따스한 환경인가?'

'내 마음 온도는 몇 도인가?'

내가 나에게 조용히 물어본다.

칭찬의 꽃
아이 영혼의 밥

오늘 아침 승연이는 오자마자 외쳤다.
"선생님, 저 오늘 생일이예요."
"그래? 승연아! 생일 축하해!"

그런데 어제 미덕통장을 한 권 다 써서 오늘 작은 선물을 받는 날이었다. 생일날 경사가 겹친 거다. 우리 반 아이들은 매일 아침에 오자마자 미덕카드를 한 장 뽑고 그 미덕에 해당되는 내용을 미덕통장에 한 줄 쓴다. 뽑은 그 미덕이 그날 빛내야 할 보석이다.

또 집에 가서는 하루를 정리하며 쉰두 가지 미덕 중 자신이 빛내고 닦은 미덕 세 가지를 미덕통장에 적고 자신이 한 일을 쓰는 것이 매일의 할 일이며 과제다. 그 통장 한 권이 다 채워지면 아이들이 엄청 좋아하는 컵라면 한 개를 준다. 처음엔 학용품 선물을 줬는데 반응이 시큰둥했다.

"옆 반은 컵라면 파티도 하는데 우리도 컵라면 주시면 안 돼요?"
"몸에도 안 좋은 라면을?"
"어쩌다 한 번 먹는 건데……, 선생님임~?"

아이들의 애걸복걸에 나는 그만 수긍해 컵라면을 주기로 했다. 아이들은 그 작은 컵라면을 주변 친구들과 쉬는 시간에 한 젓가락씩 나누어 먹으며 엄청나게 행복해 했다.

"승연아, 오늘은 생일이니 추가로 친구를 두 명 지명해 줄래? 그 친구 두 명에게도 컵라면을 줄게!"

"와아!"

교실이 떠나가게 아이들의 부러워하는 함성이 들렸다. 그리고 지명한 아이는 승연이 바로 오른쪽의 남학생 형진이와 왼쪽의 여학생 연지였다. 둘이 함성을 지르며 얼마나 좋아하는지……, 그런데 이때 책상 위에 어제 같은 학년 선생님이 맛보라고 준 태국과자 한 상자가 보였다. 가만히 생각해 보니 승연이가 생일날 작은 선물이라도 받은 아이들과 달리 컵라면도 친구들에게 베푸는 거라, 실제로는 아무 선물도 못 받은 것 같아 말했다.

"승연아, 친구들에게 주는 컵라면 두 개를 한 개로 줄이고 대신 네가 이 과자를 먹어도 돼." 이 귀염둥이가 잠시 생각을 한다. 그러더니 그냥 원래대로 친구들 두 명에게 컵라면을 주고 자기는 그 과자를 포기하겠다는 거다.

순간 내 가슴이 찡한 뭔가가 뭉클 올라왔다. 지금까지 경험대로 예측하면 대개 아이들은 컵라면 주는 것을 줄이고 자기가 직접 먹을 수 있는 과자를 선택한다. 그런데 자기한테 실익이 없는 것을 선택한 것이다. 왜 그랬을까? 승연이에겐 친구들이 기뻐하고 좋아하는 것이 더 마음이 행복한 거다. 그래서 앞으로 나오게 했다.

"너에게는 진심 어린 나눔과 배려의 미덕이 있구나. 친구들에게 나누어 주기 위해 네가 먹을 과자를 포기하다니. 너의 따뜻한 마음에 선생님이 다 가슴 뭉클하구나!"

인격칭찬이 저절로 나왔다.

"애들아, 우리 승연이의 배려심이 참 멋있지 않니? 선생님이 그냥 이 과자를 주고 싶어. 너의 '배려' 미덕이 빛나는 걸 보니 선생님이 너무나 감동이다!"

머리를 쓰다듬어 주고 아이들에게도 느낌을 물었다. 아이들도 이 녀석의 배려심에 나처럼 감동했는지 모두 공감해 주었고, 진심 어린 박수를 쳐 주었다.

과자를 받고 박수까지 받고 들어가는 이 녀석의 웃는 얼굴에서 빛이 났다.

아이들의 미덕이 빛나는 순간 나도 진심 어린 '인격칭찬'이 나온다. 그 순간 나도 성장한다. 아이들의 행복한 변화가 힘을 준다.

칭찬 릴레이

목요일 2교시 창의적 체험활동 시간, 이번 주제는 '친구의 미덕 찾아 칭찬해 주기'이다.

우리 반 아이들이 스물여덟 명, 나까지 합하면 스물아홉 명이다. A4용지를 열여섯 칸으로 나눈 롤링페이퍼 두 장이면 서른두 명이 쓸 칸이 만들어진다.

"얘들아, 선생님이 지난주에 예고한 대로 일주일간 우리 반 친구들을 열심히 미덕의 안경을 쓰고 관찰했지?"

"네에~."

"검은 안경을 쓰고 보면 세상이 모두 검게 보이고, 미덕의 안경을 쓰면 친구의 행동이 모두 미덕으로 보일 거야."

나는 미리 준비해 둔 롤링페이퍼를 꺼냈다. 우리 반 1번의 이름이 맨 위에 써 있고 그 아래에는 테두리가 꽃그림 모양인 미니편지지 열여섯 개가 빼곡이 들어 있는 A4용지다. 두 장 묶음이 한 사람분이다. 1문단부터 롤링페이퍼 한 장씩을 받았다. 종이에 적혀 있는 주인공의 장점, 미덕을 열여섯 칸 중 한 칸에 적는 것이다.

맨 앞줄 아이는 바로 등 뒤 아이에게 종이를 돌리고 맨 뒷줄 아이는 다시 옆 분단 맨 앞줄로 보낸다. 미덕찾기 롤링페이퍼 종이를 스물여덟 명에게 모두 나누어 주니 10분이 흘러갔다. 나도 자리에 앉아 우리 반 29번으로 롤링페이퍼를 썼다. 사각사각 아이들이 집중해서 친구의 미덕을 찾아 칭찬해 준다.

"은서야, 공부시간에 발표를 아주 자세히 잘 하는 것을 보고 네 '탁월함'의 보석을 봤어."

"현지야, 체육시간에 피구를 할 때 친구들이 공을 골고루 던질 수 있도록 네 공을 '양보'하고 '배려'해 주는 것을 봤어."

"민정아, 네가 항상 웃는 얼굴로 친절한 모습이 좋았어. 너에게서 '친절함'의 미덕을 봤어."

아이들이 열심히 관찰해 찾아낸 친구의 내면의 보석을 적어 주는 것이다. 모두 이 활동에 몰입해 교실이 아주 조용하다. 한참 아이들과 내면보석찾기 활동을 마무리 하고 있는데 맨 앞에 있는 우리 반 현진이가 한마디 했다.

"선생님, 3교시 체육 안하고 미덕, 이거 계속하면 안 돼요? 다 못 했어요."

"그럼 오늘 못 한 건 다음 주 창의적 체험활동 시간에 다시 이어서 하자."

"선생님, 저도 이거 계속 하고 싶어요. 그럼 안 돼요?" 옆에 있던 형석이가 내 말이 끝나자마자 또 말했다.

"너희 체육 안 해도 돼? 다음 창의적 체험활동 시간에 이어서 할지 지금 할지 다수결로 결정하자."

"네에~!"

"미덕찾기 릴레이활동 체육시간까지 계속하고 싶은 사람은 손들어 주세요."

손을 안 든 아이들이 세 명이니 모두 스물다섯 명이 손을 들었다. 압도적으로 많은 아이들이 이 활동을 계속 이어서 하기를 원한 것이다.

나는 깜짝 놀랐다. 체육시간 한 시간만 못 하게 되도 난리가 나는 아이들이 그 좋아하는 체육활동을 물리고 친구 장점 찾는 활동을 계속 하겠다는 건 뭐지?

"얘들아, 그거 쓰는 게 재미있어?" 나는 눈이 동그래져서 앞에 앉아 있는 아이들에게 물었다.

"선생님, 이거 쓰는 게 너무 좋아요. 마음이 아주 좋아요."

"저두 그래요. 선생님, 이거 쓰니까 기분이 점점 좋아져요."

"스물여덟 명을 쓰느라 팔은 아픈데 이상하게 기분이 좋아요."

가슴이 갑자기 뻥 뚫리는 것 같았고 콧잔등은 시큰했다.

"우리 아들딸들, 마음이 참 예쁘네! 어쩜 남을 칭찬해 주는 맛을 이렇게 제대로 느낄 수가 있는 거니?"

4교시를 마칠 즈음, 각자 자신의 미덕이 적힌 롤링페이퍼를 전해 받은 아이들의 눈에서 빛이 났다. 부드러운 음악을 틀었다.

"얘들아, 너희들의 미덕을 친구들이 어떻게 보고 있는지 마음속으로 읽어 봐!"

"……."

"어떤 느낌이 드는지 누가 발표해 볼래?"

"선생님, 너무너무 행복해요."

"선생님, 기분이 진짜 좋아요."

"아까 남을 칭찬해 줄 때도 진짜 행복했고, 내가 칭찬받는 것도 행복해요."

"칭찬해 준 친구들이 고마워요."

"저에게 이렇게 많은 미덕이 있는지 몰랐어요. 눈물이 나요."

"저도 앞으로 친구 미덕 더 많이 찾아 줄 거예요."

"선생님이 오늘 너희들에게 참 많이 배운다."

나도 우리 반 아이들이 적어 준 내 미덕이 적힌 롤링페이퍼 두 장을 받았다.

"선생님, 선생님은 '용서'의 미덕이 있어요. 아이들이 실수하면 미덕을 찾아 주고 기다려 주잖아요. 선생님, 선생님이 저를 안아 주시면서 사랑한다고 말할 때 저는 '존중'의 미덕을 느꼈어요. 선생님, 선생님은 '친절'의 미덕이 있어요. 제가 친구와 다투어서 속상했을 때 제 이야기를 들어주셨어요……."

열 살 먹은 아이들 스물여덟 명이 깨알처럼, 삐뚤삐뚤 적어 놓은 편지글을 읽다 보니 내 마음이 젖어 들었다. 아이들이 나를 마음속에 느껴지는 한 사람으로 보고 있다는 사실이 그렇게 행복할 수 없었다.

막연히 느낌으로만 알고 있었다. 칭찬하는 마음이 더 큰 사랑이라는 것을, 이미 상대를 칭찬하는 마음과 말이 먼저 자신을 적셔 행복을 준다는 것을. 이 아주 단순한 진리를 난 아이들에게 배웠다.

오랫동안 나에게 도덕, 인성교육은 인간에게 필요한 가치를 밖에서 안으로 넣어 주는 작업이었다. 그러나 미덕을 통해 내 생각의 패러다임이 바뀌었다. 즉 아이들에게 무언가 가르치거나 넣어 주는 것이 아니라, 그들의 존재 내면에 있는 보석을 발견해 주고 그것을 스스로 갈고닦아 다이아몬드로 만들도록 돕는 것이다. 그렇게 생각을 바꾸니 언제부턴가 아이들에게 "넌 이미 보석이야." "넌 보석을 가지고 있어!"라는 말이 참 쉽게 나왔다.

또 실수했을 때 수치심이 아니라 기회를 주도록 돕는다. 아이의 양심을 자극하면 그때 아이가 바뀐다.

"네 미덕이 자고 있어서 못하는 거야."라고 하면, 아이들은 야단맞아야 하는데, 야단은커녕 다시 한 번 기회를 얻고 격려를 받으니 미안함을 느끼고 양심에 자극이 간다. 그래서 스스로 잘 하려는 마음, 자발성이 생긴다. 인간은 스스로 온전하다. 힘을 발휘하는 것도, 선택하는 것도 아이들이다. 나는 그것을 발휘하도록 미덕 칭찬으로 돕는 역할을 할 뿐이다.

미덕으로 인성교육을 하기 전에는 아이 안에 이미 보석이 있다는 생각을 지속적으로 하지 못했다. 그러다 보니 칭찬이 소박했다. 그동안의 칭찬이 "최고야", "잘했어", "멋지다" 정도였다면 미덕을 통해 다양한 사방칭찬을 쉽게 해 주게 되었다.

《교사의 마음리더십》 책에 나오는 사방칭찬기법은 미덕과 찰떡

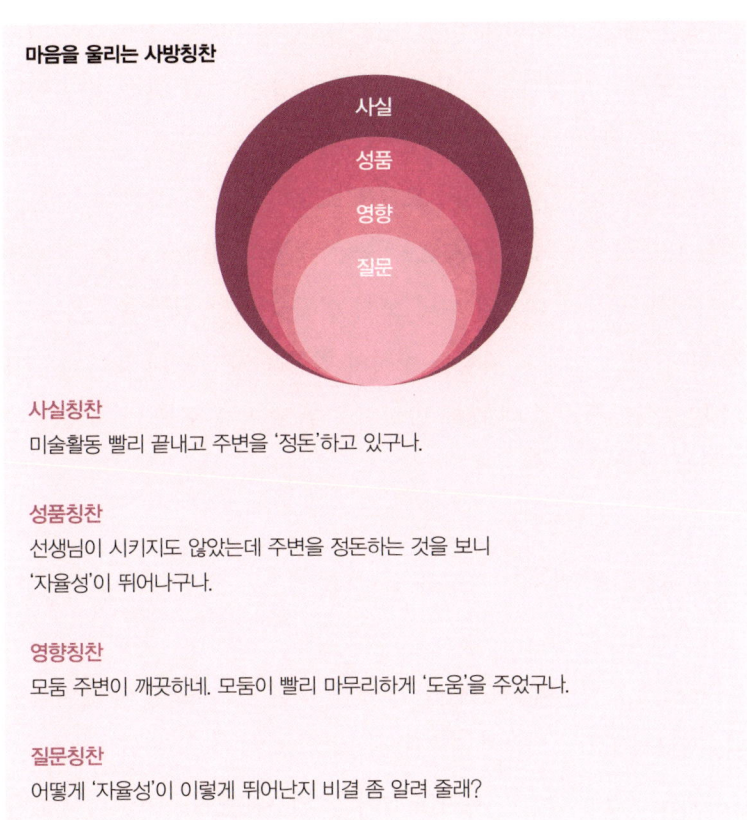

마음을 울리는 사방칭찬

사실
성품
영향
질문

사실칭찬
미술활동 빨리 끝내고 주변을 '정돈'하고 있구나.

성품칭찬
선생님이 시키지도 않았는데 주변을 정돈하는 것을 보니 '자율성'이 뛰어나구나.

영향칭찬
모둠 주변이 깨끗하네. 모둠이 빨리 마무리하게 '도움'을 주었구나.

질문칭찬
어떻게 '자율성'이 이렇게 뛰어난지 비결 좀 알려 줄래?

궁합이다. 사방칭찬은 사실, 성품, 영향, 질문을 염두에 두고 상대를 입체적으로 칭찬하는 기법이다. 사실칭찬은 드러난 사실을 칭찬하는 것, 성품은 그 아이의 미덕 쉰두 가지에서 찾은 성품, 능력, 가치관 등 숨겨진 내면을 칭찬해 주는 것이다. 잘한 사실의 긍정적인 결과를 알려 주는 것이 영향칭찬이다. 그 아이로 인해 받게 된 도움, 감사, 고마움을 칭찬하는 것이다. 또 질문칭찬은 아이가 좋은 행동을 했을 때 그 아이만의 비결, 노하우, 사연, 이유를 물어보는 것이다. 이렇게 사방칭찬은 피상적으로 듣기 좋은 말을 하는 것이 아니라 그 아이의 현재 모습이 예전부터 쌓여 온 노력임을 인정해 준다. 그래서 아이는 현재 자신의 모습을 소중히 여기며 자신의 고유 가치를 내면화할 수 있고, 자연스레 높은 수준의 자부심을 갖게 된다.

아이들이 가진 내면의 미덕 보석 쉰두 가지가 칠판 오른쪽에 크게 붙어 있고, 이렇게 다양한 방식의 칭찬을 알고 있다 보니 누군가의 말, 행동, 성격 등에 대해 말하거나 관찰할 때 쉽게 내 마음을 칭찬으로 표현할 수 있었다.

"종이접기를 마치고 교실을 쓸다니 '정돈', '청결'의 미덕이 반짝이네."(사실칭찬)

"시키지 않았는데도 교실을 쓴 것을 보니 넌 '자율성'이 뛰어나구나."(성품칭찬)

"네가 교실을 쓸어서 우리 교실이 참 깨끗해졌네. '도움'줘서 고마

워."(영향칭찬)

"네가 언제부터 이렇게 '도움' 미덕이 발달됐는지 궁금해, 비결이 뭔지 말해 줄래?"(질문칭찬)

여기서 성품칭찬, 영향칭찬, 질문칭찬 등 안으로 들어갈수록 아이들의 영혼의 문을 더 강력히 노크한다. '내가 한 일에서 너의 보석을 보았다'고 할 때, '너로 인해 도움을 받고, 감동을 받아 고맙다'고 할 때, '너의 미덕의 비결을 배우고 싶다'고 할 때 아이들의 영혼은 깊은 울림으로 반응한다.

깊은 울림은 무의식에 전달되어 태도와 행동에 긴 시간 영향을 준다. 어떤 행동을 선택할 때 그 가슴 떨렸던 오감의 기억은 무의식에 강렬하게 새겨진다. 그 영향은 다음 행동선택에서 자기도 모르는 사이 그 기억대로 행동하게 만든다. 미덕의 말은 아이 영혼의 밥인 이유다.

아이의 행동선택은 본인의 학습을 통한 의지보다 무의식에 좌우된다. 부모, 교사가 아이의 어떤 행동에 반응했던 순간의 말과 느낌은 그대로 아이 마음에 오감의 영상으로 저장된다. 아이가 잘했을 때 들었던 가슴 떨린 사방칭찬은 아이가 또 다른 비슷한 상황에서 아이가 선택할 긍정행동에 즉각적으로 영향을 줄 것이다. 아이 마음 깊은 곳에서 제일 먼저 떠오르는 기억이 되었기 때문이다.

감동의 꽃

선생님,
10년 만에 꽃이 예쁘네요

 우리 반에는 조금 느린 민영이가 있다. 민영이는 원래라면 통합학급에 가야 하지만 민영이의 부모님이 교육과정에 부분참여를 하더라도 일반학교에서 교육을 받기 원해 우리 학교를 다니고 있다.
 이 학교에 부임하던 날, 민영이를 올해 누가 맡을지 걱정하시는 교감선생님을 봤다. 나는 그 아이가 어떤 상태인지 자세히 알지 못했지만 그 아이를 맡겠다고 했다. 정서적 어려움이 있는 아이 정도로만 생각했었다.
 내가 누군가, 아이들에게 우주 최고 선생님 상을 받은 사람 아니던가? 하지만 민영이를 가르치며 나 또한 한계에 부딪혀 주저앉고 싶을 때가 많았다. 민영이는 공부시간에 시도 때도 없이 소리 지르고 교실 밖으로 뛰쳐 나갔다. 점심시간에는 급식실에 안 간다고 바닥에 뒹굴었다. 운동기능이 떨어지는 아이가 뛰다가 계단에서 넘어져 다칠까 봐 아이를 잡으러 복도와 계단을 수없이 뛰어다니기도 했다. 아이를 겨우 잡아 안으니 갑자기 눈물이 나 화장실에 들어가 혼자 울었다. 민영이를 집중적으로 돌볼 사람이 필요했지만 교육청은 예산이 없어 보조교사를 배정해 주지 못한다.

수업시간이 가장 난제였다. 내 몸은 하나인데 다른 아이들을 가르쳐 가며 동시에 계속 무슨 말인가 쏟아 내고 앞으로 나오는 민영이를 신경쓰느라 넋이 나갈 것 같았다. 그럴 때면 민영이도, 다른 아이들도 제대로 가르치지 못한다는 무력감에 젖어 들어 혼자 울었다.

아이의 눈을 보았다. 그리고 아이의 마음을 보았다. 그동안 누구보다 힘들었을 아이다. 존중에 반응하게 만들고, 사랑에 반응하게 만들고 싶은데 현실은 매 순간 파도 위에 작은 조각배 같아 간신히 지탱하는 것이 고작이었다. 그러나 답은 더 사랑해 주고, 존중해 주어 존중에 반응하게 만드는 것이다.

나 혼자 힘으로 안 될 땐 나도 도움이 필요하다. 바로 내가 믿고 사랑하는 아이들의 힘이다.

나는 민영이를 돕기 위해 멘토멘티 프로그램과 미덕 프로그램을 활용하기로 했다. 우리 반 아이들 모두 같이 존재의 내면에 이미 있는 쉰두 가지 미덕을 발휘하는 순간이다. 온 마음을 모아 시작했다.

도움이 많이 필요한 민영이의 멘토가 된다는 건 또래 아이들에게는 참 성가신 일일 수 있다. 자기가 놀 시간에 이 멘티 친구를 도와야 하고, 끊임없이 관심을 기울여야 하기 때문이다. 하지만 "너희들은 미덕을 가진 아이들이야. 잠자고 있는 쉰두 가지 미덕을 불러올 수 있어!"라고 말해 준 것 뿐인데 우리 반 아이들이 민영이 멘토를 자청했다. 서로 돕겠다고 나섰다.

"내가 너의 친구 멘토가 된다면……, 네 말에 귀를 기울이고, 너를 돌보아 주고……."

"내가 만약 너의 멘토가 된다면 공부를 재미있게 가르쳐 줄게."

"내가 만약……."

모두 돌아가면서 멘토로 선정되려 한마디씩 PR을 하는데 내 마음이 뜨거워졌다.

지원한 여러 아이들 중 민영이가 원하는 아이가 멘토가 된다. 아이들은 민영이가 지목해 주면 엄청 기뻐한다. 민영이 멘토의 경쟁률이 과목마다 5:1이 넘었다. 우리 반 아이들이 너무나 고맙고 사랑스럽다. 마지막으로 선생님도 친구 멘토 신청한다고 하니 서로 하겠다고 난리가 났다. 모두 나를 친구로서 도와주겠다는 거다. 지원자들의 자기 PR이 따스하다.

"선생님 힘드실 때 쉬는 시간 안마도 해 드릴게요."

"선생님 힘드실 때 쪽지 편지 써 드릴게요."

민영이도 손을 들었다. 선생님의 멘토가 되겠다는 거다. 사랑이 사랑을 낳고, 배려가 배려를 낳고, 존중이 존중을 낳았다.

4년 내내 체육이 무섭다고 체육시간마다 스탠드에 앉아 있던 민영이가 4월 중순 체육 멘토 아이 두 명의 도움으로 운동장에 발을 디뎠다. 그로부터 2주일 후 민영이는 50미터 달리기 완주를 했다. 나도 아이들도 놀랐고 너무나 기뻤다. 아이들이 모두 달려와 민영이에게 하이파이브를 했다. 얼마 지나지 않아 민영이는 넓이뛰기까지 번쩍 점프해 해냈다. 땅에 발을 딛는 게 무섭다는 아이가 두 달 만에 이뤄 낸 변화다.

얼마 후 하브루타 사회수업, 환경파괴에 대해 모둠 발표할 때였다. 민영이가 앞에 나와서 모둠원들이 쓴 환경파괴 문구를 읽었다. 그동안 글을 읽지 못하는 줄 알았던 민영이었다. 난 깜짝 놀랐다. 떠듬거리면서 힘들게 책을 읽는 민영이, 모두가 숨을 죽이며 이 순간 민영이의 변화에 온 마음을 집중했다. 천천히 다 읽고 난 민영이 얼굴에 웃음이 번지며 고개를 들어 우리 반 아이들과 나를 번갈아 쳐다보고 있었다. 민영이의 어눌한 읽기 소리에 듣는 모두의 가슴이 뭉클했다. 다 같이 자연스럽게 함성 섞인 박수를 쳐 주었다. 들어가는 민영이의 흐뭇한 표정을 봤다. 그 모둠 아이들이 발표할 때 역할 없는 민영이가 안쓰러워 발표 문구를 읽게 가르친 것이다. 아이들이 나보다 낫다. 내가 가르치지 않은 것을 아이들이 가르쳤다. 민영이를 만나 준 아이들의 측은지심에 내 가슴이 한참 찡했다.

며칠 전 점심 급식에 국수가 나온 날이 있었다. 점심 식사 후 아래층 연구실에 있는데 우리 반 아이 한 명이 날 다급하게 찾았다. "선생님, 민영이가 복도에 토를 했어요!"

허겁지겁 교실로 달려 올라갔다. 토 냄새에 아이들이 소리 지르고 우왕좌왕하는 모습을 상상했는데 예상 밖의 풍경을 보았다. 남자아이들 몇이 벌써 대걸레로 자리를 다 치운 것이었다. 걸레를 들고 오가던 주혁이를 불러 물었다.

"주혁아, 선생님이 치워도 되는데 어떻게 냄새나는 걸 치울 생각을 했어?"

"민영이가 미끄러질 수도 있고, 다른 반 아이들이 냄새나서 싫어할까 봐요."

나는 순간 울컥하는 느낌에 눈시울이 뜨거워졌다. 오늘도 나를 감동시키는 아이들…….

어느 날 점심시간에 민영이 둘레에 모인 아이들이 갑자기 함성소리를 지르며 좋아했다. 글씨를 쓰지 못하는 민영이에게 미덕통장 쓰기를 가르쳤는데 민영이가 '열정'이란 단어를 썼다는 것이다. 아이들은 다 놀랐고, 나에게 달려와 들뜬 얼굴로 민영이 통장의 삐뚤거리는 글씨를 보여 주었다. 글을 못 쓰는 민영이의 미덕행동은 늘 내가 찾아서 써 주었었다.

 그날 이후 쉬는 시간이면 아이들이 "선생님, 민영이가 자기 미덕을 썼어요." 하고 소리치는 일이 많았다. 그때마다 미덕통장을 가져다 펴 보면 몇 글자가 삐뚤삐뚤 적혀 있었다. 무슨 내용인지는 민영이에게 물어서 알았지만 이렇게 미덕행동을 스스로 생각해 적기를 시도했다는 게 너무나 찡하고 기특했다. 아이들과 내가 놀란 얼굴로 민영이를 쳐다보면서 엄지를 들어 주고 "잘했어, 민영아!" 하고 격려해 주었다. 무엇보다 내가 가르치려 시도하지 못한 것을 우리 아이들이 먼저 가르쳤다는 것이 나에게 또 큰 울림을 주었다. '나보다 낫구나, 이 아이들이…….'

 얼마 전 한 아이의 대표미덕을 찾아 주는 활동에서 우리 민영이가 제일 많은 미덕을 받았다. 보통 미덕을 포스트잇 한 장에 써 주던 아이들이 민영이에게는 포스트잇 여러 장에 더 정성껏 써 주었다. 아이들은 민영이의 노력, 과정을 따뜻하게 바라보고 있었다. 아이들이 꼽은 민영이의 대표미덕은 기뻐함, 열정, 끈기 등이었다. 민영이는 아침부터 입이 귀에 걸렸다.

 이해받고 사랑받고 인정받는 느낌, 그래서 진심으로 존중받는 느낌을 민영이도 이제는 알 것이다. 그 느낌이 민영이를 행복하게 할 것이다. 민영이의 행복한 마음에서 성장이 일어난다고 믿는다. 보이지 않던 민영이의 큰 힘이 밖으로 나타날 것이다. 나는 요즘 그 힘이 보인다. 사랑은 사랑하고 사랑받는 경험으로 배우고, 존중은 존중받고 존중하며 배운다. 힘들 때 손 내밀고, 힘든 아이 손을 잡아 주면서 느끼고 배운다. 민영이와의 시간은 우리 반 아이들 가슴에 서로가 평생 잊어버릴 수 없는 사랑이고, 존중이 될 것이다. 1,200시간 마음속 뜨거운 경험으로 배우는 존중의 힘을 나는 믿는다.

얼마 전 우리 반 아이들이 또 나를 울렸다. 미덕 멘토 2주 봉사를 하고 나면 미덕스티커 세 개를 받았던 아이들 일곱 명이 양심을 선택하겠다며 대가를 받지 않겠다는 거다. 아이들 내면에서 깨어난 진심, 양심, 선함을 보며 난 한없이 행복했다.

미덕반 아이들, 고맙다. 민영이 이름을 이렇게 따스하게 불러 준 게 고맙다. 선생님도 힘들어 울어 버린 민영이를 너희들이 감싸 안아주고 있구나. 진심이라는 마음으로 만나 주고 있구나. 너희들의 따스함에 감동했어. 선생님은 매일 학교에 감동하러 간다. 오늘은 이 아이들이 또 무엇으로 날 감동시키려나. 미덕천사 아이들아 고맙다.

어느 날 미덕통장 한쪽을 거의 다 미덕으로 채운 민영이가 집에 간 지 몇 분 후 민영 어머니께 문자가 왔다.

'선생님, 10년 만에 꽃이 예쁘네요.'

민영 어머니의 문자 마지막에 써 있는 그 말이 내 마음속 종을 울린다. 열두 살인 민영이를 키우며 말로는 다 할 수 없었을 수많은 시간들……, 그 시간을 건너오신 민영 어머니의 마음이 한마디 문자에 담겨 내 가슴을 뜨겁게 적신다.

'선생님, 10년 만에 꽃이 예쁘네요.'

사랑은 그렇게 그 자체로 아름답다.
사람을 진정으로 변화시키는 것은 사랑 그리고 감동뿐이다.

|에필로그|

머리 쓰는 선생님, 가슴 쓰는 선생님

내가 교실에서 머리로 아이들을 만났을 때 아이들도 머리로 답했다. 내가 교실에서 가슴으로 아이들을 만났을 때 아이들도 가슴으로 답했다.

머리를 쓰면서 만났던 교실에는 기쁨이 없었다. 가슴을 쓰면서 만났던 교실에는 기쁨이 넘쳤다. 기쁨이 없는 일을 나는 오래 하지 못한다. 나는 평범한 사람이기 때문이다.

가슴을 쓰는 것이 무엇인지 모를 때 나는 수업 기법이며 '학급경영 노하우'를 찾아 헤맸다. 더 좋은 방법을 찾아 적용하며 머리를 썼지만 정작 난 매일이 힘들었다. 행복한 교사가 되고 싶었지만 방법을 몰랐다. 스스로 치유하고 싶었지만 내 방식은 나를 더 아프게만 했다. 점점 황폐화된 아이들만 보였고, 교권이 추락한 교육현실을 원망했다. 내가 왜 아픈지 모른 채 매일 아프게 살았다. 어둠 속을 달리는 설국열차에 탄 슈퍼맨 티처는 내릴 수가 없었다.

가슴을 쓰면서부터 나는 교실에 가는 것이 행복하다. 힘들면서도 설렌다. 수많은 잡무와 쉴 새 없는 업무메시지의 홍수 속에서 웬만큼 멀티태스킹을 하지 않고서는 버티기 힘든 교실이지만 아이들과 내가 서로 가슴으로 만나는 시간이 있어 행복할 수 있다.

내 가슴을 열어 아이를 보려 할 때 차가운 아이 마음이 보이고, 굳어 버린 아이 마음이 느껴진다. 곧 아이가 왜 행복한지, 왜 아픈지 내 가슴이 울림으로 말해 준다. 그 울림은 내 가슴에 측은지심과 연민이 되어 나를 감싼다. 그 힘으로 나는 '작은 나'에서 '큰 나'가 된다. 아이 가슴에도 따스한 종이 울린다. 아이가 눈물을 흘린다. 아이의 눈물이 나를 적신다. 우리는 서로 마주 보며 공명한다. 서로 분리되었던 아이와 내가 '그 아이만의 한 사람'으로 연결되는 순간이다. 이제 우리는 따스한 선순환의 길로 들어섰다. 나는 이제 가슴이 차가워지는 순간에도 아이가 주는 힘으로 다시 아이 손을 잡고 아이도 내 손을 잡아 준다. 우리는 머리가 아닌 가슴으로 연결된다.

한번 가슴으로 아이들을 만나기가 어렵지, 가슴으로 아이와 만나면 이후엔 머리로 만나는 일이 더 힘들다. 가슴으로 만나는 게 더 쉽고 더 행복하기 때문이다. 내가 꿈꾸는 교실에서는 교사도 아이도 행복하다. 당장 가슴을 열어 아이 눈, 아이 마음을 측은지심과 연민으로 들여다보기만 하면 된다. 행복한 선생님, 행복한 아이들이다.

 아침에 교실로 들어오는 아이 손을 잡아 주고 아이 눈에 웃는 나를 담는다. 급히 알림장을 써야 할 시간에 대신 집으로 돌아가는 아이 머리를 쓰다듬어 주고, 그 눈에 다시 웃는 나를 담는다. 아이와 가슴으로 만나는 첫걸음이다. 모든 것이 달라진다.

 '작은 아이'를 끌어안는 게 '큰 나'를 끌어안는 것이다.

 아이를 품어 주는 건 내 영혼을 토닥이는 일이기 때문이다.

|우주 최고 존중 선생님께 학부모가 드립니다|

**2015년 권영애 선생님 반 스물아홉 명의 어머니 중
스물세 명의 어머니가 남긴 학부모만족도 무기명 300자 평가서**

• 권영애 선생님은 우리 아이가 만난 최고의 선생님이 아닐까 싶습니다. 항상 아이를 사랑하시고 이해하시려는 선생님 덕분에 학부형인 저도 저의 아이도 많은 것을 배웁니다.

• 이렇게 아이들에 대한 사랑과 관심과 열정이 가득한 선생님을 뵙지 못했었다. 매일매일 감사할 일과 칭찬할 일들을 찾고, 스스로 존중하는 법과 남을 배려하는 법을 배워 가는 아이를 보며, 어른인 저 또한 부모로서 많은 것을 배우고 생각하는 1년을 보내고 있는 것 같다.

• 매사에 감사할 줄 아는 마음을 가지는 아이들로 자라게 해 주시고, 서로의 보석을 찾을 줄 아는 아이들로 자라게 해 주시는 점 항상 감사드린다. 인생의 주인공으로서 자신감을 가지고 도전하는 아이로 키워 주심도 감사드린다. 부모에게도 좋은 길잡이가 되어 주셔서 아이들을 어떻게 키워야 하는지 많은 도움을 주신다. 선생님을 만나 좋은 가르침을 받게 된 점 엄청난 행운이라 여겨진다.

• 저희 아이가 선생님을 만난 것은 행운과도 같습니다. 근본적으로 사랑이 바탕에 깔려 있으시고 인성교육을 잘 해 주셔서 좋습니다. 학습도 중요하지만 학습 이전에 먼저 닦아 놓아야 할 근본 소양을 중요하게 생각해 주셔서 좋습니다. 아이들을 애정을 갖고 지도해 주시고, 무엇보다 칭찬으로 아이의 자아존중감을 높여 주셔서 감사합니다. 열정과 노력, 사랑…… 선생님의 모든 것에 감사드립니다.

• 이렇게 열심히 학생들을 생각하시고 일하시는 선생님을 본 적이 없다. 이런 선생님을 평생 또 만날 수 있을지…….

• 아이가 선생님을 좋아하고 학교생활이 즐겁다는 말을 들을 때 엄마로서 제일 행복하다. 바쁘신데도 아이들의 행복한 모습들을 일일이 사진으로 보내 주시는 등 요즘 시대에 정말 보기 드문 선생님이다. 존경하고 사랑한다.

• 맞벌이 가정에서도 학교생활이 궁금하지 않을 정도로 부모와의 소통이 잘 되시고 궁금증이 해소되도록 도와주십니다. 부모교육에 열의를 보이시는 부분이 존경스럽고 감사합니다. 권영애 선생님 같은 분은 못 만날 것 같습니다. 아이들에 대한 사랑이 대단하심을 느꼈고, 정말 감사합니다.

• 학부모라면 누구나 내 아이의 선생님이 이러했으면 하는 바람이 있기 마련인데, 권영애 선생님은 그런 작은 바람들을 뛰어넘어 늘 기대치 이상을 주시는 분이십니다. 아이들 마음을 하나하나 살피셔서 이 아이가 하는 행동의 잘잘못이 아닌 그 근본 원인과 대처방안을 생각하십니다. 또 이 아이에게 어떤 도움을 줄 수 있을지 고민하시고 엄마 이상으로 아이를 살펴 주십니다. 책에서나 볼 수 있는 이상적인 행동을 직접 보여 주셔서 그야말로 아이들이 보고 배우게 하십니다. 아이를 통해 엄마까지 변화시키시는 너무나 크신 분입니다.

• 선생님을 만나게 된 건 우리 아이와 가족에겐 큰 행복과 축복이었다. 아이가

자존감이 아주 많이 향상되었고 마음속에 사랑을 가지고 생활하고 있다. 시키지 않아도 가족을 도울 줄 알고 자신의 속마음도 얘기해 주고 가족 간의 소통이 너무 좋아졌다. 미덕이라는 좋은 자료를 주셔서 온 가족이 마음공부도 하고 서로 이해하는 계기가 되었다. 아이들 표정을 봐도 선생님을 두려움의 존재로 보지 않고 믿고 의지한다는 생각이 든다. 선생님도 아이들과 더불어 행복하셨으면 좋겠다.

• 아이에 대한 진심을 느낄 수 있습니다. 정말 텔레비전에서 보던 이상적인 선생님…… 아이가 자존감이 많이 높아질 수 있도록 진심으로 대해 주십니다. 실제로 자존감 지수가 훨씬 상승했고요. 정말 감동적인 선생님이십니다. 그저 감사드립니다.

• 교사로서의 사명감이 투철하시고 정말 아이들을 예뻐하시는 사랑이 많으신 선생님이십니다. 인성을 중요하게 생각하시고 그것을 배워 실천할 수 있도록 프로그램을 잘 계획하셔서 아이들에게 꾸준한 훈련과 지도를 하십니다. 덕분에 아이들의 바른 성장에 큰 도움이 되고 있습니다. 또한 아이들마다의 재능과 특성을 잘 파악하시고 격려와 지지를 해 주셔서 아이들의 자존감을 키워 주시는 이 시대에 꼭 필요한 교육자이십니다.

• 선생님께서는 아이들에게 항상 자신감을 북돋아 주시고 사랑과 관심으로 대해 주십니다. 아이들에게는 더할 나위 없는 최고의 선생님이십니다.

• 저희 담임선생님께서는 무엇보다 아이들을 사랑하는 마음이 크시고 아이의 입장에서 바라보려고 하시는 모습이 감사할 정도로 넘치십니다. 어떻게 하면 아이들에게 바른 인성으로 자라나게 할까 고민하시고 공부하시는 모습에 더 감동하며, 끊임없이 배우고자 하는 모습이 저도 더 잘 살아야 한다고 느끼게 합니다. 상담 시에도 아낌없이 격려와 칭찬과 위로와 조언을 해 주셔서 얼마나 감사한지 모

롭니다. 선생님을 만나게 되어 정말 축복임을 늘 느낍니다. 아이들을 넘치는 사랑으로 양육해 주시는 선생님께 진심으로 감사드립니다.

• 권영애 선생님을 만나게 된 것을 감사합니다. 공부도 중요하지만 아이의 내면을 들여다보고 이해하는 것이 먼저라는 것을 알게 해 주셨고 부모로서 양육이 무엇인가를 되돌아보게 해 주셨습니다.

• 학창시절 한 번은 만났으면 하고 그랬던 이상적인 담임교사이다. 늘 긍정의 에너지를 심어 주시고 밝은 미소로 아이들을 만나 주신다. 아이들의 자존감을 높여 주시고, 학교가 늘 즐겁고, 행복하고, 가고 싶은 곳으로 만들어 주는 능력을 가지고 계신 것 같다. 부모보다 더 세심하게 아이들을 관찰해 주시는 고마운 담임선생님이다. 마음의 보석을 다듬어 주시는 점도 감사한다.

• 요즘 아이들이 혼자 자라는 아이들이 많다 보니 욕심이 많고 자신 밖에 모르며 자라는 아이들이 많다. 우리 딸도 마찬가지였다. 그런데 권영애 선생님을 만나고 사랑을 배우고, 배려를 배우고, 서로 돕고 사랑하며 어울려서 살아가는 방법을 배운 것 같다. 항상 우리 반 아이들에게 꾸짖음보다 격려와 사랑을 베풀어 주셔서 우리 반 모두가 배려 넘치는 아이로 자라 주어서 너무나 감사한다. 수학을 못한다고 고민을 말씀드리니 수학을 못하면 어떠냐고 하시며 그림을 잘 그리는 더 큰 장점을 찾아 주고 칭찬을 해 주시는 우리 선생님 감사하다.

• 2년 동안 선생님과 함께하면서 정말 우리 아이가 복 받았다 생각하고 있다. 언제나 밝고 긍정적인 에너지를 주시는 우리 권영애 선생님~. 중요한 3학년 때 선생님을 다시 만나 이렇게 함께하면서 우리 아이가 자기 자신의 미래에 대해 더 확고한 꿈을 갖고, 배려심을 기르고, 도전을 두려워 않고 끊임없이 더 노력하게 되었다. 벌써부터 선생님과의 헤어짐을 걱정하는 우리 아이를 보면서 다시 한 번 선생님께 감사 또 감사드린다. 언제나 사랑으로 품어 주시는 선생님~ 정말 감사

드린다. 멋진 축구선수가 되어 선생님을 꼭 다시 찾는 그날을 기대한다.

• 아이들에게 사랑과 관심으로 대하시는 분이다. 미덕 활동을 통해 아이에게 긍정적인 생각을 하게끔 배움을 주시는 분이다. 생각과 감정을 잘 다루어 마음의 주인으로 살아가도록, 스스로가 힘이 있는 존재임을 의식하도록 가르쳐 주시고 자신감을 키워 주셔서 감사함을 느낀다.

• 아이들의 눈높이에서 생각하시고 마음을 먼저 들여다보아 주십니다. 차별하지 않고 대해 주십니다. 잠재된 아이의 재능을 일깨워 주려 애쓰시고, 장점은 발전시키고 단점은 바로잡아 주고자 하십니다. 부모가 아이 성적을 신경 쓰기보다 아이를 이해하고 소통하는 것이 먼저임을 일깨워 주셨습니다. 무너졌던 선생님에 대한 신뢰를 회복시켜 주셨습니다.

• 아이도 저도 너무나 많은 것을 받아서 감사함 밖에…… 상담 때도 퇴근도 못하시고 밤늦은 시간까지 한 명 한 명 한 시간 넘게 상담해 주시니, 선생님 댁에서 불만이 있지 않을까 하는 우려가 들었어요. 항상 아이의 사소한 감정까지도 세심히 챙겨 주시니 그저 감사드릴 수밖에요. 더 많은 가르침과 보살핌 속에 아이가 바르게 자랐으면 좋겠는데, 벌써 시간이 이리 흘러 버렸네요. 선생님께 드릴 부탁은 딱 하나, 내년에도 담임 맡아 주셨으면 좋겠어요.

• 항상 감사한다. 우리 초등학교를 떠나지 않으셨으면 좋겠다.

• 선생님께서는 학부모인 저희도 미처 생각지 못한 부분을 잘 알고 계셔서 더 이상 바랄 것이 없답니다. 선생님!!! 항상 건강 잘 챙기세요. 앞으로도 선생님의 모습 오래 보고 싶습니다.

• 앞으로도 가르치는 아이들에 대한 사랑이 변함 없으셨으면 좋겠습니다. 언제나

아이들과 눈을 맞춰 주셨으면 합니다. 선생님의 그 열정과 아이들에 대한 교육적인 확신과 신념이 학교마다 번져 갔으면 하는 바람을 가져 봅니다.

매년 가을, 대한민국 교사라면 누구나 관리자, 동료교사, 학부모, 학생이 참여하는 무기명 교원능력개발평가를 받는다. 일명 교원 평가다. 수업과 생활지도분야로 나누어 5단계 척도 평가와 300자 서술형 평가서를 받는다. 무기명이기에 누가 평가했는지는 전혀 알 수 없다. 평가결과는 교장, 교감 등 관리자에게 공개되며, 각 교사에게는 개별 통지된다.

나는 아이들과 만나고 싶다.

마음과 마음으로 만나고 안아 주고 싶다.

그 따스한 온기가 서로의 마음을 데우고

세상의 차가운 기운을 다 몰아내고도 남을 정도로.

얼음이 쏟아지는 것 같은 날에도

따스한 체온을 지키려 오늘도 귀 막고, 눈 막고,

하늘을 받치며 홀로 뛰어간다.